나쁜 나라가 아니라
아픈 나라였다

나쁜 나라가 아니라 아픈 나라였다

이승철 지음

일본을 꿰뚫는

9가지 키워드

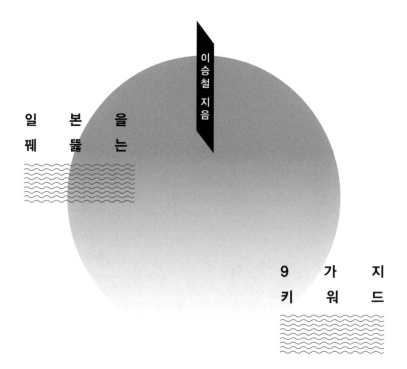

행성B

머리말

자기 속박주의에 대해

"일본이 아파"라고 말하면 "응?" 하는 물음표가 돌아온다. 도쿄 신주쿠(新宿)의 높은 빌딩 숲, 시부야(渋谷)의 현란한 네온사인과 전철에서 쉴 새 없이 쏟아져 나오는 사람들 등등… 일본에 가본 사람이라면 현지에서 접하는 활기찬 이미지 속에 '아픈 일본'의 이미지는 쉽게 떠오르지 않는다. 그럼 표현을 조금 바꿔, "일본이 기울어져 가고 있다" 혹은 "쇠퇴하고 있다"고 하면?

일본이 활력을 잃어가는 원인으로 많은 전문가는 급속한 고령화를 꼽는다. 전 인구의 20퍼센트, 5명 중 1명이 70세 이상의 노령층인 나라. 물론 큰 문제. 그런데 단지 그것뿐일까? 인구의 고령화라는 한 가지 이유만으로 일본의 퇴락을 설명할 수 있을까?

여기 다른 수치들이 있다. 매년 어린이 20명 중 1명은 이지메를 당하고, 십 수만 건에 달하는 아동학대가 발생하고 있으며, 어린이 빈곤

율은 15퍼센트를 넘어선다. 100만 명이 넘는 히키코모리(引(ひ)籠もり, 은둔형 외톨이)에 대해 젊은 층 10명 중 6명은 자신에게 이러한 성향이 있다고 답하고, 40퍼센트의 젊은이는 자신에게 미래가 없다고 여긴다. 이들은 소비하지 않고 데이트도 하지 않으며, 이전 세대와 비교해보거나 세계적 기준에서 보면 성 경험 비율도 무척 낮다. 현재도 문제지만 다음 세대는 더 많은 문제를 가지고 있다는 뜻이다.

수치로 나타나지 않는 부분도 있다. 개인은 회사에 폐를 끼칠까 싶어 일에 내몰리다 결국 '과로 자살'을 택하고, 집단에 해를 끼쳤다며 피해자를 비난하는 '피해자 책임론'을 묻는 풍조가 곳곳에 만연해 있어 아픔을 호소하거나 대책 마련을 이야기하기도 힘들다. 그사이 사회 한쪽에서는 하녀 복장을 한 여고생이 아키하바라(秋葉原) 한복판에서 호객행위를 하고 이들을 성적 대상으로 삼는 산업이 버젓이 자리 잡고 있다.

이 책은 도쿄대에서 수학하고 특파원 생활을 하면서 접한, 한 꺼풀 속 일본 사회의 많은 모순에 대한 의문에서부터 시작됐다. 예의 바른 듯하지만 경계 짓기가 몸에 배어 있고, 어지간해선 나서는 법이 없으며 집단성에 목을 매는 사회. 스스로의 의견보다는 전체의 움직임에 유독 민감한 성향. 이런 민족적 특성은 태평양전쟁이라는 집단적 전쟁의 광기를 만들어내기도 했고, 또 어떤 면에서는 함께 뛰자는 집단성의 발로로 전후 경제 부흥도 이뤘다.

근세까지 봉건주의 체제에 묶여 있었고, 집단이 개인에게 사회적 징벌을 내렸던 구조적 특징에서부터 시작해 종교적 성격이 강한 '덴노(天

皇, 천황)'를 사회의 정점에 둔 탓에 이 사회는 스스로를 억제하는 '자기 속박적'인 성격을 자연스럽게 품게 된다. 이 때문에 변화를 두려워하고 사회 곳곳에서 현상 유지에 급급하며, 나아갈 줄 모르는 습관성에 물든 모습을 여럿 드러내게 된다.

일본 사회를 정의하는 말엔 여러 가지가 있다. '축소 지향 사회', '안전 사회' 등등. 일본 사회의 특성을 분석한 고전이라고 할 수 있는 루스 베네딕트(Ruth Benedict)의 《국화와 칼(The Chrysanthemum and the Sword)》 (1946)에서는 "손에는 국화를 들고 허리에는 칼을 찬 일본인"이라며 그 이중성을 설명하기도 했다.

'자기 속박 사회'. 일본을 알아가면서 내가 일본 사회를 규정한 첫 정의였다. 이렇듯 '자기 속박주의'라는 한 점에서 시작해, 그 후 한 꺼풀 한 꺼풀 일본 사회의 속성을 더 들여다보며 선을 이어가는 과정이 이뤄졌다. '자기 속박 사회'의 성격을 가지게 된 근원을 찾아가고, 거기서부터 파생되는 일본의 다양한 모습을 짜맞추는 방식으로 이 책은 구성됐다.

1장에서는 일본의 사회적 특징 중 가장 근원적인 부분이라 할 수 있는 '배제 사회'의 시작을 알아보고, 2장에서는 개인을 관통하고 있는 사회적 관습인 '메이와쿠(迷惑)'의 정신 세계를 들여다보았다. 3장에서는 억눌린 개인의 분출이 사회적으로 어떤 위험을 낳는지 담았다. 변화가 더디다 못해 아직도 일부 전근대적인 모습을 띠고 있는 일본 사회의 모습은 '자기 속박 사회'라는 이름으로 4장에서 살펴본다. 5장에서는 경쟁력 상실의 가장 큰 요인으로 지적되고 있는 젊은이들의 내부

지향적인 모습과 고령화가 가져온 갖가지 문제를 심층적으로 분석했다. 6장에서는 사회적 변화를 이끌어야 하지만 가장 후진적 형태로 오히려 국가경쟁력을 깎아먹고 있는 그들만의 리그인 정치 분야를, 이후 7장은 덴노가 일본 사회의 성격 형성에 끼친 영향 등을 들여다볼 수 있는 내용으로 이뤄져 있다. 그리고 8장은 우리가 아는 것 이상으로 심각한 일본 경제계의 내부 붕괴 모습을 통해 왜 일본이 급속도로 쇠락하고 있는지를 '관례 사회'라는 틀에서 알아보고자 했다. 9장과 10장에서는 바꿔야 하지만 그러지 못하고 스스로를 망가뜨리는 '자멸 사회'의 모습과 함께 붕괴하는 일본 사회가 이에 대처하기 위한 현장의 다양한 노력을 적었다.

'나쁜 나라가 아니라 아픈 나라였다'는 그 총체적 결론에서 나온 말이다. 외부의 시선으로 보았을 때 비합리적이고, 부조리한 면이 많아 보이는 부분에서도 어찌된 일인지 일본 사회엔 이를 고쳐야 한다는 목소리가 없고, 목소리가 나와도 울림이 없다. 집단에 매몰된 개인은 뭔가 어긋나 있음을 자각하지 못한다. 나쁜 게 나쁜 것인 줄 잘 모른다. 그러다보니 자신들의 행위에 대한 판단도 제대로 이뤄질 수 없다. '나쁘다'기보다 '아프다'고 진단할 수밖에 없다.

특파원 재직 기간 동안 일본에 대해 분석한 기사들과 현장 취재, 일본 언론의 보도, 그리고 개인적으로 탐독한 서적과 자료 등을 바탕으로 이 책은 구성됐다. 보도에 인용된 자료들은 되도록 다시 원래의 자료를 찾아 확인하는 과정을 거쳤다.

취재를 위해 오키나와(沖繩)부터 후쿠시마(福島), 홋카이도(北海道)까지 일본 곳곳을 방문했고 시골의 촌부부터 시민 활동가, 저명한 학자와 경제인, 정부 고위 관료, 정치인 등 필자가 만난 사람들의 스펙트럼은 실로 다양하다. 일본 사회의 특성에 관해 의견이 일치하던 때도 있었고, 때로는 뜨거운 논쟁으로 번지던 술자리도 기억한다. 그렇게 정보를 채워가며 일본의 내면을 들여다보는 기사와 날 선 기사, 때로는 온기가 있는 기사를 작성했고 일본의 현재가 어떻게 변해가는지를 보아왔다. 이러한 경험을 바탕으로 일본의 주요 신문과 방송이 현재 보여주고 있는 일본의 사회상을 최대한 반영해, 일본 스스로는 잘 알아차릴 수 없는 흐름과 내재성을 제3자의 입장에서 살피려고 했다.

《나쁜 나라가 아니라 아픈 나라였다》는 일방적으로 일본을 깎아내리기 위해 쓴 책이 아니다. 현재의 일본에 대한 기록이자 우리가 알아야 하는 일본, 반면교사로 삼아야 하는 일본의 이야기다. 책을 읽다 보면 "한국이 더 심한데…", "우리도 이렇게 될 것 같아"라고 느껴지는 부분이 보일 수 있다. 그럼 그 대목에서 잠깐 멈추고 우리의 길을 생각하면 될 듯하다. 이번 졸작이 일본이라는 사회를 조금이나마 알고, 우리 사회가 나아가는 데 참고가 됐으면 하는 마음이다.

2020년 3월
이승철

차 례

7장   종교 사회 ──── 왕인가, 제사장인가

8장   관례 사회 ──── 늘 그래 왔다는 함정에 빠지다

죽기 전엔 모른 척,
무라하치부

'무라하치부(村八分)'가 언제부터 행해졌는지는 정확히 알 수 없다. 시작은 알 수 없으나 언젠가부터 촌락에서 징벌의 수단으로 자리 잡았고, 그 면면한 전통이 현대 일본 사회의 특징 중 큰 부분을 차지하고 있다는 데는 이견이 거의 없다.

무라하치부는 마을 전체가 특정 구성원이나 가족을 따돌리는 방식으로 징벌하는 행위를 말한다. 잘못을 저지른 이를 제재하기 위한 마을 공동체의 '공동 절교' 행위라고 보통 정의하는데, 한 가족 전체를 '투명인간' 취급하는 거나 마찬가지라고 생각하면 될 듯하다.

마을의 질서를 깨뜨렸다는 이유로 무라하치부 대상자가 되면 성인식, 결혼식, 출산, 간병, 집의 증개축, 수해 방지, 제사, 여행 등 8가지 중요한 일에서 마을 사람의 도움을 받을 수도, 누군가와 교류할 수도 없다. 일손이 절실한 전통적 촌락에서 농삿일에 도움을 받을 수 없음은 물론 인사조차 나누지 못하는, 글자 그대로 마을에서 완전히 없는 존재 취급을 당하게 되는 것이다.

특히 결정적인 부분은 마을 공동의 산과 임야 등 생활의 기반이 될 수 있는 땅의 이용 역시 제한된다는 점이다. 게다가 우물도 사용할 수 없어 사실상 거주하는 마을에서 삶을 유지하기 위한 기본 행위가 제한되는 무서운 처벌이다.

다만 두 가지 경우에는 무라하치부에서 제외된다. '사람이 죽었을 때'와 '불이 났을 때'이다. 죽은 사람을 방치하면 시신이 부패하면서 냄새가 날 뿐 아니라 질병의 원인이 될 수 있고, 불은 다른 집에도 번질 수 있기 때문이다. 사실상 구성원 모두의 이익을 해치지 않기 위해 마을 차원에서 예외적으로 '공동 이지메' 행위를 멈춘다고 볼 수 있다.

일본의 전통 촌락 문화에서 무라하치부의 대상이 되는 출산, 결혼 등의 8가지 행사와 화재와 장례 등이 포함된 총 10가지의 일은 전통적으로 서로 도움을 주고받으며 함께 마을을 구성하는 기본 행위로 여겨지던 것들이다. 무라하치부는 이 가운데 8가지에서 제외되는 사회적 징벌이라고 말할 수 있다.

영주와 무사, 농민 등 계급 질서가 뚜렷했던 일본의 봉건적 사회 구조에서 마을의 질서를 깨뜨리는 자에 대한 처벌은 대개 그 지역을 다스리는 유력자에 의해 결정된다. 결국 일종의 통치 수단으로서 무라하치부를 이용해왔음을 알 수 있다.

일본의 고고학자인 키요유키 히구치(樋口清之)는 저서 《우메보시와 일본도(梅干と日本刀)》(2000)에서 이 같은 주장을 펴기도 했다. 죽음으로

도쿄의 한 마츠리(祭, 축제)에서 주민들이 미코시(神輿, 일본의 제례 혹은 마츠리에 쓰이는 신체나 신위를 실은 가마)를 멘 채 가고 있다. 전통적으로 마츠리 준비는 마을 집단의 동질성을 확인하는 중요한 수단이 되어왔다.

인해 누군가와 이별하거나 불이 나는 비극이 일어났을 때만큼은 모든 마을 사람이 슬픔을 공유했다는 해석이다.

> 절연을 하더라도 슬픈 일만은 나누자는 것이 무라하치부다. 이것은 일본의 의리, 인정의 마음과도 깊은 관계가 있겠지만 이렇게 마음씨 착한 징벌 풍습은 전 세계에서 유례를 찾아볼 수 없다. (《우메보시와 일본도》 중에서)

하지만 어쩐지 본말이 전도된 듯한 느낌을 지울 수 없다. 그러기엔 무라하치부라는 행위가 대상자에게 주는 타격이 너무 컸기 때문이다.

일본 내에서도 법원 판결이 이에 대한 잘못을 지적하고 있다. 1909

년 일본 법원은 무라하치부를 통보하는 행위에 대해 '협박'이나 '명예훼손'에 해당한다는 판결을 내린다. 무라하치부의 대상이 됐음을 아는 것만으로도 당사자가 느낄 수 있는 위협감을 감안한 듯 보인다. 하지만 이는 어디까지나 '통보'라는 형식에 대한 것이지, '마을의 집단 이지메' 행위에 대한 판단은 아니었다. 무라하치부 '행위'를 처벌하기엔 그 대상과 기준이 명확하지 않았던 탓이다. 실제로 인사를 안 한다거나 일을 도와주지 않는다고 해서 처벌할 수는 없다는 논리가 성립된다.

법적 판단이 미적지근해서였을까? 무라하치부는 태평양전쟁 이후에도 쉽게 근절되지 않고 마을 공동체를 중심으로 암암리에 이어지게 된다. 그리고 1952년 무라하치부와 관련된 사건 중에서 가장 유명하다고 할 수 있는 '우에노마을 무라하치부 사건'을 계기로 그 실상이 만천하에 드러나고 만다.

우에노마을 무라하치부 사건

도쿄의 서쪽 시즈오카(静岡)현 우에노(上野)마을은 당시 국회의원 선거가 있을 때마다 마을의 조장이 각 가정을 방문해 "기권할 거라면 대신 가겠다"며 사실상 반강제로 투표소 입장권을 받아내 대리투표를 해오고 있었다. 특정 정당을 지지하는 마을 유력자의 횡포였지만, 오랜 관례였다며 마을 사람들도 별 이의를 제기하지 않는 상황이었다.

여기에 반기를 든 사람은 한 여고생이었다. 이시카와 사츠키(石川皐月)는 이미 중학교 시절 학교신문에 대리투표 문제에 관한 글을 투고했지만 학교 측이 신문을 모두 수거해 소각해버리는 바람에 뜻을 이루지 못한 적이 있었다. 그러던 중 이시카와는 고등학교에 진학한 뒤인 1952년에 이루어진 참의원 선거에서도 똑같은 일이 반복되는 것을 보고, 이 사실을 《아사히(朝日)신문》에 제보하기에 이른다.

언론 보도의 파문은 컸다. 정치적 파장을 의식한 듯 경찰의 즉각적인 조사가 이루어졌고, 관계자 십여 명에게도 줄줄이 출두 명령이 내려졌다. 이때까지만 해도 과거의 잘못된 관행과 위법 행위를 바로잡는 쪽으로 사건이 마무리되는 듯한 분위기였다.

불의를 바로잡기 위한 여고생의 당찬 문제 제기가 해피 엔딩으로 끝났다면 참 좋았겠지만 당시 우에노마을의 유력자들에게는 그럴 생각이 조금도 없었던 듯하다. 이시카와 가족이 맞닥뜨린 건 마을로부터의 배제, '무라하치부'였다. '본인이 살고 있는 마을의 수치스러운 부분을 외부에 알렸다'는 이유였다.

전 가족을 상대로 무차별적인 이지메가 시작되었다. 이시카와의 동생에게까지 쏟아지는 학교 친구들의 괴롭힘과 따돌림, 여기에 무라하치부를 정당화하기 위해 아버지가 돈을 빌리고 갚지 않는다는 거짓말까지 동원되었다.

다행인 것은 과거와는 달리 작은 마을 단위를 넘어 외부와의 소통이 가능한 사회였던 만큼, 이 사실을 안 마을 외부 사람들의 반발이 컸다는 점이다. 지역사회에서 우에노마을의 무라하치부에 대한 비판의 목소리가 높아져 이시카와가 다니던 학교의 학생들이 지지를 선언하고 나섰고, 교직원들도 동조하는 등 파장이 점점 커져갔다. 언론 보도도 이어지면서 부정선거보다 이로 인한 무라하치부 문제가 전국적인 관심 사안으로 떠오르게 된다.

결국 여론의 압력에 못 이겨 우에노마을이 무라하치부를 풀면서 사건은 막을 내렸지만, 이 사건을 통해 일본 사회의 뿌리 깊은 '단위별 집단성', 그리고 그 통제 수단으로 활용된 '집단 따돌림'의 실상이 명확하게 드러났다고 볼 수 있다. 이 사건은 이후 〈무라하치부〉라는 제목의 영화로도 만들어졌다.

현대까지 계승되는 전근대적 유산

하지만 현대에 들어서도 무라하치부라는 전근대적 유산은 쉽게 근절되지 않고 있다. 2004년 니가타(新潟)현에서는 마을 행사에 불참하겠다고 한 촌민을 대상으로 마을의 유력자가 "따르지 않겠다면 무라하치부를 행하겠다"고 밝힌 뒤 11개 가정에 산나물을 캘 때 사용하는 공용도구 등을 사용하지 못하게 하는 바람에 소송으로까지 이어졌다. 이 사안은 결국 소송을 제기한 11명에게 220만 엔을 지급하라는 판결로 끝이 난다. 또 2011년에는 효고(兵庫)현에서 휴대전화 중계기지국 설치를 둘러싼 갈등 끝에 일부 마을 주민에게 '개인적인 교류를 하지 않는다'는 이른바 '공동절교선언' 문서가 송부돼 손해배상 소송이 진행되기도 했다.

당시 법원은 공동 여행 적립금을 일방적으로 해약해버린다든지, 연락을 받을 수 없다고 피하는 등 사회 통념상 받아들일 수 있는 범위를 넘어선 '이지메'나 '괴롭힘'에 해당한다고 판단했다. 특히 법원이 '인격권' 침해라는 점을 명시해 개인의 인격에 대한 공격임을 판단한 것은 상당히 중요한 의미로 받아들여진다.

이른바 '왕따'로도 불리는 이지메는 학교라는 공간에서 여러 학생이 한 학생을 괴롭히는 현대 일본 사회 특유의 행위로 이해되지만, 사실 그 시작은 우리가 짐작하는 것보다 훨씬 더 거슬러 올라간 지점에 있음을 알 수 있다.

일본 국민이 '집단의식'이 강하다는 건 익히 알려진 사실이다. 집단에서 떨어져 나가선 안 된다. 집단에서의 이탈은 곧 사회적 존립 근거를 잃을 수 있는 아주 위험한 선택이라는 잠재의식이 깔려 있기 때문이다. 이러한 잠재의식이 어디서부터 왔는지 '무라하치부'는 그 단초를 보여준다.

초등학생 20명 중
1명은 이지메

"나는 역시 학교에 있으면 폐만 끼치는 학생이다. 이 세상에도 있어선 안 된다."

세 차례나 자살을 시도했던 이 중학생은 자신을 괴롭히는 이들에 대한 적개심보다는 자신이 오히려 나쁜 아이라고 자책하고 있었다. 일본 사이타마(埼玉)현의 한 중학생이 쓴 일기 곳곳엔 집단은 선(善)이고 자신은 집단에서 배척당한 이라는 무력감이 짙게 배어 있다.

이지메는 학교에 입학한 뒤 얼마 안 돼 시작되었다. 따돌림이 욕설로 발전했고, 이후 가방을 빼앗아 밟는 등 그 정도가 심해지는 데까지는 그리 오랜 시간이 걸리지 않았다. 탈출구를 찾지 못하던 이 학생은 이지메의 괴로움을 적은 일기를 선생님에게 제출하고 도움을 요청하기에 이른다. 일기를 다섯 번 제출한 날 학교에서 "전학을 하는 게 낫겠다"는 전화가 걸려왔다. 더 이상 기댈 곳이 없다는 절망감, "이 세상에 있어선 안 된다"고 나락에서 들려오는 목소리는 학교에서 전화가 걸려온 뒤부터 일기장에 쓰이기 시작했다. 그리고 "엄마 미안해"라는 글을 남기고 자신의 방에서 목을 맸다. 첫 번째 자살 시도. 목숨은 건졌지만 등교 거부로 이어졌다. 부등교(不登校) 여드레 뒤 두 번째 자살 시도. 그 뒤 학교는 마지못해 '이지메 여부 설문조사'를 벌였지만 형식적인 조사의 결론은 "왕따는 없었다"였다.

그 후 학생의 어머니는 아이가 또 자살을 시도할지 모른다는 걱정에 잠자는 시간까지 곁을 지켰지만, 이번엔 발작적으로 근처 아파트에서 뛰어내려 다리가 부러지고 머리뼈까지 깨지는 큰 부상을 입게 된다. 천신만고 끝에 학교의 주선으로 이지메 가해자로 지목된 학생의 부모를 직접 만나는 자리가 마련되기도 했지만 "자살 시도를 남 탓으로 돌리지마"라는 폭언이 돌아왔다.

사회면의 단골 메뉴, 이지메

일본 정부가 2018년도 학교 내 집단 따돌림 실태 조사를 벌인 결과 정식으로 인정된 이지메 건수만 54만 3933건에 이르는 것으로 드러났다. 평택이나 의정부의 시 인구 전체와 맞먹는 숫자의 학생이 이지메를 당했다고 볼 수 있다. 1년 사이 13만 건이나 폭증한 수치다.

우리나라 교육부가 2019년 초등학교 4학년부터 고등학교 3학년까지의 학생들을 대상으로 학교폭력 실태를 조사한 결과 집단 따돌림은 1000명당 5.3건인 것으로 나타났다. 조사한 전체 학생 수를 410만 명으로 잡았다면 약 2만 1천여 명의 집단 따돌림 피해자가 있었다고 볼 수 있다. 집단 따돌림으로 인정하는 기준 등이 달라 직접 비교하기엔 쉽지 않지만, 여러 사정을 감안하더라도 일본의 이지메 문제가 상당히 심각함을 알 수 있다.

학생 자살 뉴스 등이 끊이지 않고 신문에 실리는 일본에서는 이지메가 심각한 사회문제임을 체감할 수 있다. 예를 들어 2019년 3월 13일 자《아사히신문》은 "초등학교 6학년 여학생 2명이 아파트에서 뛰어내려 병원으로 옮겨졌으나 숨졌다. 이지메를 당하다 자살했을 가능성이 있어 사실관계를 확인 중"이라는 소식을 전했다. 또 같은 해 2월엔 고등학교 2학년 학생 자살과 관련된 부모의 기자회견 소식이, 6월엔 초등학교 1학년 학생에게 행해진 이지메의 은폐 문제가 실렸다. 갖가지 형태의 이지메 관련 소식이 사회면의 단골 메뉴를 장식하고 있는 실정이다.

점점 더 어려지는 이지메 대상자들

일본 정부의 2018년도 집단 따돌림 조사에서는 이지메의 연령대가 점점 낮아지고 있다는 새로운 문제도 드러났다. 초·중·고 학교별로 보면 초등학교에서 벌어진 이지메가 42만 5844건으로 전체의 78퍼센트를 차지했는데, 일본 초등학생 숫자가 640여 만 명인 점을 감안하면 전체 초등학생의 약 6.5퍼센트 정도, 20명 중 1명 이상이 이지메를 당했다고 볼 수 있다. 집단 따돌림이라는 특성상 피해자는 1명이지만 가해자 수는 더 많을 수밖에 없는 만큼 이지메와 관련된 초등학생의 총 숫자는 훨씬 많을 것으로 추산된다.

등굣길에 나선 도쿄의 초등학생들

초등학생 이지메는 증가 폭도 컸다. 1년 사이 10만 건이 늘었는데, 전년도보다 30퍼센트 이상 대폭 증가한 것으로 드러났다. 학교별 증가 폭을 비교해보면 중학교와 고등학교에서 발생한 이지메 증가 건수의 7~8배에 이르렀고 특히 저학년에서 급증했다는 분석이 제기됐다.

이지메 문제가 이렇게 심각한데도 학교 당국이 사건 자체를 온전히 공개하고 대응하고 있는지는 아직도 의문이다. 2017년 조사에선 '이지메가 없다'는, 이른바 '이지메 제로' 학교가 24.5퍼센트에 달했다. 여기에 학생 1000명당 이지메 인지 건수를 광역자치단체별로 비교해봐도,

사가(佐賀)현은 8.4건에 그친 반면, 미야기(宮城)현은 108.2건에 달해 10명 중 1명이 이지메 피해를 봤다는 결과가 나와 지역별로 큰 편차를 보였다. 학교 당국이 이지메 파악에 얼마나 적극적으로 대응하느냐에 따라 차이가 있을 수밖에 없다는 이야기다. 예를 들어 후쿠시마현의 경우 이지메 건수가 2016년에 1000명당 9.9건이던 것이 1년만에 2.5배인 24.3건으로 급증했다. 일본 학교 현장에서 '이지메 제로'가 목표가 아니라 '이지메 방치 제로'가 문제라는 지적이 나오는 이유다.

일본에서 '학교 내' 이지메가 사회문제가 되기 시작한 시기는 1980년대부터다. 교육평론가인 오기 나오키(尾木直樹)에 따르면 일본에선 지금까지 이지메와 관련해 4번의 피크기가 있었는데, 그때마다 주요 사건 발생과 더불어 이지메의 심각성이 새롭게 인식되고 사회적 대응이 요구되었다. 그리고 그 흐름을 살펴보면 이지메에 대응하는 학교의 태도가 문제되기 시작한 것은 비교적 최근 들어서의 일이다.

제1기는 1984~1987년경으로 당시엔 '이지메 당하는 쪽도 나쁘다'는 사회적 분위기가 존재했다. 제2기는 1994~1996년경으로, 이때부터 이지메에 대한 경각심이 높아졌다. 피해자에 대한 비판은 사라지고 이지메를 '인권' 문제로 인식하기 시작해 사회에서 이를 추방해야 한다는 목소리가 커져갔다. TV 공익광고 등을 통해 유명 스포츠 선수들이 "이지메, 용서 안 돼!", "이지메, 멋질 리 없어"라고 호소했다. 하지만 변화는 표면적이어서 입 밖으로만 꺼내지 않을 뿐 피해자에게도 잘못이 있다는 의식이 여전히 사라지지 않았다고 오기는 지적한다.

2006년경인 제3기에 이르러서야 학교의 이지메 은폐 문제가 본격적으로 제기된다. 홋카이도(北海道)의 한 초등학교에서 6학년 여학생이 유서를 남기고 교실에서 목을 매 자살한 사건이 계기가 되었다. 유행처럼 번진 모방 자살로 2006년 한 해에만 이지메가 원인이 되어 일어난 자살이 10건, 자살 미수가 2건 발생했다.

마지막으로 2011년 이후를 제4기로 보는데, 2011년 사가현의 중학생 자살 사건을 계기로 '이지메방지 대책 추진법'이 제정돼, 이지메로 의심되는 사건이 발생하면 학교와 교육위원회가 아닌 제3자 조사위원회를 만들어 판단하는 경우가 늘어났다. 여기에 2017년 다시 폭발적인 증가세를 보이면서 일본의 이지메 문제는 새로운 변곡점에 들어선 게 아닌가 추측된다.

이지메는 갑자기 나타난 것이 아니다

이지메 문제에 잘못 대응하는 태도를 반성하는 움직임 속에 피해자 대책 위주에서 가해자에게 먼저 접근하는 방식으로 선회해야 한다는 주장도 제기되고 있다. '어린이 발달과학 연구소'는 이지메와 관련해 가해자의 잘못된 인식이나 행동을 바로잡을 기회가 없으면 이지메 행위를 일종의 '성공 체험'으로 받아들일 수 있게 된다고 지적한다. 덧붙여 자신의 감정을 조절하는 방법을 학교에서 배울 필요가 있다는 주장도 나오고 있다.

이지메의 경우 가해자에게 '모델'이 있다는 분석도 주목할 만하다. 부모로부터 학대를 당했다거나 다른 곳에서 이지메의 대상이 된 아이가 거꾸로 '가해자'가 된다는 것으로, 가해자가 '피해자'의 면모를 함께 가질 수 있다는 관점이 새롭게 제기되고 있다.

어떤 면에서는 일본 사회의 여러 가학적 성향 속에서 아이들이 피해 자인 동시에 가해자로 희생되고 있을지도 모른다는 이야기다. 이지메 와 함께 아동학대 건수 역시 사상 최다를 기록하고 있다는 점도 그래 서 눈여겨봐야 하는 대목이다. 일본 사회에 만연한 약자에 대한 폭력 적 성향은 뒤에서 자세히 다루기로 한다.

이지메는 1980년대에 새로운 사회현상으로 인식됐고, 해외에도 '이 지메(苛め)'라는 일본어 단어가 '학교에서의 집단적 괴롭힘'이라는 뜻 으로 그대로 전해졌지만, 사실 일본은 역사적으로 '무라하치부'라는 어두운 전통을 가지고 있었음을 잊어선 안 된다. 이미 일본 사회에 깃 들어 있던 성향이 학교라는 특정 공간에서 또 다른 형태로 발현되기 시작한 현상이 '이지메'라고 할 수 있다.

많은 사건과 사회적 충격, 대책 마련에도 불구하고 일본 사회에서 점점 악화되는 양상을 보이고 있는 이지메 문제. 아이치(愛知)교육대학 의 오리데 겐지(折出健二) 명예교수는 일본 교육의 실패를 지적했다.

"친구 만드는 경험이 부족한 아이들이 늘고 있는 건 사실입니다. 다 른 사람과의 차이를 받아들이도록 지도하는 것 등이 초등교육에서 큰 과제로 떠오르고 있습니다."

어려서의 교육 실패는 그 세대가 어른이 된 후대의 사회문제로 이어 진다. 이지메 피해자로서, 또 가해자로서 초등학교 시절을 보낸 일본의 어린이들이 성장한 몇 십 년 뒤의 일본 사회가 우려스러울 수밖에 없 는 이유다.

피해 아동의 이중고, 재난 이지메

"지진으로 사람이 많이 죽었다. 그래서 난 살겠다고 마음먹었다."

집단 따돌림을 당해온 후쿠시마(福島) 출신 소년이 적은 이 한 구절은 무엇이 그를 버티게 해줬는지를 알게 해준다. 2011년 후쿠시마를 덮친 지진해일(津波, 쓰나미)과 원자력 발전소 폭발 사고로 많은 사람이 생명을 잃고 삶의 터전을 잃었다. 그리고 당시 초등학교 2학년이었던 소년은 부모를 따라 요코하마(橫濱)로 거처를 옮길 수밖에 없었다.

많은 사람이 죽어가는 것을 목격하고 가슴속 깊은 상처를 이미 안고 있던 소년이었지만, 그를 기다리는 건 후쿠시마 출신이기에 겪어야 했던 집단 따돌림, 이지메였다.

"세균 취급을 당하고, 방사능이라고 불러서 늘 괴로웠다."
"후쿠시마 사람이라서 괴롭힘당하는 거라고 생각했다. 아무것도 저항할 수 없었다." (소년의 수기 중에서)

후쿠시마 출신으로서 짊어져야 했던 어린 소년의 짐. 결국 소년은 초등학교 3학년이던 2012년에 첫 등교 거부를 시작으로 자신의 괴로움을 표했지만 아무도 이를 알아주는 사람은 없었다.

"지금까지 여러 이야기를 했지만 (학교는) 믿어주지 않았다."
"몇 번이고 선생님께 말했지만 무시당했다." (소년의 수기 중에서)

그러는 사이 "배상금 받았지? 돈 가져와"라는 괴롭힘 속에 동급생 등에게 빼앗긴 돈만 150만 엔(약 1,500만 원)에 이르는 지경이 되었다.

"돈을 가져오라는 말을 들으면 정말 답답하고, 분했지만, 거절하면 또 이지메가 시작될 거라 생각해 아무것도 하지 못했다. 무섭고 어쩔 수 없었

다." (소년의 수기 중에서)

2번의 등교 거부와 부모의 호소를 통해 결국 드러나게 된 이지메의 실상들. 특히 아픔이 있는 후쿠시마라는 고향을 자신의 의지와는 무관하게 떠날 수밖에 없었던 이주 소년을 대상으로 한 것이어서 더 큰 충격을 주었다. 수기가 공개된 해는 2018년, 일본 언론은 '재난 이지메'라며 궁지에 몰린 이들을 더욱 궁지로 몰아넣는 실태에 한탄을 쏟아냈다.

후쿠시마를 떠나 다른 도시로 이주한 이들을 지원하고 있는 후쿠시마시의 시민 단체 관계자는 "후쿠시마 출신 아이들에게 행해진 이지메는 원전 폭발 사고 이후 2013년 정도까지 들은 것이 많았습니다. 이전에도 도쿄 부근으로 이사한 부모로부터 아이 이름에 '세슘'을 붙여 불러 괴롭다는 말을 들은 적이 있습니다"라고 했지만 그 이후에도 단지 후쿠시마에서 왔다는 이유만으로 시작된 괴롭힘은 끝나지 않았던 셈이다.

이지메를 당하면서도 죽은 사람들을 떠올리며 자신의 소중한 생명을 지켰던 소년은 또 다른 집단 따돌림 피해자들에게 용기를 주고 싶다며 수기를 공개한 것으로 전해졌다. 담당 변호사는 소년이 "대지진으로 많은 사람이 죽었지만 자신은 이지메를 당해도 자살하지 않았다는 것을 전달하고 싶어했다"고 말했다.

교사의 이지메,
지도사의 실체

'왕따'의 심각성으로 알 수 있는, 일본이 갖는 '배제 사회'의 특성은 이지메를 겪거나 행하는 아이들이 자라 사회의 주요 구성원이 된다는 측면에서 주의 깊게 살펴볼 필요가 있다. 그리고 또 하나, 이지메를 부채질하는 사람은 놀랍게도 교사라는 점이다.

일본에서는 이지메와 관련해 우리로선 아연실색할 소식이 한번씩 들려온다. 2019년 2월 7일 자《마이니치(每日)신문》 사회면에서 〈선생님으로부터도 '왕따', 고통스러웠지…〉라는 제목의 기사를 보자.

기사는 2016년 야마구치(山口)현의 한 고등학교에서 자살한 2학년 학생을 조사한 결과, 일부 교원이 저지른 '이지메로 볼 수 있는 행위'가 발견됐다는 소식을 전하고 있다. 부모는 기자회견을 통해 담임교사에게 지속적으로 질책을 듣고 동아리 활동을 금지당하는 등 자녀가 정신적으로 쫓기는 상황이 됐고 결국 자살에 이르렀다며, 학생이 평소 "선생님이 나만 심하게 다룬다"는 이야기를 했다고 눈물지었다.

2015년과 2017년에도 교사의 이른바 이지메성 지도에 못 견뎌 학생이 스스로 목숨을 끊는 사건이 발생해 시 교육위원회의 조사까지 진행되는 등, 일본에서 교사에 의한 학생 괴롭힘 문제는 일회성 사건의 수준을 넘어 학교 현장에서 일상적으로 벌어지는 문제가 되어가는 양상을 보이고 있다.

일본에서는 자살자 수가 2017년엔 2만 1140명(우리나라의 경우 1만 2463명 - 보건복지부)으로 8년 연속 감소세를 보였지만 모든 연령층을 통틀어 유독 10대의 경우만큼은 자살자 수가 증가했다. 10대 자살의 최대 원인은 학교와 관련이 있다고 여겨지는데, 그 중에서도 특히 교사와 학생 사이에서 벌어지는 이지메가 최근 문제되고 있다.

일본에서는 교사의 부적절한 지도 방법 등이 원인이 되어 학생이 자살한 경우를 '지도사(指導死)'라 부르고 있다. '지도사', 즉 지도로 인해 죽음에 이르렀다는 말이지만 사실상 교사로부터 괴롭힘을 당한 것이 큰 원인이라는 점에는 이견이 없어 보인다.

지도사로 자녀를 잃은 후쿠이(福井)현의 한 부모는 수기를 통해 "자신을 매도하는 말들, 인권을 침해하는 발언… 여러 가지가 있었다고 들었습니다. '교사에 의한 교묘한 이지메'로 아이가 귀중한 목숨을 잃었습니다"라고 고발했다.

이 학생은 행사 준비가 늦었다는 이유로 교문 앞에서 근처에 있던 다른 학생들까지 놀랄 정도로 큰 소리로 담임으로부터 질책을 받았고, 부담임은 숙제 제출이 늦었다며 야단치고는 무릎을 꿇린 채 몰아붙이기도 했다.

이 정도 수준에서 스스로 목숨을 끊는다는 것이 의아하다고 느낄 수도 있다. 사실 통상 교육의 범위가 어디까지인지는 쉽게 단정할 수 없다. 누군가에겐 통용될 수 있는 범위가 또 어떤 학생에겐 엄청난 압박으로 다가올 수 있다. 하지만 '이지메'라는 것이 '징벌적 성격'에서 시작되었다는 점을 감안하면 우리가 생각하는 범위를 벗어나는 지도 방식을 상상하기는 그리 어렵지 않다.

실제로 일본 삿포로(札幌)에서는 합주부를 지도하는 교사가 한 학생을 지목해, 다른 학생들에게 해당 학생과의 대화를 전면 금지하는 등 고립 상태로 몰고 가 결국 학생이 스스로 목숨을 끊기도 했다. 일본의 경우 학교에서 각종 동아리 활동이 활발해 거의 매일 부 활동에 참여하는 학생들도 상당수인 만큼, 이 같은 지도교사의 지시는 학생이 학교에서 뿌리내릴 준거집단을 앗아가 버린 것과 같은 의미가 된다.

이 부모가 자녀의 자살 이유를 아는 데까지는 상당한 시간이 필요했다. 홋카이도 교육위원회에 자살 관련 조사 자료를 공개하길 요구했지만, 한 페이지 전체가 까맣게 칠해져 있다든지 상당 부분이 가려진 자료만 받아볼 수 있었다. 개인 정보를 보호해야 한다는 이유에서였다.

"화가 난다기보다는, 슬프다는 쪽이 맞을 겁니다. 왜 이렇게까지 가르쳐주지 않으려는 걸까? 단지 진실을 알고 싶을 뿐이라는 마음이 왜 전달되지 않는 걸까? 정말 유감이었습니다."

결국 홋카이도 교육위원회를 상대로 소송을 제기하고 나서야 학교 측이 당시 합주부원을 상대로 진행한 설문조사 결과를 받아들 수 있었다. 아들이 숨진 지 5년 만이었다.

"아이가 정말 고립됐었구나 하는 분위기를 설문조사만 보고도 알 수 있었죠."

'교사와의 관계'가 원인이 되어 자살한 10대가 2016년까지 10년간 37명이라고 일본 경찰청은 집계하고 있지만, 표면에 잘 드러나지 않는 지도사의 특성상 이보다 훨씬 많은 일이 일어났을 것으로 짐작할 뿐이다.

지도사가 단순히 파편적인 사건이 아닌 사회적으로 심각성을 가진 문제라는 점은 희생자들이 유가족회까지 조직해 애쓰고 있는 것만 봐도 알 수 있다. 유가족들은 특히 '교사 이지메'가 그 전말을 파악하기 힘들고, 그래서 사회적으로 노출되는 사건이 빙산의 일각이라고 호소한다.

'지도사 부모 모임'의 회장인 오누키 다카시(大貫隆志)는 2001년 당시 중학교 2학년이었던 아들을 잃었다. 과자를 먹었다는 이유로 1시간 반 가량 지도를 받은 다음 날 자살했는데, 오누키는 과연 그것뿐이었을까 하고 생각한다.

"그 순간에는 '설마'라고 말할 수밖에 없었어요. 아이를 서 있게 했다… 그래서라고?"

하지만 학교로부터 더 이상 어떤 설명을 듣거나 자료를 받을 수 없었고, 결국 왜 서 있었느냐는 이유만으로 자살에까지 이르렀는지 알 수 없게 되었다.

"많은 경우 학생 지도라는 게 교사와 학생 사이에서 일대일로 진행되기 때문에 주변 학생들이 옆에서 잘 볼 수 있는 상황이 아닙니다. 어떤 일이 일어났는지 알 수 없습니다."

불타오르는 사이버공간,
사람 잡는 엔조

학교 안에서의 문제였던 이지메는 이제 사회적 집단 괴롭힘으로 발전하는 양상이다.

그녀의 일상은 지극히 평범했다. 30대에 시작한 가벼운 취미 생활, 그리 특별한 게 없었다. 트위터 등에 글을 올리기 시작한 것도 자신이 아는 것을 나누고 싶다는 단순한 생각에서였다.

하지만 그 단순한 생각이 자신의 인생에 얼마나 큰 파문을 불러올지 당시엔 상상조차 하지 못했다. 어느 날 갑자기 자신이 작성한 글을 비판하는 댓글이 눈에 띄기 시작하더니, 순식간에 인신공격으로까지 번졌다. "너 튀고 싶은 거지?", "아는 척 하지마", "봐줄 수가 없네" 등등을 시작으로 입에 담을 수도 없는 수준의 악성 댓글까지 이어졌다.

"일이 손에 잡히지 않았어요. 화장실에 갈 때도 댓글 따위를 체크했죠."

분한 마음에 반론을 제기하면 이 자체가 다시 더 심한 반응을 불러오는 악순환에 빠져들었다. 처음엔 인터넷에 올린 글에만 욕설이 달리더니, 어느 순간 개인 SNS로도 공격이 번지기 시작했다. 실명과 사진까지 공개되기에 이르자, 이제는 밖에 나가기조차 힘든 대인공포증까지 생겨났다. 외출을 할라치면 옆 사람이 자신 쪽으로 고개만 돌려도 "저 사람 아냐?" 하고 말하는 것 같았다. 말 그대로 이제는 어제와 같은 그 세상이 아니었다.

'엔조(炎上)'. 원래 '불타오르다'라는 뜻의 단어지만 일본에서는 인터넷상에서 일어나는 특정 글이나 인물에 대한 무차별적인 공격을 뜻하는 말로 쓰이고 있다. 2004~2005년 무렵부터 블로그의 정착과 함께 이 같은 현상이 나타나기 시작해 이 단어가 생겨났다는 설이 일반적이다. 사회현상을 일컫는 새로운 단어가 생겨나고 사회 전반에서 인식될 정도면 이 문제가 얼마나 심각한 부작용을 낳고 있는지도 미루어 짐작할 만하다.

굳이 해석하자면 '인터넷 왕따', '악성 댓글' 정도로 해석할 수 있는 엔조. 이지메가 학교 등 한정된 소속 집단에서의 특정인에 대한 주변인의 공격이라면, 엔조는 개인에 대한 사회 내 불특정 다수의 이지메라고 이해할 수 있다.

우리나라에서도 악성 댓글 문제가 심심치 않게 제기되지만 한국과 일본은 그 양상에서 뚜렷한 차이점이 하나 있다.

"너 한번 튀어보고 싶어서 그런 거지?"

즉 '네가 지금 이렇게 하는 건 뭔가 도드라져 보이려고 그러는 건데,

그건 용납이 안 된다', '잠자코 가만히 있지 왜 너만 나서느냐'는 집단성을 등에 업은 공격 양상이다. 일본의 엔조 현상은 이메일이나 전화를 통한 집단성 항의, 또 항의 시위로까지 이어지는 경우가 있다는 점에서도 우리와 조금 다르다는 사실을 알 수 있다. 여기에 사회적 징벌의 성격이 가미되면서 더욱 공격성을 띠는 특성 또한 가지고 있다.

2017년 가을 일본 기타큐슈(北九州)에 위치한 이시하시 건설공업으로 갑자기 셀 수 없을 정도로 많은 전화가 걸려오기 시작했다. 받으면 끊어버리는 전화부터 마구 화를 내는 전화까지, 당시 사장은 하루에 100건은 넘게 걸려온 것 같다며 회사이기 때문에 전화를 받지 않을 수도 없는 상황이었다고 설명했다.

무슨 일이 일어난 걸까? 원인은 고속도로에서 보복 운전으로 어느 부부를 숨지게 한 범인과 회사 사장의 성(姓)이 같았기 때문. 범인이 살았던 후쿠오카(福岡)에 인접한 기타큐슈에 해당 회사가 있었던 점도 작용했다. 관계 없는 두 정보가 결합되면서 이 회사 사장이 용의자의 아버지라는 근거 없는 '악성 루머'가 퍼져나갔다.

"제 자식이 아니라고 이야기해도, 거짓말하지 말라고, 시치미 떼지 말라고…"

이후 사무실뿐 아니라 집 주소까지 인터넷상에 공개되면서 결국 사무실을 일시 폐쇄하고 아이들도 학교를 쉬게 할 수 밖에 없었다.

"누군가가 공격해오는 건 아닌가, 사실 공포밖에 없었죠."

NHK가 2017년, 500일을 조사 기간으로 설정해 인터넷상에서 화제가 된 엔조 사례 1100여 건을 살핀 결과 트위터에서 원래의 발신 메시지가 1000차례 이상 리트윗, 즉 재인용되며 공격받은 케이스가 약 420건에 달하는 것으로 나타났다. 당사자에게 심대한 정신적 타격을 입힐 수준이다. 공격 대상은 일반인이 27.6퍼센트로 가장 많았다.

《엔조 군집의 폭주와 가능성(ウェブ炎上—ネット群集の暴走と可能性)》(2007)에서 평론가 오기우에 치기(荻上チキ)는 엔조의 대상이 되기 쉬운 이른바 '엔조 지수'에 관해 설명했는데, 예를 들어 '한국', '오타쿠' 같은 주제는 엔조 지수가 높다고 봤다. 이뿐만 아니라 일왕(日王)과 관련되거나, 종교 및 정치 문제 등도 엔조로 발전할 가능성이 높은 주제로 분류되고 있다. 발언자의 국적이나 성별 등에 따라서도 엔조로 발전할 가능성이 달라지는데, 학력이나 사회적 지위가 높은 사람, 오피니언 리더, 연예인 등이 엔조 지수가 높다고 지적했다.

이렇듯 엔조로 인한 부작용이 속출하고 사회문제가 되면서 일본에선 IT기술의 발전과 사이버 공간의 확대가 새로운 형태의 민주주의가 탄생할 가능성이나 새로운 커뮤니티 구축이라는 긍정적 측면보다는, 엔조와 같은 부작용만을 증폭시킨 것 아니냐는 이야기가 나오는 실정이다.

엔조의 주 타깃, 한국

릿쿄(立教)대학의 기무라 다다마사(木村忠正) 교수는 2015년 4월 중 한 주를 택해 일본 포털사이트 '야후 재팬(Yahoo Japan)'의 뉴스 서비스에 게재된 정치, 사회 등과 관련된 기사 1만 건에 달린 댓글 수십만 건을 분석했다. 단어별 등장 빈도를 조사한 결과 가장 많이 언급된 단어 3가지는 '일본', '한국', '중국'이었다. 10위까지 범위를 넓히면 '일본인', '한(韓)', '국민', '조선', '세계', '정부', '아메리카' 등이 뒤를 이었다.

10위까지의 단어를 보면 알 수 있듯이 우리나라와 관련된 단어가 3개 포함돼 있는데, 댓글 수로는 전체의 20퍼센트 가까이 차지한 것으로 드러났다. 기무라 교수는 이러한 단어가 쓰인 글들이 '혐한' 의식이 농후한 것으로 분석했으며, 모멸적인 댓글의 약 80퍼센트는 한국과 관련이 있는 것으로 나타났다고 밝혔다. 1주일간 100번 이상의 댓글을 단 사람은 전체의 약 1퍼센트. 하지만 이 1퍼센트가 댓글 전체의 20퍼센트를 형성하고 있었다.

인터넷상에서 극우 성향의 댓글을 달며 사람들을 공격하는 이른바 '네트 우익(ネトウヨ, 네토 우요)'의 연구자인 세이케이(成蹊)대학의 이토 마사아키(伊藤昌亮) 교수는 다음과 같이 설명했다. "헤이트 스피치나 악질 유언비어의 배경에는 인터넷에서 확산되는 '말'들이 있습니다. 1990년대 후반부터 뿌리 깊게 이어져오고 있습니다."

피해자를
괴롭히는 나라

나의 개인적인 특성을 내보이는 행위, 이른바 '나선다'라는 단어엔 물론 부정적인 뉘앙스가 있을 수 있겠지만 이에 대한 일본 사람들의 무의식적 거부감은 우리나라의 그것과는 차원이 다르다. 그리고 그런 잠재의식을 바탕으로 개별적인 목소리를 내는 이들을 밀어내는 일본 사회의 특징은 전 세계적 통념으로 봐도 이상하기 그지없다.

2018년 9월 영국 BBC는 일본에 관한 다큐멘터리 한 편을 내보낸다. 〈일본의 숨겨진 부끄러움(Japan's Secret Shame)〉이라는 제목의 1시간짜리 다큐멘터리는 방송 내내 스산한 겨울바람 속에서 한 일본 여성의 뒤를 쫓는다.

기자 지망생이었던 이토 시오리(伊藤詩織). 자신의 진로를 상담하기 위해 일본 주요 방송국 중 한 곳인 TBS 워싱턴 지국장이었던 야마구치 노리유키(山口敬之)와 저녁 식사를 함께하다 의식을 잃은 뒤 호텔에서 눈을 뜨게 된다. '데이트 강간약'이 의심됐지만 초기 경찰 등의 소극적 태도에 사건은 유야무야 흘러갔다. 상대 기자가 본인을 아베 신조(安倍晋三) 총리와 바로 전화 통화를 할 수 있는 아주 소수의 기자라고 내세우고, 자신과 총리의 관계를 다룬 《총리(総理)》(2016)라는 책까지 낸 유명 저널리스트였기 때문일까? 이토는 사건 처리 과정에서 경찰 고위 간부가 체포 영장을 무력화하는 것까지 지켜봐야 했다.

다큐멘터리에서 이토는 경찰로부터 실물 크기의 인형을 상대로 매트리스 위에서 그날 밤 사건을 재현해달라는 이야기를 들었다고 전한다. 여자 경찰관에게 진술하고 싶은지에 대한 이유를 설명하는 것도 온전히 그녀의 몫이었다. 일본 경찰 중 여성은 8퍼센트뿐이라고 이 다큐는 말한다.

도쿄에 있는 유일한 '성폭행 위기 센터'는 그녀에게 직접 오라며 전화로는 어떤 조언도 하지 않았다. 충격으로 침대에 누워 있던 그녀에게 2시간이나 가야하는 그 곳은 너무 먼 곳이었다.

영국의 《가디언(The Guardian)》지(誌)는 이 다큐에 대해 "극도로 보기 힘든 다큐멘터리이다. 참담하고, 좌절스럽고, 고통스럽다… 이는 여성에 대한 폭력과 구조적 불평등, 차별에 대한 커다란 담론을 더 작고 개별적인 것에 초점을 맞춰 보여준다"고 평했다. 2018년 6월 28일 자 《가디언》이 초점을 맞춘 것은 일본의 구조적 모순이었다.

일본에서는 사람들이 성폭행 혐의를 거의 제기하지 않는다. 세계적인 기준으로 볼 때 일본에선 문화적으로나 구조적으로 여성에 대한 성폭력이 취급되지 않는다는 통계들을 볼 수 있다. 이 다큐멘터리에 따르면 예를 들어 영국에서 100만 명 당 510건의 성폭행 사건이 보고되지만, 일본에서는 그 수가 10건으로 줄어든다. 이 통계는 일본이 여성들에게 안전한 나라임을 의미한다고 일부에서 이야기할 수도 있지만, 이 다큐의 출연자 대부분은 성폭행을 입에 올리는 것 자체가 너무 금기시돼 있어 피해자들이 거의 나서지 않기 때문이라고 믿고 있다.

경찰 등 사법적 정의의 도움을 받을 수 없었던 이토는 사회정의에 호소하기 위해 용기를 짜내 기자회견까지 했지만 '거짓말쟁이', '매춘부' 등 입에 담기 힘든 비난이 인터넷상에 쏟아졌다. 엔조의 대상이 된 것이다.

해외 특파원단 초청으로 기자간담회를 갖자 일본의 네티즌들은 "일본의 부끄러운 부분을 밖에 알렸다"며 공격해왔다. 마을의 수치를 알렸다며 무라하치부를 결정한 '우에노마을 사건'의 확장판이다. 이토가 '한국계'라는 근거 없는 소문까지 더해지며 그녀에 대한 사회적 처벌은 자위적 당위성을 만들어갔다.

협박 편지까지 날아오는 상황에서 이토는 결국 생활 터전을 영국으로 옮겨야 했다. 피해자지만 쫓겨나야 했던 그녀의 사연에 BBC가 주목한 것은 어찌 보면 당연한 귀결인지도 모른다. 〈일본의 숨겨진 부끄러움〉이라는 이 다큐에서 BBC는 '미투(#Me Too)' 운동이 사회적 반향을 일으킬 수 없는 일본 사회의 폐쇄성에도 주목한다. 《뉴욕타임스(The

New York Times)》, AP통신 등 해외 언론이 상황을 전하고 UN에서 그녀를 초청해 귀를 기울였지만, 일본의 국내 언론을 통해선 그녀의 소식을 듣기 힘든 기이한 상황이 벌어진 터였다.

목소리를 내지 못하는 다른 피해자들을 위해서라도 힘을 내겠다며 미투 관련 활동을 이어가던 그녀가 한국에 와서 뜨거운 눈물을 흘린 적이 있었다. 여성단체 관계자들이 마련한 자리에서 "당신에게는 잘못이 없다"라는 말을 들었을 때다.

"그때 피해자가 한 행동이 그 사람에겐 최선이었다는 것이죠." (한국 여성단체 관계자)

"오늘 처음으로 '그게 최선이었다'는 말을 듣게 돼서, '나를 꾸짖으면 안 되는구나', '내가 나쁜 게 아니구나', '나에게 용기를 줄 방법도 있었구나' 하고 생각했어요." (이토 시오리)

이지메의 원인을 자신에게서 찾고는 "나는 폐만 끼치는 학생"이라며 극단적 선택을 한 중학생의 말과 이토의 탄식은 여러모로 겹치는 부분이 있다. 결국 일본에서 집단과 개인의 관계 설정이 어떠한지를 보여주는 사례들이다.

과거 종군 위안부 피해자들이 언론에 나와 눈물로 과거를 회상하며 호소할 때 일본 내 반응 중 하나는 이를 외부에 이야기할 수 있는 당사자들에 대한 놀라움이었다. 우리 피해자 할머니들도 스스로 목소리를 내기까지 크나큰 어려움을 겪었지만, '여성에게 강요된 침묵'이 우리와 비교할 수 없을 정도로 강력했던 만큼 일본 사회의 놀라움도 더 컸을 것이다.

2012년 성폭력 피해 여성 가운데 18.5퍼센트만이 경찰에 신고한다는 '일본 법무종합연구소'의 연구 결과가 나온 적이 있다. 암묵적인 사회의 압력에 피해자가 스스로 자신을 보호할 기회를 포기하는 '아픈 사회' 일본의 현실이다.

일본에서 성희롱은
죄가 아니다

2018년 일본의 한 주간지는 최고의 엘리트 집단이라는 '재무성' 최고위 관료인 사무차관의 성희롱 사건을 보도한다.

녹음 내용에 담긴 후쿠다 준이치(福田淳一) 사무차관의 목소리. 여기자들과의 저녁 식사 자리 등에서 "남자 친구가 있냐", "키스해도 되냐", "호텔로 가자", "가슴을 만져도 되냐" 등의 노골적인 발언이 고스란히 담겼다. 이를 녹음한 이는 TV아사히의 여기자. 하지만 회사 상사는 이를 보도하는 데 반대했다. 재무성이라는 파워 집단에 대한 취재가 어려워질 것을 걱정했으리라고 추측된다. 좌절감을 느낀 해당 기자는 녹음 내용의 일부를 주간지에 넘겼고 이를 통해 결국 최고 관리의 추악한 뒷모습이 드러나게 된다.

하지만 이를 둘러싼 일본 사회, 특히 기득권층의 반응은 우리의 상식을 뛰어넘는다. 보도 후 해당 기자에 대한 인신공격이 난무한 것은 기본이고 이는 우리나라에서도 발생하는, 흔히 말하는 2차 피해가 나오기 시작했다. 더욱 심각한 문제는 사회 저명인사들의 반응이다. 전(前) 도쿄도지사는 "기자로서의 긍지는 없는 것인가"라고 공개 비판했고, 유명 작가는 "일종의 꽃뱀"이라고도 했다. 성희롱이라는 사건보다는 기자가 다른 언론사를 통해 당사자의 동의 없이 녹음을 공개했다는 사실에만 초점을 맞춘 공격이었다. 녹음 내용이 취재가 아닌 피해 증거의 성격이 강함에도 이러한 부분은 묵살당했다.

일본에서 미투 운동이 성공할 수 없었던 가장 큰 이유로 용기를 내 피해 사실을 공개한 이들이 직면한 상황들이 다른 피해자까지 위축시켰기 때문이라는 분석이 많은데, 재무차관 성희롱 사건은 이를 전형적으로 보여준다. 특히 사회 저명층이 피해자를 공개적으로 비판하는 모습은 낯섬을 넘어 경악스러운 면이 없지 않다.

하지만 이렇듯 이해되지 않는 모습의 정점을 찍은 대상은 다름 아닌 일본 정부였다. 보도가 터지자 재무성은 고문 계약을 맺은 변호사 사무실에 조사를 요청하고는 각 언론사 여기자들에게 성희롱 피해를 당한 일이 있으면 실명으로 신고해달라고 요구한다. 아소 다로(麻生太郎) 재무상이 피해 여성이 나서지 않으면 어쩔 수 없다는 식의 말까지 하는 상황은 피해자에게 모든 것을 입증하라는 엄청난 부담으로 작용했다. 당시 일본신문노동조합이 "성희롱이 인권침해라는 인식이 모자란다고 할 수밖에 없다. 권력관계에서 압도적 차이가 있는 상황에서 발생하는 일들을 이해하고 있다고 생각하지 않는다. 이름을 밝히고 나오라는 것은 피해자에게 행하는 공갈이며 언론에 가하는 압력과 공격이 아닐 수 없다"고 강하게 반발했지만, 일본 정부의 태도는 쉽게 변하지 않았다.

심지어 아소 재무상은 해당 사무차관이 물러난 뒤에도 "성희롱은 죄가 아니다"라는 취지의 말을 반복하기도 했다. '성인지 감수성'이라는 측면에서 일본이 어느 수준에 있는지를 보여주는 말이다. 게다가 일본 정부는 아소 재무상의 발언에 대해 야당 의원이 정부의 공식 견해를 질의하자, 우리나라의 국무회의격인 각의(閣議)를 열고 아소 부총리의 손을 들어주기에 이른다. 답변서의 주요 내용은 이렇다.

"성희롱이라는 죄는 존재하지 않는다."
"성희롱은 다른 사람을 불편하게 만드는 성적 언동이다."
"성희롱에 해당할 수 있는 행위엔 다양한 것이 있다."
"이러한 행위들을 처벌하자는 취지의 규정을 담은 형벌 법령은 존재하지 않는다."
"성희롱이 형법 등의 형벌 법령에 해당하는 경우엔 범죄가 성립될 수 있다."
"이 경우에 성립하는 범죄는 형벌 법령에 규정된 강제 추행 등의 죄이며 '성희롱 죄'가 아니다."

정권 차원의 가해자 보호로밖에 볼 수 없는 억지스런 전개다.

일본이 '배제 사회'로서 개인이 자신의 목소리를 낼 수 없는 사회적 분위기와 함께 최근엔 사회적 경험 부족에 대한 지적도 나오고 있다.

어떤 사안에 대해 개인이 목소리를 내 울림이 커지고 이를 통해 사회를 바꿔본 경험이 없다는 뜻으로, 나의 행동이 긍정적 결과로 이어질 거라고 기대하기 쉽지 않은 사회적 특성을 말한다.

극작가이자 연출가인 사카테 요지(坂手洋二)는 《도쿄(東京)신문》과의 인터뷰에서 "한국은 경험상 목소리를 높이면 사회나 정치가 변할 수 있다는 것을 실감하고 있습니다. 목소리를 높이지 못하는 피해자가 있음을 이해하지 않으면 안 됩니다. 받아들이는 쪽의 사회적 성숙도가 필요합니다"라고 말했다.

너를 강간하고 싶어, 일본 여기자들의 수모

"너를 강간하고 싶어", "키스해줘", "함께 목욕하고 싶어"…
에로영화에나 나올까? 사실 어느 영화에서 '강간하고 싶다'는 표현을 쓸까 싶다. 대관절 누가 한 말일까? 경찰 간부가, 검사가, 정부 관료가 한 말이다. 이 이야기를 들은 사람은 여기자들이었다.

재무성 차관의 여기자 성희롱 사건이 일어나자 《도쿄신문》이 회사 내 여기자들을 상대로 조사한 결과다. 엉덩이를 만지거나, 옷 속에 손을 넣는 등의 직접적인 신체 접촉도 상당수였다. 피해자들이 사회 엘리트임을 자부하는 독립성 강한 여기자들이었음에도 이런 심각한 수준의 성희롱이 제대로 문제화 된 적은 한 번도 없었다. 피해자들이지만 사건을 모두 기억 속에 묻어 버릴 수밖에 없었다.

"놀라서 울었다"는 말 뒤에 이어진, 당시 그런 판단을 내릴 수밖에 없었던 여러 이유들.

"귀중한 취재원이라고 생각했죠… 내가 미숙했다며 제 자신을 책망했어요."

"신문사는 남자 사회죠. '여기자는 쓸 수가 없어'라고 취급되기 싫었어요.
다른 여기자들에게 폐를 끼칠 수도 없는 거고요."

"'회사에 이야기해도 아무 소용없어'라고 생각할 수밖에 없는 분위기가
있죠."

한참 전의 이야기지만 여전히 "기사화 하지 않으면 좋겠다", "문자화 하려니
떨림이 멈추질 않는다"라는 반응들이 나왔다. 《도쿄신문》이 일본 언론 매체
가운데 상대적으로 가장 진보적 성향을 가진 곳이라는 점을 감안하면 이러
한 조사 결과는 충격적이다.

심지어 '성폭력과 보도 대화 모임'이 언론 매체 여성 종사자 107명을 대상으
로 조사해보니 성적 괴롭힘을 받은 적이 있다는 비율이 95퍼센트에 달한다
는 결과도 나왔다.

배제되면 죽는다,
일본의 금기어

2016년 여름, 일본은 새로운 걸출한 정치인의 등장으로 뜨거웠다. 아베 1강이라는, 야당은 보이지 않는 일본의 정치 지형에서 각료 출신 여당 후보를 물리치고 무소속 여성 후보가 일본의 중핵인 도쿄도지사에 당선된 일대 사건이었다. 그것도 표차가 110만 표가 넘는 압승이었다. 고이케 유리코(小池百合子)는 정당이나 조직의 지원 없이 이른바 '녹색 바람'을 일으키며 최초의 여성 도쿄도지사가 되었다. 자민당은 친척이 고이케 후보를 지원해도 당에서 제명하겠다며 의원들에게 엄청난 집안 단속을 시키고 모든 수단을 총동원했지만, 결과는 참담했다.

일본 정치권의 핵으로 등장한 신임 도쿄도지사는 1년 뒤 치러진 도쿄도의회 선거에서도 태풍을 불러일으켰다. 일본 정국의 풍향계 역할을 한다는 도쿄도의회 선거에서 아베 총리가 이끄는 자민당은 전체 127석 중 23석을 얻는 데 그쳤다. 역대급 참패였다. 자민당을 꺾은 것은 고이케 도쿄도지사가 이끄는 지역 정당인 '도민퍼스트회'로, 정당의 틀을 갖춘 지 불과 한 달여 만에 받아 든 성적표였던 만큼 고착된 일본의 정치 지형을 바꾸리라는 기대를 모으기 충분했다.

도쿄도의회 선거에서 압승한 후 석 달 뒤에 열린 중의원 선거. 도쿄에서의 승리를 계기로 고이케 지사는 '희망의 당'이란 신당을 결성해 선거에 임한다. 아베 총리에 대적할 만한 대항마가 마땅히 없었던 제1야당인 민진당은, 고이케 지사 외에는 별다른 현역 의원이 없을 정도로 미니 정당이었음에도 희망의 당에 스스로 '조건 없는 해체 뒤 합류'를 택했다. 소수의 신생 정당이 기존의 거대 정당을 흡수한, 정치 역사상 보기 힘든 장면까지 연출된 것이다.

하지만 결과는 대실패. 신당에 합류한 기존 의원들의 의석수도 유지하지 못한 채 465석 중 50석을 얻는 데 그쳤다. 자민당은 284석을 얻어 연립 여당인 공명당이 획득한 29석을 합쳐 모두 313석에 달해 전체의 3분의 2를 넘었다. 드라마틱한 등장만큼이나 급격한 고이케의 추락이었다. 패배의 원인으로 여러 가지 분석이 제기되는 가운데 단어 하나가 일본 언론의 주목을 받았다.

'하이죠(排除, 배제)'.

합류를 선언한 민진당 소속 의원 가운데 본인의 우익 성향과 노선이 다른 진보 성향 인사들은 어떻게 할 것이냐는 질문에 "배제하겠다"고 고이케 지사가 답한 것이 유권자의 마음을 싸늘하게 돌려세웠다는 분석이다. 고이케 지사 본인도, 어느 정치 전문가도 예상하지 못했던 '배제'라는 단어의 부정적 의미는 어디서 왔을까?

모 대학 명예교수는 라디오 시사 프로그램에 출연해 "섬나라의 특성상 다른 곳으로 피할 수 없다는 의미에서 '배제'란 당사자에겐 곧 사형 선고나 마찬가지다"라고 설명했다. 무라하치부처럼 마을 전체가 결의해 한 가족이나 구성원을 '배제'하는 이지메형 형벌이 있었던 일본 사회에서 '배제'라는 단어의 울림은 그 어느 사회에서보다 클 수밖에 없다. 루스 베네딕트도 《국화와 칼》에서 봉건적 위계질서 속에서 일본 사회의 모든 구성원은 체계 속에서 자신의 위치가 주어지고 그 체계에서 소외되는 것은 죽음과 다를 바 없다고 분석한 바 있다.

옛 일본 무사 복장을 하고 말 위에서 활을 쏘는 시범을 보이고 있다. 일본의 사무라이는 지배계급으로서 서민을 죽여도 죄를 묻지 않는다는, 이른바 '즉결 처분권'을 가지고 있었다.

아베라는 '골리앗'에 맞선, 가진 것 없는 '다윗'의 이미지였던 고이케 지사가 '배제'라는 말 한마디로 '기득권자'의 모습으로 비춰지게 됐고, 일본 사회에서만 느낄 수 있는 강렬한 부정적 뉘앙스가 더해지면서 사람들이 급격히 등을 돌리는 결과로 이어졌다는 말이다. 이지메를 '당하는' 자에서 이지메를 '행하는' 자로 이미지가 돌변했다고 할 수 있다.

무라하치부라는 역사적 현상이 학교라는 특정 공간에서 발현돼 교육 문제로 발전한 것이 '이지메'다. 그리고 이는 '엔조'라는 또 다른 사회현상으로 확대되고 있다. 잘못된 일을 바로잡으려는 사람도, 부당한 일을 당한 피해자도 일본 사회에서는 집단의 적대적 목소리를 마주하는 현상을 어렵지 않게 찾아볼 수 있다. 이러한 부정적 집단의식이 일상화된 일본 사회의 모습은 국민 개개인에게 자신의 목소리를 내는 일이 얼마나 어려운지를 부지불식간에 교육하는 듯하다.

다음 장에서는 보다 구체적인 예를 통해 '집단이 절대 선(善)'임을 강요하는 일본 사회의 일면을 들여다본다.

정한 사람은 없어도 지키지 않는 사람은 없다, 암묵적 룰

조그만 도시락 가게를 하는 카마하라 키코(蒲原希子). 호텔 요리사를 그만두고 아이와 더 많은 시간을 보내기 위해 도시락 가게를 열었지만, 그래도 여러모로 쉽지 않다.

드라마는 주인공 키코가 매회 구청에 찾아가 아이를 언제쯤 공식 인가 보육원에 보낼 수 있을지 구청 직원과 옥신각신하는 모습으로 시작한다. 하지만 매번 듣는 건 '대기 순번이 몇 번이다', '얼마나 기다려야 할지 모르겠다'는 이야기 뿐(실제 일본에서는 공립 보육시설에 아이를 보내기 위해 신청해놓고 기다리는 '대기 아동' 문제가 사회적 이슈가 되고 있다). 그녀의 이런 모습을 지켜보는 이가 있었다. 유명 사립유치원의 원장. 자신의 목소리를 당당히 내는 그녀에게서 뭔가 새로움을 느끼고는 아이의 입학을 권유하는데…

하지만 그곳에서 펼쳐지는 요지경 세상은 아무리 씩씩한 키코라도 아연실색하게 만든다. 엄마들 사이엔 이미 계급이 나눠진 듯, 모임에서 앉는 자리마저 정해져 있고 지켜야 할 것도 셀 수 없이 많다. 때가 되면 무엇을 해야 하고, 당연히 이렇게 해야 하고… 도저히 적응 안 되는 분위기다. 이런 분위기 속에서 당찬 이 엄마가 이상하다며 이의를 제기할라치면 날아오는 한마디가 "암묵적 룰입니다"이다.

2015년 일본 TBS에서 방영된 〈마더 게임: 그들만의 계급(マザ−·ゲ−ム: 彼女たちの階級)〉이라는 드라마 이야기다. 드라마야 예상대로 순수한 싱글맘이 좌충우돌 불합리한 룰들을 깨나간다는 줄거리에 초점이 맞춰진다. 이 때문에 우여곡절을 겪는 주인공과 함께 틀에 갇혀 있던 엄마들이 함께 성장하는 드라마라는 평도 있다.

극단적으로 보이지만 사실 이 드라마가 보여주는 '깨지지 않는 불합리한 룰', 즉 '암묵적 룰'의 경우 일본에선 단순히 드라마 속 이상한 유치원만의 이야기가 아니다. 일본 포털사이트에서 '입학식(入學式)'을 치면 연관검색어로 '복장(服裝)'이라는 단어가 나온다. 초등학교 입학식에 입어야 하는 복장에 대한 '룰'을 보면 "검은색이나 짙은 감색 등 어두운 색은 피하고, 되도록 밝은 색의 정장 스타일 옷을 입는다", "차분한 색의 아이보리나 회색, 옅은 핑크색 옷을 입고 부득이 어두운 색의 옷을 입어야 한다면 장식으로 화려한 포인트를 준다"는 식이다.

우리나라에서도 입학식, 졸업식 등 학교 행사에 갈 때면 무슨 옷을 입을까 고민하는 건 일본과 같다고 할 수 있지만, 복장에 '매너'라는 말이 붙고 마치 관혼상제의 경우처럼 학교에 입고 가는 옷을 따지는 분위기라면 또 다른 이야기다.

왠지 불편하지만 일본 사회에서는 너무도 당연한 룰이라서 지키지 않는 사람이 별로 없는 상황. 일본 학교에 보낸 자녀의 입학식 따위에 갔던 한국 기업의 주재원 가족들이 가끔 당황하는 이유는 이런 '룰'을 미리 알지 못해 현장에서 어쩐지 어색한 분위기를 느끼기 때문이다.

'암묵적 룰'이니 지키지 않는다고 대놓고 뭐라 할 사람은 없겠지만, 다들 그러는데 나만 안 그러기도 참 힘든 사회가 일본이다. 그래서 인터넷상에는 '입학식 옷'이라는 카테고리가 따로 만들어져 있어 정장 세트를 판매하기도 하고, 그렇다 보니 입학식 옷을 어떻게 마련할까 부담스러워 하는 고민들도 터져나온다.

이는 학부모들만 하는 고민이 아니다. 예를 들어 도쿄대 입학식에는 모두 어두운 색 정장을 입은 학생들이 질서정연하게 앉아 있는 모습이 일반적이다. 남학생뿐만 아니라 여학생 들도 거의 같은 디자인의 치마 정장을 하나같이 갖춰 입고 앉아 있다. 기대가 가득한 활기찬 입학식 장인지, 국상을 치르는 장례식장인지 구별하기 힘든, 그 집단성에 답답함이 느껴질 정도다.

신입 사원도 마찬가지다. 일본에서는 일자리를 구하는 일을 '취업활동(就業活動)'이라고 하고 이를 줄여 간단히 '취활(就活)'이라고 하는데, 이른바 면접 복장이 룰처럼 정해져 있다. 역시 남성은 어두운 색 양복, 여성도 비슷한 색의 재킷과 치마를 갖춰 입은 정장 스타일이다.

입사한 후에도 이 같은 복장을 한동안 계속 유지하기 때문에 봄 입사 시즌이 되면 삼삼오오 거리를 오가는 20대들의 옷차림만 보고도 "아… 신입 사원들이구나" 하고 생각할 지경이다. 모든 회사에서 기본

모두 같은 복장의 옷을 입고
지나가는 신입 사원들

적으로 요구하는 면접 복장, 그리고 신입 사원의 옷차림새는 거의 동
일하다고 보면 된다. 각 사회집단이 공통으로 요구하는 '어떤 특정한
이미지'에 모든 이가 맞춰가는 식이다.

신입 사원들의 첫 관문, 꽃놀이 룰

일본에서는 봄이 되면 벚꽃놀이가 큰 행사다. 일주일 정도 되는 짧은 기간
동안 우에노(上野)공원과 요요기(代々木)공원 등 도쿄 시내에 위치한 벚꽃
명소는 발 디딜 틈 없이 사람들로 들어찬다.
나무에 핀 벚꽃을 보고, 떨어지는 벚꽃을 보고, 물 위에 떠가는 벚꽃을 보
고, 그리고 밤에 핀 벚꽃을 보라고 했던가? 이 모든 벚꽃을 즐길 수 있으면
좋으련만, 사실 도쿄에서 근무하는 직장인들이 할 수 있는 거라곤 가까운
공원의 벚나무 아래 돗자리를 깔고 점심 도시락을 먹는 게 고작이다. 하지
만 그 소소한 연중행사에도 엄연히 존재하는 '암묵적인 룰'이 있으니, 바로

신입 사원이 수행해야 하는 '자리 잡기 전쟁'이다.

'나무 밑에서 도시락 먹기'라고 간단히 생각할 일이 아니다. 최소 10여 명은 될 부서원들이 모두 앉을 자리를 마련해야 하는데, 인터넷상에는 화장실이 너무 멀지도 가깝지도 않아야 상사가 좋아하고, 자리를 마무리한 후 뒤처리를 위해 쓰레기통이 너무 멀어서도 안된다는 팁까지 올라와 있다. 당장 신입 사원들에게는 부담이 만만치 않다.

거기에 신입 사원에 대한 첫 평가가 벚꽃 아래 좋은 자리 잡기로 이뤄진다는 밑도 끝도 없는 말까지 전해지면, 옆 부서의 누구보다 잘해야 한다는 경쟁의식까지 더해진다.

도쿄 요요기 공원
벚꽃놀이

침낭을 가지고 전날부터 가 있어야 좋은 자리를 잡을 수 있고 혼자보다는 여러 명이서 연합작전을 짜야 한다는 인터넷상의 팁을 보노라면, '꽃놀이 룰'이 어느 정도까지 신입 사원들에게 무겁게 작용하는지 알 수 있다.

신입 사원들을 시험에 들게 하는 이 '암묵적 룰'이 언제부터 시작됐는지는 알 수 없지만, 간혹 언론에 "직장 상사의 갑질이다"라는 지적이 나와도 결국 시정이 안 되고 매년 반복되는 이유는, 누군가 나서서 "하지 마!"라고 외치며 바꾸지도 못하고, "저는 못하겠습니다"라고 감히 거부할 수도 없기 때문이다.

어깨에 짊어진 일본식 집단주의,
란도셀

학교는 아이가 한 사회 속에서 어떻게 살아가야 하는지를 배우는 첫 조직이다. 아이들이 학교에 진학하면서 접하는 분위기, 규칙과 규율은 평생을 좌우하는 가치관을 형성하는 데 많은 영향을 끼친다. '란도셀'에 주목한 이유는 일본 사회가 만들어낸 깨지지 않는 '암묵적 룰'을 처음으로 접하는 지점이기 때문이다.

란도셀, 전통에서 암묵적인 관행으로

'란도셀(ランドセル)'. 일본어에서 외래어를 표기하는 방법인 가타가나(片仮名)를 썼다는 점에서도 알 수 있듯이 외국어에서 유래한 말이다. 이 단어는 '배낭'을 뜻하는 네덜란드어 '란셀(ransel)'에서 나왔다. 처음부터 초등학생들이 메지는 않았고 왕족이 다니는 고급 초등학교였던 가쿠슈인(學習院) 초등학교가 1885년 창립될 당시 '교육의 장은 평등해

야 한다'는 이념을 도입해 마차나 인력거로 등교하지 못하게 하면서, 학생들이 책과 준비물 등을 넣어 가지고 다닐 가방이 필요하게 된 데서 시작되었다고 한다. 그러던 것이 1887년 왕세자가 처음으로 학교에 입학했을 때 당시 수상이었던 이토 히로부미(伊藤博文)가 축하의 의미로 군 장교용 배낭과 닮은 '란도셀'을 선물한 것이 계기가 되어 세간에서도 비슷한 모양의 초등학생용 책가방을 쓰기에 이르렀다. 제국주의의 '일본군'에 기원을 두고 있지만 그 시대에 만들어진 란도셀은 130년간 별다른 변화도 없이 그 모양 그대로 계속 사용되고 있다.

처음에는 부유층 자녀들만 사용했지만 고도 경제성장기를 거치면서 이제 일본의 모든 초등학생은 입학에 맞춰 란도셀을 구입해 사용하는 것이 불문율로 되어 있다. 란도셀 판매는 4~5월경부터 시작되는데 그해 입학생이 아닌 그 다음 해 입학할 어린이들을 대상으로 일찌감치 예약판매를 실시하는 게 보통이다.

예를 들어 매년 1만 5000개 이상의 란도셀을 판매하는 나라(奈良)의 '가방공방 야마모토(山本)'의 경우 5월에 예약과 판매를 시작하는데 가격은 5만 5,000엔에서 17만 9,000엔까지다. 도쿄의 유명 란도셀 판매점인 '츠치야(土屋) 가방제조소'도 4월부터 예약을 받아 5월까지는 주문을 모두 끝낸다. 가격은 5만 9,000엔~12만 엔이다. 말가죽을 사용한 고급품은 특히 예약하지 않으면 구입하기가 쉽지 않다. 입학 전 아이의 손을 잡고 가 가방을 골라주는 우리네 풍경과 조금은 다르다는 사실을 알 수 있다.

일본 학부모들의 '등골 브레이커'

란도셀은 사실상 모든 초등학생이 사는 필수품으로 여겨지지만 가격이 만만치 않다. 2018년 란도셀공업회가 초등학교 신입생이 있는 1500가구를 조사한 결과 란도셀 평균 구입 가격은 5만 1,300엔으로, 우리 돈으로는 50만 원을 훌쩍 넘어섰다.

게다가 가격은 점점 올라가는 추세다. 비교적 값이 저렴한 마트를 기준으로 해서 2013년 4만 엔 정도였던 란도셀 평균 가격은 2017년 5만 500엔까지 올랐다. 주요 백화점에서 판매하는 란도셀 평균 가격은 2013년 4만 8,196엔에서 2017년 5만 9,355엔으로 상승했다. 고급품이든 보급형이든 4년만에 평균 1만엔, 우리 돈으로는 10만원 이상 올라 25퍼센트 정도의 높은 가격 상승률을 보였다. 같은 기간 초등학교 입학생 수는 109만 명에서 약 104만 명 정도로 줄어들었는데,《도쿄신문》은 한 자녀 가정이 많아지면서 부모와 양가 할아버지, 할머니 등 모

도쿄의 한 백화점에 진열된 란도셀

한 란도셀에 10만 엔(약 100만 원)이 넘는 가격표가 붙어있다.

두 6명이 란도셀 비용을 나눠 부담하는 식이 되다 보니 고급품을 찾는 경향이 생겨났다고 분석했다.

'란도셀공업회'에 따르면 2만 엔 대 상품 등 저가 상품은 오히려 수요가 많지 않은 상황이다. 학교에서 저가품을 메면 놀림을 당할 수 있다는 생각에 어지간한 성인용 고급 가방 가격이지만 무리를 해서라도 고가 상품을 선택하는 경향이라고 한다. 6년간 매일 같이 사용하는 상품인데, 수작업으로 만들어야 하는 만큼 비싼 게 아니라는 주장도 있지만, 부담은 결국 고스란히 학부모의 몫이다. 게다가 어떻게 해도 란도셀을 사줄 수 없는 가정은 곤란할 수밖에 없다. 예를 들어 2018년 오키나와(沖繩)현이 미취학아동 전수조사를 벌인 결과 초등학교 입학 예정 아이가 있는 가정의 약 20퍼센트는 "란도셀을 살 수 없다"고 답하기도 했다.

일본 정부는 저소득층을 돕기 위해 생활보호세대에 한해 '입학 준비금'으로 최대 4만 엔 가량을 지급하도록 하고 있다. 적지 않은 금액으로 보일 수 있지만 이미 치솟을 대로 치솟은 란도셀 값을 겨우 감당할 수 있을 정도라는 느낌이다. 게다가 2017년까지는 입학 후에 돈이 나오는 바람에 국가 보조금으로 란도셀을 살 수도 없었다.

안 살 수 없지만, 사자니 버거운 고가 란도셀 문제는 지난 2010년 '타이거 마스크 기부'를 통해 일본 사회에 전면적으로 제기되기도 했다. 그해 크리스마스, 군마(群馬)현 마에바시(前橋)시 아동상담소 앞에 란도셀 10개가 '세뱃돈입니다'라는 쪽지와 함께 놓여 있는 게 발견된다. 보낸 사람은 '다테 나오토(伊達直人)'. 1960~1970년대 일본에서 큰

인기를 끌었던 만화 〈타이거 마스크(タイガ-マスク)〉의 주인공 이름이었다. 만화에서는 보육원 출신의 다테 나오토가 타이거 마스크를 쓰고 레슬링 스타로 활약하며 아이들을 돕는 내용이 등장한다.

타이거 마스크의 기부라며 화제가 된 뒤, 란도셀 등을 마련하지 못해 어려움을 겪는 아이들에 대한 관심이 커지면서 전국적으로 학용품을 익명으로 기부하는 물결이 퍼져나갔고, 학교에서의 빈부 차에 대한 사회적 인식을 제고하는 계기가 되기도 했다. 타이거 마스크 기부 소식이 알려진 뒤 한 달 만에 전국적으로 1천여 건의 익명 기부가 이어졌으니 사회현상이 된 셈이다.

2016년 타이거 마스크 기부의 주인공으로 밝혀진 이는 평범한 직장인이었던 가와무라 마사타케(河村正剛). 어린 시절 란도셀을 살 형편이 못 돼 천으로 된 손가방을 들고 다녀야 했던 기억 때문에 어려운 처지의 아이들이 자신과 같은 경험을 하지 않기를 바라는 마음에서 '란도셀 기부'를 하게 됐다고 밝혔다.

왜 굳이 란도셀을 메야 할까

비싼 가격과 함께 란도셀이 지나치게 무거운 탓에 허리 통증을 호소하는 초등학생이 늘고 있어 이 또한 문제가 되고 있다. 다이쇼(大正)대학의 시라도 다케시(白土健) 교수가 2017년 초등학교 1학년부터 3학년 학생 20명을 조사한 결과 란도셀의 평균 무게는 7.7킬로그램이었다. 가장 무겁기로는 9.7킬로그램에 이르는 것도 있었다. 2011년 일본이 학교에서 나눠주는 배포물과 자료의 규격을 B5에서 A4로 키웠고 이를 반영해 란도셀도 덩달아 커지면서 초등학생의 가방이 더욱 무거워졌다는 분석이다.

《아사히신문》에는 '란도셀이 너무 무겁다'는 말들이 많아 큰딸 가방의 무게를 재보니 란도셀만 5.6킬로그램에, 물통과 실내화까지 드니 몸에 짊어진 무게가 9.6킬로그램이나 됐다는 독자투고가 들어올 정도였다. 일본 초등학교 1학년생의 평균 몸무게가 21킬로그램인 점을 감안하면 아이들이 얼마나 무거운 짐을 지고 다니는지 알 수 있다. 시라도 교수는 NHK와의 인터뷰에서 "짐의 무게가 체중의 2~30퍼센트를 넘는 것은 몸에 무리를 준다고 여겨지고 있습니다. 아이들이 매일매일 학교를 다니며 곤욕을 치르고 있는 것입니다"라고 말했다.

비싸서 위화감을 조성할 수 있고, 심지어 건강도 해친다. 사실 이 정도면 과연 란도셀을 꼭 메야 하는지에 대해 사회적 논의가 이루어질 만도 하다. 하지만 어찌된 일인지 란도셀을 그만 메자는 사회적 목소리는 아예 없다시피 하다. 타이거 마스크 기부도 란도셀이 비싸니 도와주자는 수준에 그쳤지, 근본적으로 개선하는 움직임으로까진 이어지지 못했다. 란도셀이 너무 무겁다는 우려의 목소리에 대해서도, 일본 문부성은 가정학습에 쓰지 않을 교과서나 리코더, 서예 도구 등은 잠글 수 있는 교실 책상이나 사물함에 두고 다녀도 인정하기로 했다는 대책을 내놓는 데 그쳤다. 란도셀 자체에 대한 논의까지는 가지 않는 모양새다.

란도셀의 대체품이 아예 없는 것도 아니다. 가정 형편이 좋지 않아 가격이 싼 돼지가죽 란도셀을 메고 다니던 학생이 이지메를 당한 사건을 계기로 교토(京都)부의 일부 시에서는 저렴한 통학용 가방을 만들어 학생들에게 사용하도록 하고 있다. 또 나일론으로 만든 가방을 초등학교 신입생 전원에게 배포한 시도 있다. 하지만 어디까지나 일부의 이야기다.

《아사히신문》이 한 지면 전체를 할애해 독자들의 의견 등을 종합한 란도셀 특집 기사를 보면 학부모들의 고민과 현실의 벽이 그대로 드러난다. 칠레에서 왔다는 50대 학부모는 딸이 일본 초등학교에 가게 되자 '등산용 배낭'을 메게 했다며, 무게가 570그램밖에 되지 않아 란도셀에 비해 훨씬 가벼웠다고 말했다. 크기도 커서 란도셀이라면 다 들어가지 않을 여러 준비물을 한꺼번에 넣을 수도 있고 허리 벨트가 달려 있어 허리와 어깨에 부담도 덜하다는 판단이었단다. 하지만 이런 합리적인 결정은 1년도 채 지나지 않아 결국 란도셀을 사줄 수밖에 없는 상황으로 바뀌었다.

"모두 사용하고 있으니까 원래 그런 것이려니 하고 란도셀을 사용하는 게 아니라, 본인들이 납득해서 선택할 수 있는 상황이 됐으면 좋겠어요."

사이타마현에 사는 44세의 한 학부모는 "이렇게 비 오는 날 거의 모든 아이가 많은 준비물을 들고 집단 등교하는 모습에 의문을 가지지 않을 수 없었습니다. 란도셀이야말로 초등학교에서 '동조 압력'의 상징이라고 생각할 수밖에 없네요. 교육 관계자나 학부모 사이에는 옛날과 다름없는 방식으로 아이들도 단련되는 것이 '정답'이라는 마인드가 아직도 있는 것 같습니다."

실제로 취재를 진행할 목적으로 란도셀에 대한 본격적인 문제 제기나 폐지 운동을 전개하고 있는 교육 단체나 학부모 단체 등이 있는지 조사했지만, 그런 목소리는 찾아볼 수 없었다.

100년 전부터 이토 히로부미가 군용 배낭을 본떠 만든 것과 똑같은 모양의 무거운 가방을 짊어지고, 알게 모르게 '동조 압력'을 받으며 학교로 향하고 있는 일본의 아이들. 어린이들이 사회에 발을 내딛은 후 만나게 되는 첫 번째 '암묵적 룰'이다.

폐 끼칠까 가족 죽인 그들,
메이와쿠의 명암

젊은 시절 일본으로 건너가 지금은 일본 대학에서 교편을 잡고 있는 한국인 노교수가 이런 말을 한 적이 있다. 한국에서 애를 낳으면 '지지 말라'고 가르치고, 일본에서 애를 낳으면 '폐를 끼치지 말라'고 가르친 다는 거다. 우스갯소리처럼 들릴지 모르지만, 사실 이 간단한 말에는 '암묵적 룰'을 지키도록 하는 일본의 집단 사회적 속성을 꿰뚫는 탁월 한 통찰이 숨어 있다.

'폐를 끼치지 않는다'. 한국어의 '폐(弊)'라는 단어를 일본어에서는 '메이와쿠(迷惑)'라고 한다. 그리고 이 단어엔 우리말로는 다 담을 수 없는, 일본 사회에서 개인의 행동을 결정하는 강력하고 근본적인 기준 으로서의 의미가 함축돼 있다.

2018년 가을, 일본 사이타마현의 한 아파트에서 80대 노부부가 흉 기에 찔린 채 발견됐다. 남편은 목 등 십여 군데를 무참히 찔린 채 병원으로 옮겨졌으나 숨졌고, 부인은 간신히 목숨을 건졌지만 심각한 부상을 입은 끔찍한 사건. 수사에 나선 경찰에 의해 붙잡힌 범인은 바로 노부부의 중학교 3학년 손자였다. 붙잡힐 당시 가방에 여러 개의 칼을 가지고 있었던 이 손자는 범행을 순순히 시인했는데, 일본 사회를 충격에 빠뜨린 건 범행 동기였다.

"학교에 용서할 수 없는 학생이 있어 죽일 예정이었어요. 가족에게 폐(메이와쿠)를 끼칠 수 있어 먼저 가족을 죽인 후에 실행하려고 했습니다."

어른들이 보기엔 학교 성적도 우수하고 동아리 활동도 열심인 아무 문제 없는 학생이었지만 사실 이지메를 겪고 있었던 이 손자는 복수를 계획하게 된다. 하지만 자신이 범행을 저지를 경우 남아 있는 가족들이 자신이 벌인 일 때문에 고초를 겪을 거라고 생각해, '메이와쿠'를 끼치지 않기 위해 먼저 가족에게 칼을 들이댔다는 것이다. 손자가 할아버지와 할머니에게 흉기를 휘둘렀다는 것만으로도 충격적인 뉴스지만, 조부모에게 폐를 끼칠까 봐 먼저 죽였다는 의식 상태는 놀라울 따름이었다.

비슷한 사건은 또 있다. 2019년 6월, 70대의 일본 농림수산성 전 차관이 자택에서 40대의 아들을 흉기로 십여 차례 찔러 살해한 사건이 일어났다. 장남은 '은둔형 외톨이' 성향을 가진 이로 주변 이웃들은 아무도 이 아들의 존재를 알지 못했던 것으로 전해졌다.

고위 공무원이었던 전 차관이 아들을 죽인 결정적 배경에도 역시 메이와쿠가 자리 잡고 있었다. 그는 경찰서에서 "주변에 폐를 끼쳐서는 안된다고 생각해, 아들을 죽였습니다"라고 진술했다. 아들은 중학교 2학년 때 학교에서 이지메를 당한 뒤 더 이상 학교에 가지 않는 '부등교자'가 됐고 가정에서는 부모를 상대로 폭력을 휘두르는 성향을 보였는데, 결국 그런 아들이 타인에게 위해를 가할까 봐 살해한 상황이었다. 집에서 "죽일 수 밖에 없다"는 메모가 발견되기도 했다.

극단적인 예일 수도 있지만 그 이유가 살해의 직접적인 동기든, 살인 행동을 정당화하는 여러 이유 중에 하나든 간에 이 사건들의 실행자들은 '가족의 목숨'과 '누군가에게 폐를 끼치지 않는다'는 두 가치 중에서 후자를 선택했다고 볼 수밖에 없다.

집단을 위한 개인의 희생이라는 기본 틀을 제공하는 것이 '메이와쿠'의 정신세계다. '암묵적 룰'이라는 틀에서 보면 메이와쿠라는 기준이 이들에게 '룰'로 적용됐다고 볼 수 있다. 그리고 그 전제는 집단 우선이다.

차별 당해도 이해가 돼요, 여성 의료계의 침묵

2018년 일본 대학가는 의대 입시 부정으로 시끄러웠다. 명문 사립 의대를 중심으로 여러 대학이 남학생에 비해 여학생에게 일률적으로 기본 점수를 낮게 책정하는 방식 등으로 입시 부정을 저질러오다 발각됐다.
최초로 입시 부정이 발각된 도쿄 의대는 1차에선 필기시험으로, 2차에선 논술과 면접으로 신입생을 선발했는데, 1차 필기시험에서부터 여학생들의 점수를 일률적으로 감점했다. 총점에서 10퍼센트 정도 감점했으니 1점에 당락이 결정되는 의대 입시에서는 합격을 좌우하는 결정적인 요인이 되었다. 2

차 논술과 면접시험에서도 남성인 고등학교 3학년생과 재수생에게는 20점, 삼수생에게는 10점의 가산점을 줬지만, 남성 사수생과 여학생에게는 아예 가산점을 주지 않았다. 당연히 합격자 중 여학생의 비율이 급락할 수밖에 없었다. 실제로 2010년에 38퍼센트 수준이던 여학생 합격자는 2017년엔 17퍼센트로 급감했다. 이후 다른 의대에서도 남학생의 합격 비율이 여학생보다 높았던 사실이 속속 드러나 일본 문부성이 전국 81개 의대를 대상으로 전수조사를 벌이는 상황에까지 이르렀다.

그럼 일본의 의대들이 이처럼 여학생을 기피한 이유는 무엇일까? 최초로 입시 부정이 발각된 도쿄 의대 측은 여자의 경우 결혼과 출산 등으로 장기간 근무가 어렵기 때문이라고 주장한 것으로 알려졌다. 그런데 놀라운 것은 이렇듯 여성을 차별한 입시 부정을 바라보는 여성 의료계의 반응이다. 여성 의사를 대상으로 웹매거진을 발행하는 한 기업이 설문조사를 벌인 결과, 조사에 응한 여성 의사 103명 중 65퍼센트 가량이 도쿄 의대의 차별 감점을 '이해할 수 있다' 또는 '어느 정도 이해할 수 있다'고 답해 수긍하는 쪽이 반발하는 쪽보다 오히려 많았다.

자신들을 차별하는 상황을 이해한다고 답한 이러한 일본 여의사들의 심리에도 집단에 '폐'를 끼쳐선 안 된다는 심리가 깔려 있다. 이와 관련해 NHK의 취재에 응한 한 여의사는 "풀타임으로 일할 수 없는 여의사 대신 남자 의사가 당직 등을 맡는 모습을 봐왔습니다. 대학병원의 입장에선 여의사가 그리 필요치 않다는 말을 듣는 이유도 알 것 같은 기분이에요"라고 말했다.

사실 여기엔 일본 의료 현장의 고질적 문제인 '장시간 근로'라는 배경이 깔려 있다. 하지만 우리나라라면 여의사들이 집회라도 가졌을 사안에 대해 일본 여의사들은 이해를 표하는 것을 보면 집단을 대하는 기본적 전제, 그리고 집단에 폐를 끼쳐선 안 된다는 잠재의식이 일본인들의 머릿속에 얼마나 깊게 자리 잡고 있는지 알 수 있다.

대를 위한 소의 희생,
우생론에 꽂힌 사회

메이와쿠에서 발현된 집단의식은 작은 단위의 소규모 집단뿐 아니라 사회 전체로도 확대 적용된다. '단종법(斷種法)'이라는 게 있다. 나치 독일이 1933년에 만든 법으로 '유전 질환 자손 방지를 위한 법률'이라는 긴 이름을 가진, 즉 유전될 수 있는 병을 가진 이에게 강제로 불임수술을 받게 하는 법이었다. 본인이 아닌 제3자가 신청할 수 있는 데다, 유대인을 말살하려는 나치 정권의 입맛에 맞춰 독일 내 유대인의 씨를 말리려는 정책으로 입안된 악법이다. 남아 있는 기록으로만 약 5만 6천여 명이 강제 불임수술을 받았다.

인간에 대한 배려와 존엄성을 지키는 마지막 선마저 지키지 않았던 일종의 인종 개량법으로 악명 높은 법이지만, 2차 세계대전이 끝난 후 50년 가까이 일본에서 같은 법이 시행됐다는 사실을 아는 사람은 그리 많지 않다.

'우생(優生)보호법'. 일본에서 1948년부터 1996년까지 존재했던 법의 이름이다. 구조나 실행 방법은 나치 독일의 것 그대로다. "불량 자손의 출생 방지"라는 목적을 내걸고는 유전성 질환이나, 지적장애인 등을 대상으로 '강제 불임수술'을 시행했다. 의사가 대상자를 진단한 뒤 불임수술의 필요성을 판단한 후 각 지방자치단체에 설치된 심의회에 신청하기만 하면 된다. 장애의 종류에 따라 가족의 동의가 필요한 경우도 있지만 심의회에서 '적합' 판정만 나오면 본인의 동의조차 필요 없는, 글자 그대로 강제 불임수술이 이루어진다.

실상은 참혹할 지경이다. 기록이 남아 있는 미야기현의 경우를 보면 1963년부터 1981년 사이에 태어난 남녀 859명에게 불임수술이 이루어졌고, 그 가운데 절반이 넘는 52퍼센트가 미성년자였다고 한다. 가장 어린 대상으로는 9살 소녀 2명과, 10살 소년 1명이 불임수술을 당했다. 대상자가 명기된 23개 도도부현(都道府縣, 일본의 광역행정 단위)의 자료를 조사한 결과, 반수가 넘는 13개 도도부현에서 미성년자에게도 강제 불임수술을 시행한 사실도 드러났다. 여아의 경우 개복수술까지 해야 했던 만큼 어린 소녀에게 얼마나 큰 상처를 남겼을지는 짐작하고도 남는다. 홋카이도와 지바(千葉) 현에서 '11세', 야마가타(山形)·가나자와(金沢)·기후(岐阜)·교토 현에서 '12세', 후쿠시마·미에(三重)·나라·히로시마(廣島) 현에서 '13세' 등등 각 지역에서 어린 아이에게까지 강제 불임수술이 행해졌다.

일본 언론에 따르면 모두 1만 6000여 명에게 본인의 동의 없이 수술이 이뤄졌다. 《아사히신문》에 따르면 심지어 1950년대 지자체가 발행한 책자에는 "우생 수술 1000건 돌파", "전국 1위 실적" 등등의 기록이 남아 있다고 한다. 수술을 장려한 정부의 정책에 따라 각 지자체 사이에 '인간 선별하기' 경쟁이 벌어지지는 않았나 하고 의심이 가는 대목이다. 이러한 야만적 행위에 대해 'UN 자유권 규약 위원회(UNHRC)'는 1998년 등 모두 3차례 법적 조치를 권고했지만, 일본 정부는 "당시엔 적법했다"며 보상은커녕 정확한 조사와 사과조차 하지 않다가 최근에야 관련 법이 마련된 실정이다.

그럼 일본 정부는 이 같은 장애인 불임수술을 왜 시행했을까? 이 법이 발의된 1948년 당시 일본 참의원 후생위원회 회의록을 보면 다음과 같은 발언이 남아 있다.

"패전으로 영토를 잃고, 극히 좁아진 영토에 국민이 생활하면서 이후에도 식량 부족이 당분간 계속될 것이다. 선천성 유전병자의 출생을 억제하는 것이 인구의 급속한 증가를 막기 위해서도 극히 중요하다."

전체 국민을 살린다는 명목으로 가장 약한 사회적 약자에게 칼을 댔다고 생각할 수밖에 없는 대목이다. '우생법'이라지만 사실 '약자 희생법'이라는 말이 더 어울릴 법하다. 홋카이도에서는 '외국인'도 수술이 가능하다는 판단을 중앙정부로부터 받은 기록도 남아 있어, 이 수술이 나치 독일의 단종법처럼 이념적 성격을 띠었다기보다는 '일본 사회'라는 체제를 유지하기 위해 '작은 것'을 희생시킨 집단의식의 발로였음을 알 수 있다.

도쿄 인근 가마쿠라(鎌倉)시에 있는 메이게츠인(明月院)의 둥근 창. 원형의 창은 일본에서 완전함과 완벽함을 뜻한다.

장애인은 살아갈 이유가 없다, 비뚤어진 인간관

2016년 7월 26일 이른 아침. 특파원으로 부임한 지 불과 한 달도 안 됐을 당시, 아침부터 낯선 기계음이 요란하게 울려댔다. 개통한 지 얼마 안 된 휴대전화의 익숙지 않은 울림에 잠깐 어리둥절했다가 정신을 수습할 겨를도 없이 받아든 전화에서 다급한 목소리가 튀어나왔다.

"장애인시설에 괴한이 난입해서 열 명 넘게 숨졌어. 빨리!"

숨 돌릴 틈도 없이 아침 6시 뉴스부터 전화 연결. 일본 사회를 뒤흔든 '사가미하라(相模原) 장애인 살상 사건'의 시작이었다. 장애인 보호시설에 침입한 전 직원이 휘두른 흉기에 거동이 힘들어 저항할 힘조차 없는 장애인 19명이 속절없이 목숨을 잃은 사건.

사건이 벌어지고 나서 2년 정도 흐른 뒤 《도쿄신문》은 범인 우에마츠 사토시(植松聖)와의 면회 내용을 기사화했다.

"사건이 발생하고서 2년이 흘렀습니다. 19명의 생명을 빼앗은 것에 대한 생각은?"

"죄송하다고 생각하지만, 어쩔 수 없었다고 봅니다."

"무죄를 주장하는 건가요?"

"무죄라기보다는 '인간을 죽인 것이 아니라고' 주장하고 싶습니다."

《요미우리(読売)신문》의 기자가 면회한 자리에서도 우에마츠는 같은 주장을 반복했다.

"현세에서는 범죄행위일지 모르지만, 사형에 처해지더라도 언젠가는 나의 주장이 옳다고 여겨질 겁니다."

범인은 장애인을 사고 능력이 없는 이른바 '심실자(心失者)'로 표현하며 '장애인은 살아갈 이유가 없다'는 주장을 강하게 펴기도 했다고 《요미우리신문》은 전했다. 장애인을 안락사시키는 것이 사회적으로 옳다는 주장을 폈던 범인이다.

《요미우리신문》은 사건 당시 55세였던 오빠를 잃은 여동생의 이야기도 함께 실었다. 어렸을 적 고열로 지적장애를 갖게 됐지만, 감정을 표현하며 같이 놀고, 또 엄마를 좋아했던 오빠의 이야기였다.

"사건 후 오빠의 목숨을 앗아간 범인의 주장, "장애인은 주변 사람을 불행하게 한다"는 말이 연일 보도됐습니다. 가슴 한가운데서 "아니야"라는 외침이 계속됐어요. 저를 가만히 두길 바랐죠. 하지만 시간이 흘러 보도가 줄어드니, 이제는 희생자가 잊히는 것 같아 가슴이 아팠어요."

이 같은 우에마츠의 허황된 주장은 전후 일본 사회에서 국가에 의해 이루어진 '강제 불임수술'을 떠오르게 한다고 《도쿄신문》은 지적했다.

9세 소녀부터 1만 6천여 명을 강제로 수술대에 올린 단 하나의 이유는 유전적으로 결함이 있는 '불량한 자손'을 남겨선 안 된다는 단순한 목적 때문이었다. 《도쿄신문》은 강제 불임수술 피해자들이 후생노동성 관계자들을 만난 자리에서 "당시엔 합법적이고 적법한 것이었다. 불임수술은 신중한 결정 과정을 통해 이루어졌다."는 답을 들어야 했다며, 피해자들이 '잘못을 인정하지 않는 국가의 자세는 일본 사회에서 장애인에 대한 차별을 조장하고 있는 게 아닌가' 하고 느꼈다고 전했다.

그리고 같은 해 우에마츠가 저지른 장애인 살상 사건이 일어났다. 《도쿄신문》은 "범인에 동조하는 의견들이 인터넷상에 올라온다는 보도가 나오는 등 '우생 사상'이 일본 사회에 이어지고 있다"며 우려를 표했다.

장애인을 대상으로 벌어진 우에마츠의 범죄 말고도 최근 일본 사회에서는 사회적 약자를 향해 무차별한 묻지마식의 엽기적 범죄가 자주 발생하고 있다(이와 관련된 내용은 다음 장에서 자세히 다룬다). 요코하마시의 한 병원에서 간호사가 링거에 약품을 넣어 노인 수십 명을 숨지게 한 사건. 사건 전후 약 2개월간 숨진 사람만 50명에 이르고, 많게는 하루 5명이 숨지기도 한 희대의 사건이다. 병원은 말기암 환자나 회복하기 힘든 고령자를 대상으로 완화치료를 하는 곳이었다. 이렇듯 저항할 수 없는, 사회적 약자를 범행으로 삼았다는 것은 '생명'을 존중하거나 인정하지 않았다는 점에서 장애인 집단 살인 사건과 맥을 같이 한다.

"사건 발각 2~3개월 전부터 많은 환자의 링거에 계면활성제를 섞어 넣었습니다. 점점 감각이 마비됐습니다"라고 용의자 구보키 아유미(久保木愛弓)는 말했다.

현대인의 내면에 깊이 자리 잡고 있는 폭력적 성향, 그리고 이를 약자를 통해 표출하는 사회 병리적 사건의 반복. 우생 사회를 외쳤던 일본 사회가 맞닥뜨리고 있는 깊은 어둠의 일면이다.

구해주면 부담 주잖아요, 극단적 메이와쿠

2018년 가을, 일본의 SNS는 하나의 사건으로 뜨겁게 달구어졌다. '모닝구무스메(モーニング娘)'라고 하는 과거 아이돌 그룹의 인기 멤버였던 요시자와 히토미(吉澤ひとみ)가 음주 운전을 하다 횡단보도에서 사람을 치고 그대로 달아난 사건이었다.

인기 연예인의 음주 교통사고에 뺑소니 영상까지 인터넷상에 공개되면서 더욱 화제가 된 사건. 일본 네티즌들은 "감속할 생각이 느껴지지 않는 운전이다", "망설임 없이 도망가는구나"라며 분노를 나타냈다. 하지만 정작 우리나라에서 화제가 된 부분은 따로 있었다.

자전거를 탄 여성과 한 남성이 사고로 튕겨져 나가는 상황이 그대로 담긴 영상. 그런데 사고가 난 뒤에도 어찌된 일인지 주변에서 이들을 도우러 곧바로 다가서는 사람이 아무도 없다. 주변 사람 대부분이 잠깐 멈추지도 않고 가던 길을 그대로 가는 모습이 찍혀 있었다. 일본 네티즌들이 사고를 낸 차량의 행위에 주로 분노했다면, 우리나라에서는 사고가 난 뒤에도 도움의 손길을 내밀지 않는 주변인들에 대해 놀라움을 표한 사건이었다.

2001년 도쿄 신오쿠보(新大久保)역에서 선로에 떨어진 사람을 구하다 숨진 고(故) 이수현의 행동에 특히 일본 사회가 감복하고 아직도 매년 그를 기리며 행사를 여는 데는 이렇듯 다른 사람에게 도움의 손길을 뻗지 않으려는 일본 사회의 반성이 자리 잡고 있다.

이런 일도 있었다. 한 지인이 도쿄 지하철에서 겪은 이야기다. 자녀와 함께 지하철을 탔는데, 대학생 정도로 보이는 여성이 뒤늦게 전철에 오르다가 그녀의 가방이 닫히는 문에 끼었다고 한다. 곤란을 겪는 모습에 아이와 함께 가방을 빼주려고 했지만 꼼짝도 하지 않는 상황에서, 몇 정거장을 지나는 동안 반대쪽 문만 계속 열리는 통에 이러지도 저러지도 못하게 되었다고 한다.

"주변에 남성분들도 많았는데 아무도 도와주려고 하지 않더군요."

갈아타야 하는 역에 이르도록 문이 열리지 않자, 결국 이분은 전철에서 내려 객차 3칸 정도 앞에 있던 운전석의 차장에게까지 가서 사정을 이야기했다. 그리고 차장이 내려 그 칸으로 가는 것을 확인하고는 전철을 갈아타려 한참을 걸어갔다고 한다. 이윽고 다른 노선에 도착해 전철을 타는 순간 아까 가방이 끼어 곤란해하던 여학생이 헐레벌떡 뛰어와 전철에 오르더니, 너무 감사하다며 연신 인사를 하고는 다음 정류장에서 내렸다고 한다. 곤란한 상황인데도 쳐다보기만 하던 주변 사람들, 그리고 도움을 받은 뒤에 가는 길이 달랐음에도 멀리까지 뒤쫓아와 꼭 인사를 하려고 한 양쪽 모두에게서 무언가 다르다는 느낌을 받았다는 설명이었다.

메이와쿠에는 정반대의 의식 체계가 작용하고 있다는 분석이 있다. 남에게 극도로 폐를 끼치지 않으려는 일본 사람의 마음가짐은 다른 이와 거리를 두는 습관과도 일맥상통하는데, 이 선을 넘어 남에게 '은혜'를 베푸는 것은 곧 상대에게 이를 반드시 갚아야 한다는 의무감을 지우는 행위로 받아들여진다. 그래서 다른 사람에게 부담을 줄 수 있다는 생각에 오히려 도움을 주려고 나서지 않는다는 이야기다.

타인과 직접적으로 연관되기를 주저하는 일본 사람들. '폐'를 끼치든 '은혜'를 베풀든 타인과의 관계에서 어떤 선을 넘어가는 걸 꺼린다고 보면 될 듯하다.

전체주의,
피해자에게 책임을 묻다

개인이 전체에 폐를 끼쳐선 안 된다는 '암묵적 룰'은 개인과 정부의 관계에도 당연히 해당된다.

2018년 10월 25일 오후 6시 20분. 수염을 덥수룩하게 기른 초췌한 모습의 한 남자가 도쿄 나리타(成田)공항에 도착했다. 야스다 준페이(安田純平), 주로 분쟁 지역을 취재해오던 프리랜서 기자였다.

2015년 6월 내전 중이던 시리아에 들어갔다가 무장 조직에게 납치돼 3년 여 동안 억류됐다가 극적으로 풀려나 일본으로 돌아오는 순간이었다. 하루 종일 좁은 방 안에서 몸을 움직이는 소리조차 낼 수 없는 상황, 끝나지 않을 것 같은 시간을 겪은 야스다였다.

귀국 비행기 안에서 취재에 응한 야스다는 "체력이 극도로 떨어졌었습니다. 억류된 뒤에는 사실상 학대라고 할 수밖에 없는 상황이었고 구타가 이어졌습니다. 정신적으로도 엄청난 부담이 있었고 억류 전과 지금은 몸 상태가 완전히 다릅니다"라고 말했다. 또 눈을 가린 채 옮겨지고, 시리아 정부군 포로들과 함께 대규모 시설에 수용되기도 하는 등 하루 앞을 짐작할 수 없는 시간이 계속됐다고 한다.

이렇듯 목숨을 건 취재를 하려다 생명을 장담할 수 없는 지경에까지 이르렀던 야스다였지만, 귀국한 뒤 가진 기자회견에서 나온 첫 번째 말은 무사 귀환에 대한 기쁨이 아닌 사죄였다.

"내 자신의 행동 때문에 일본 정부를 사건의 당사자로 만들고 말았습니다. 대단히 죄송합니다. 일본 정부와 많은 분께 폐(메이와쿠)를 끼쳤습니다. 분쟁지역에서 개인에게 일어나는 일들은 자업자득입니다."

기자회견의 중간중간에도 사죄는 이어졌다.

"이번 저의 일, 저의 행동에 대해 비판하는 것은 당연하다고 생각하고 있습니다."

물론 분쟁지역 취재의 중요성에 대한 이야기도 이어졌지만 기자회견의 분위기 자체는 뭔가 '돌아온 탕아가 용서를 구하는 자리' 같았다.

사지(死地)에서 돌아왔지만 그가 머리를 조아릴 수밖에 없었던 이유는 일본 사회에서 그의 위험지역 취재에 대해 비판의 목소리가 높아졌기 때문이다. 《도쿄신문》 등에 소개된 SNS상의 글을 보면 "일본에 폐를 끼치지 마라", "살해당해도 불평하지 마라", "자신이 책임지고 갔으니 이슬람 과격파와 스스로 협상했어야 한다"는 등 그를 맹비난하고 있다.

일본 정부가 이미 2011년 시리아 지역을 대상으로 '퇴거 권고'를 한 상태였고, 야스다가 지난 2004년에도 이라크에서 한 차례 납치된 적이 있었던 상황에서 경찰 등의 만류에도 고집을 꺾지 않아 위험한 상황을 초래했다는 것이다. 그리고 국가가 그 뒷수습을 해야 하는 상황까지 만들었다는 부분에 비판이 집중됐다. 야스다 자신이 이번 억류를 초래했기 때문에 '본인이 책임져야 한다'는 논리다.

이른바 '전체의 룰'을 따르지 않은 자에 대한 이 같은 비난과 '자기 책임론' 제기는 단지 야스다에게만 한정된 것이 아니다. 2004년 피란 권고가 내려진 이라크에 들어간 일본 언론인 3명이 무장 그룹에 납치됐다가 8일 만에 풀려났을 때도 비슷한 주장이 제기됐다. 심지어 당시 자민당 간사장이었던 아베 총리는 "세금을 사용하고 정부도 위험을 무릅쓰고 있습니다. 그들이 이를 자각하고 있는지 의문입니다"라며 비난에 합류하기도 했다. 당시 TV 보도에서조차 납치 언론인들에 대해 '폐를 끼치는 행위'라는 표현이 나왔을 정도니 야스다가 귀국 후 첫 기자 회견에서 사죄를 하지 않을 수 없는 일본 사회의 분위기를 알 만하다.

프랑스《르 몽드(Le Monde)》지의 도쿄 특파원은《마이니치신문》에 보낸 기고에서 야스다 사건에 대한 일본 내 분위기에 대해 다음과 같이 의문을 표했다.

"'자업자득(自業自得)'이라는 일본어를 사용해 야스다 씨에 대한 비판이 일고 있는 현상에 대해 기사를 썼습니다. 프랑스에도 같은 표현이 있지만 이번 같은 경우에 쓰지는 않습니다. 일본 사회에서는 조화와 어울림(和)을 어지럽히는 사람을 싫어하기 때문에 사회 규칙을 깨뜨리는 사람을 좋아하지 않습니다. 그런 까닭에 정부의 퇴거 권고를 따르지 않는 사람을 위해 돈을 쓰고 석방시키려 노력할 필요가 없다고 보는 것 같습니다. 시리아에 간 것 자체가 잘못됐다고 말하는 것에 놀랐습니다.

프랑스에서 4년 전 과격파 조직 IS에 억류된 저널리스트 4명이 석방됐을 땐 대통령이 직접 마중 나가 귀국을 함께 기뻐했습니다. 그들은 정확한 정보를 제공하기 위해 목숨을 걸고 위험한 분쟁 지역에 간 것이기 때문입니다.

일본에서는 중동뿐 아니라 해외 문제에 관심을 갖는 사람이 줄어드는 듯이 느껴집니다. 이번 일처럼 비판하는 분위기의 배경에는 내부 지향적인 내셔널리즘(nationalism)이 고양되고 있는 것 아닌가 우려스럽습니다."

일본 정부는 결국 야스다의 여권 재발급을 거부했다. 한일 관계가 악화된 가운데 2019년 가을 발생한 홍대 일본인 여성 폭행 사건 후에도 일본에서는 "이런 상황에서 한국에 간 사람의 책임"이라는 자기책임론이 제기됐다.

결코 환영받지 못한
일본판 〈기생충〉

2019년은 한국 영화계에서 칸(Cannes) 영화제 황금종려상과 아카데미상(Academy Awards) 4개 부문 수상이라고 하는 쾌거를 이룬 해로 기억되고 있다. 한국영화 100년이라는 뜻깊은 해에 영화 〈기생충〉은 우리나라의 문화적 성장을 다시 한 번 전 세계에 알렸고, 온 국민이 이를 기뻐했음은 물론이다. 대통령 또한 '매우 영예로운 일'이라며 축하의 뜻을 전했고 직접 영화관을 찾아 관람하기도 했다.

사실 〈기생충〉은 불편한 영화일 수도 있다. 사기 행각을 통해 사회의 가장 밑바닥에 놓인 사람들과 저 위 상층부의 사람들이 만나 파생되는 갈등은 우리 사회의 모습을 적나라하게 보여주는 면이 없지 않다. 하지만 우리 사회의 어두운 모습을 보였다고 해서 이 영화를 폄훼하거나 비판하는 목소리가 한국에선 나오지 않는다.

하지만 일본은 좀 다른 모양이다. 우리가 〈기생충〉으로 황금종려상

등을 거머쥐기 정확하게 1년 전, 일본은 〈어느 가족(万引き(만비키, 좀도둑) 家族)〉을 통해 아시아 영화의 탁월성을 다시 한 번 알리며 칸의 정상에 올랐다.

아버지의 좀도둑질, 첩에게 남편을 빼앗긴 할머니가 전 남편으로부 터 받는 연금 등으로 살아가는 가족. 할머니, 아버지, 아내, 처제, 아들, 딸 등으로 이루어진 가족이지만 이들은 피 한 방울 섞이지 않은 그야 말로 남이다.

그러나 친부모에게 학대당한 채 집 밖에 서 있는 딸을 데려다 정성 을 다해 따뜻함으로 키울 정도로 어느 가족도 쉽게 품지 못한 마음을 이들은 가지고 있다. 어떤 의미에선 소소한 이 영화에 칸이 대상을 안 긴 것도 진짜 가족이 제 기능을 못하는 현대 사회 속에서 어떤 특별함 을 보았기 때문이다. 사회적 모순 아래 깔려 있던 밑바닥 층과 사회 구 조에 주목했다는 점에서 우리의 〈기생충〉과 일본의 〈어느 가족〉은 공 통된 시각을 가지고 있다고도 볼 수 있다.

"가난한 사람끼리 같이 가난해지는 것이지." (〈어느 가족〉 중에서)

"나도 돈만 많았어 봐. 착했다고." (〈기생충〉 중에서)

톤은 다르지만 결국 한 지점에서 시작된 고민이 이 영화들에 고스란 히 녹아 있음을 보여주는 대사들이다.

그런데 일본에서는 예술성을 인정받은 그들의 영화에 대해 '반일(反 日)'이라며 인터넷을 중심으로 비판의 목소리가 끊이지 않았다. 직접적 인 단초는 아베 총리가 제공했다. 일본 영화로서 21년 만에 칸에서 황 금종려상을 수상했다는 점에서 축제 분위기였을 테지만, 아베 총리는 아무런 '축하의 뜻'도 밝히지 않았다.

축하를 전하지 않았다는 정도를 가지고 무슨 의미를 둘 필요가 있 겠냐는 의견도 있을 수 있지만, 프랑스 신문인 《르 피가로(Le Figaro)》 가 〈〈만비키 가족〉 황금종려상 수상에 일본 정부 곤혹스러워〉라는 기 사를 내보내고 일본 총리가 침묵하고 있다고 꼬집을 정도면 단순한 이 야기는 아니었으리라. 이런 비판 여론을 의식했을까? 황금종려상을 수 상하고서 약 1주일 뒤 문부과학상이 고레에다 히로카즈(是枝裕和) 감독 을 만나 축하를 전하고 싶다는 뜻을 일부러 밝히기도 했다.

〈어느 가족〉의 고레에다 감독은 원래부터 아베 정권에 비판적이었 던 탓에 여러 억측이 쌓이고 결국 황금종려상 수상 감독이 인터넷 상 에서 우익들의 표적이 되는 지경에 이르게 된다. 그리고 이들의 주장 에서 가장 중심이 된 논리는 역시, "우리들의 부끄러운 부분을 까발렸 다"는 폐쇄적 집단 논리였다. 당시 《마이니치신문》이 전한 비방 내용 들을 보면 "일본 국민을 깎아내리는 영화를 세계에 공개해 부끄럽게 했다", "영화가 반일적인 내용이다" 등이다.

심지어 우익들의 단골 메뉴인 '한국계'라는 말까지 등장했다. 감독 자신이 "국익 우선의 발상이 나를 반일로 몰고 있다"라는 뜻을 밝히기 까지에 이른 이례적인 상황은 결국 일본 사회에서 집단과 개인의 위 치가 어떠한지 극명하게 보여준 사례로 기록되었다. 특히 현대에 들어 서면서 일본의 전통적 공동체의 의미가 희미해지자 '국가'라는 집단에 공동체 의식을 더욱 적극적으로 투영해, 이분법적으로 '반일'의 논리 를 가져다 댄다는 해석도 가능하다.

3장   억압 사회   일본의 감정선이

위험하다

나는 때릴 권리가 있다, 아동학대

'이지메'의 오랜 뿌리에서 시작되는 일본 사회의 특징은 개인과 집단의 '룰' 사이에 특정한 관계성을 만들어냈음을 앞서 살펴보았다. 규정되지는 않았으나 상식보다 자발적 강제성을 더욱 요구하는 여러 가지 룰을 준수해야 하는 일본의 사회적 분위기는 결국 개인을 위축시키는 '억압 사회'적 특징을 낳는다.

억압 사회의 가장 큰 특징은 평소에는 일견 질서정연한 틀을 갖춘 집단의 모습을 보이지만 소속된 개인이 그 준거틀을 벗어나 개인성을 분출할 때 상당한 이상성(異常性)을 보인다는 점이다. 특히 폭력적 성향은 눈에 보이지 않는 곳에서 자신보다 약한 이를 향해 폭발적으로 분출되고, 성(性) 의식 또한 왜곡돼 나타난다.

2019년 1월 지바현의 한 주택 욕실에서 10살짜리 소녀가 숨진 채로 발견됐다. 이름은 미아, 온몸에 멍투성이었다. 범인은 아버지였다. 숨진 당일 오전부터 가정교육을 한다며 아이를 세워놓고 폭행했고, 숨지기 전에는 한겨울임에도 찬물로 샤워까지 시켰다.

일본 사회에 보다 큰 충격을 안긴 것은 미아가 사건이 일어나기 2년 전 학교 조사에서 "아버지에게 폭행을 당하고 있어요. 한밤중에 일어나 발로 차거나 손으로 때립니다. 선생님 어떻게 안 될까요?"라고 적은 설문지를 내는 등 피해를 호소해왔음에도 결국 아버지 손에 숨지는 지경에까지 이르렀기 때문이다.

심지어 미아가 제출한 설문지는 이후 아버지에게 넘겨져 학대가 더 심해지는 결과를 초래한 것으로 보인다. 아버지로부터 격리된 아이를 보호할 수 있는 기회가 몇 차례 있었음에도 끝내 다시 가정으로 되돌려 보낸 비극적인 사건. 게다가 이를 전후해 일본에서는 심각한 아동학대로 인한 어린이 사망사건이 잇따르면서 큰 사회문제로 대두됐다.

2018년 3월엔 도쿄 메구로(目黑)구에서 5세 여자 어린이가 아빠에게 학대를 받은 끝에 숨졌다. 도쿄로 이사 오기 전에도 학대받은 사실이 있어 일시 보호 조치까지 됐던 아이였지만 결국 사망에 이르렀다. 이어 5월에는 기타큐슈에서 아빠가 4세 남자 어린이를 TV를 놓는 장식장 서랍에 감금해 저산소증으로 소중한 생명을 잃게 했다. 이어 2019년 1월에는 미아가 숨졌고, 미아가 사망한 바로 다음 달에는 가고시마(鹿兒島)에서 엄마가 아이를 학대해 5살 아이 몸에 100군데가 넘는 폭행 흔적이 발견된 사건도 있었다. 또 2019년 6월에는 삿포로에서 2살 자녀에게 먹을 것을 주지 않아 굶어 죽는 사건이 일어났다. 2018년 한 해 동안에만 아동학대로 숨진 아이가 모두 35명인 것으로 일본 경찰은 파악하고 있다.

집 밖에서는 모두 멀쩡한 사회인이었지만 억압된 자신의 감정을 가정에서 폭발시키며 폭력의 왕으로 군림하며 아이들을 학대한 이들. 가정에서 가장 약자를 향해 행해지는 폭력은 급증하는 추세다. 일본 후생노동성에 따르면 2017년도 아동상담소가 대응한 아동학대 건수는 약 13만 건이다. 10년 사이 3.3배가 급증한 수치다. 2018년 우리나라의 아동학대 발생 건수는 2만 4604건이었다.

일본의 심각한 아동학대 실태

일본에서 심각한 아동학대가 급증하고 있음을 보여주는 또 다른 수치가 있다. 2018년 일본 경찰이 아동학대 신고로 '경찰 보호' 조치한 어린이 수가 4571명에 이르는 것으로 집계됐는데, 이는 2017년보다 16퍼센트, 733명 늘어난 수치다. 아동학대 경찰 보호 조치 수로는 관련 통계를 집계하기 시작한 2012년(당시 1611명 보호) 이후 사상 최대치다.

'경찰 보호'는 아동학대 신고를 받으면 경찰이 출동해 어린이의 안전 상태를 확인하고, 생명에 위험이 있다고 판단되거나 아이를 인계할 다른 보호자가 없는 경우, 또 근처 아동상담소가 바로 보호 조치를 취할 수 없을 때 행해지는, 지극히 긴급한 대응이다. 학대 중에서도 심각한 경우에 해당한다고 볼 수 있다.

파악되지 않은 아동학대도 많은 것으로 보인다. 미아의 사망을 계기로 일본 문부과학성은 2019년 전국의 국공립 유치원과 초중고등학교를 상대로 긴급 조사를 벌였다. 미아가 장기 결석 끝에 가정에서 아동

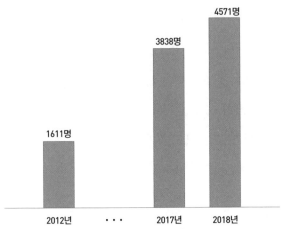

경 찰 보 호 어 린 이 숫 자

4571명

3838명

1611명

2012년 · · · 2017년 2018년

자료: 일본 경시청

학대로 숨진 점을 감안해, 장기 결석 학생을 대상으로 삼았다.

2월 1일부터 14일까지 장기 결석한 학생은 모두 18만 7462명으로 조사됐고 이 가운데 직접 실태조사가 이루어진 학생이 16만 7156명인데 면담 등을 통해 '학대가 의심되는' 학생이 2656명에 이르는 것으로 파악돼 이 또한 충격을 안겼다. 여기에 실태 파악 자체가 안 되는 9889명의 학생들 또한 학대 가능성을 부정할 수 없다는 판단에 따라 모두 1만 2545명에 대해 아동상담소와 경찰, 각 단위 행정기관에 정보를 공유한 상태다. 하지만 아동학대로 숨지는 아이들의 80퍼센트 가까이는 0~3세의 유아라는 조사 결과도 있어, 학교에서 파악하는 것만으로는 한계가 있다는 지적도 나온다.

어른들의 비뚤어진 훈육관이 가져온 비극

이처럼 경찰이 개입해야 할 상황이 폭증하고, 잠재된 아동학대가 상당수일 것으로 보이는 일본 사회. 아이가 사망에 이르는 심각한 학대 상황이 연간 수십 건씩 발생하는 원인으로 비뚤어진 훈육관이 꼽히기도 한다. 지바에서 숨진 미아를 학대한 경우도 아이의 버릇을 고친다는 이유가 따라 붙었는데, 비슷한 시기 일본에서는 엄마와 내연남이 훈육을 이유로 8살 여자아이의 손과 발을 끈으로 묶어 방치하고 심지어 이 모습을 스마트폰으로 촬영하기까지 한 사건도 있었다.

일본 사회의 억압적 성격이 자녀에 대한 강압적 훈육으로 변질됐을 수 있음을 짐작하게 하는 대목이다. 또 집안에서 본인이 받았던 강압적 교육이 자녀에게 전이됐을 가능성이 크고, 특히 사회에서는 몸에 익어 있는 '룰'을 따르는 순종적 생활 태도 때문에 표출되지 못하던 억눌린 감정이 자신에게 저항할 수 없는 대상인 아이에게 '학대'라는 방식으로 폭발했을 수도 있다. 문제가 심각해지자 일본은 2019년 6월, 부모의 자녀 체벌을 금지하는 내용의 아동학대방지법 등의 개정안을 만들기도 했다. 그리고 더 나아가 민법상 '징계권' 규정에 관한 논의도 진행 중이다.

우리 민법도 친권자의 징계권을 규정하고 있는데, 915조를 보면 "친권자는 그 자녀를 보호 또는 교양하기 위하여 필요한 징계를 할 수 있고, 법원의 허가를 얻어 감화기관 또는 교정기관에 위탁할 수 있다"고 규정하고 있다. 일본에도 같은 내용의 조항이 존재하는데, 문제는 도를 넘는 친권 남용 부분이다. 지금도 도를 넘는 행위에 대해서는 이를 범행으로 보고 형법 폭행죄 등으로 다루고 있었지만, '징계권' 자체가 아이를 학대할 구실이 될 수 있다는 것이 일본에서 논의되는 방향이다.

특히 일본에서는 체벌의 필요성을 인정하는 분위기가 강한데, 국제 비정부기구(NGO)인 '세이브더칠드런 재팬'의 조사에서 일본 성인의 60퍼센트가 체벌을 용인하는 것으로 나타났고, 심각한 수준의 아동학대 사건이 잇따랐는데도 불구하고《아사히신문》여론조사에서는 32퍼센트가 체벌을 법으로 금지하지 않는 게 좋다는 답을 내놓았다. 특히 보수적인 자민당 내에서는 징계권에 손대는 것 자체에 대해 신중한 입장이 강한 편이다.

한편 경찰청의 집계 결과, 아동학대와 관련이 깊은 가정폭력도 2018년 7만 7482건으로 일본에서 관련 통계를 내기 시작한 2001년 이후 가장 많았던 것으로 나타났다.

절대 약자를 향한 주먹질,
간병 폭력

가정에서의 학대 외에 약자를 대상으로 한 폭력의 희생자가 되고 있는 건 어떤 이들일까? 아이만큼 자신을 방어할 힘이 떨어질 수밖에 없는 사람들, 바로 고령자다. 그것도 아픈 노인들이다.

일본에서만 벌어지는 특이한 범죄 중 하나가 요양시설 직원들이 수용자인 노인 환자들을 대상으로 저지르는 학대 범죄다. 2017년 8월, 불과 보름 사이에 일본 기후현의 한 노인 보호 시설에서 5명의 고령자가 잇따라 숨지거나 크게 다치는 일이 일어났다. 사건이 발생한 지 2년이 흐른 후에야 체포된 용의자는 문제가 있었던 당시 이 시설에서 일했던 33살의 오도리 다케시(小鳥剛)였다.

식사 중 의식 잃고 쓰러져 사망 (80세)

자신의 방에서 넘어진 채 발견, 뇌좌상으로 사망 (93세)

부러진 뼈가 폐를 찔러 외상성 출혈 기흉으로 사망 (87세)

폐좌상으로 입원 후 사망 (91세)

폐좌상으로 입원 (94세)

모두 용의자가 돌보던 이들이었다. 식사 중 의식을 잃어 숨진 질식사 외에는 모두 간병만으로는 입을 수 없는 상처가 문제가 됐다. 폭행 가능성이 높은 상황이었다.

같은 해 나라현의 한 노인 간병 보호 시설에서는 97세 할머니가 목이 졸려 살해당하는 사건이 있었는데, 역시 붙잡힌 사람은 당시 이 시설에서 근무하던 직원이었다. 또 2019년 5월에는 도쿄의 한 요양시설에서 82세 할아버지가 28살 직원에게 폭행당해 출혈성 쇼크로 숨졌다. 이 할아버지는 평소 인지장애를 가지고 있었는데, 면회 온 딸에게 "젊은 사람이 발로 찼다"는 말을 한 적도 있었던 것으로 드러났다. 일본 언론에 따르면 요양시설 CCTV에는 폭행을 피해 방에서 빠져나오려는 할아버지를 누군가 거칠게 당겨 다시 방으로 끌려 들어가는 모습도 찍혀 있었다.

일본 후생노동성 통계를 보면 2017년도 노인 요양시설에서 직원이 저지른 학대 사건은 510건을 기록했다. 전년도 대비 12.8퍼센트가 증가한 것으로 역대 최고, 2006년 이후 11년째 증가하고 있는 상황이다. 그리고 5년 사이 건수가 3배 이상 늘어나면서 그 증가 속도에 빨간불이 켜진 상태다.

물론 가족에 의한 고령자 학대 건도 2017년 1만 7078건에 이를 정도로 심각한 상황이지만 일본의 고령화 정도를 감안할 때, 마지막으로 삶을 의탁해야 할 요양시설에서도 노인 학대가 증가 추세라는 점은 눈여겨볼 대목이다.

《아사히신문》이 전한 '일본 학대방지 연구센터'가 제시한 요양시설 고령자 학대 의심 징후를 보면 다음과 같다.

1. 수용자의 개인 물품이 빈번하게 없어지고, 관리가 잘 되지 않는다.
2. 직원이 수용자를 "누구누구"라고 부르는 등 고령자를 아이 취급한다.
3. 수용자에게 이유를 알 수 없는 상처나 멍이 자주 보인다.
4. 테이블 위나 지갑 등에서 적은 액수의 돈이 잘 없어진다.
5. 주위 사람이 잘못을 지적하거나 하면, 수용자가 겁내는 모습을 보인다.

길 위의 악마라는 사회 병리 현상, 토오리마 지겐

일본에는 '토오리마 지겐(通り魔事件)'이라고 불리는 사건 형태가 있다. 글자 그대로의 의미를 살피면 '지나가던 악마가 저지른 사건', 우리말로 하면 '묻지마 범행'쯤으로 해석할 수 있다.

가장 유명한 것은 2008년 발생한 '아키하바라 무차별 살상 사건'으로, 전자상가로 유명한 도쿄 아키하바라 교차로에서 트럭이 보행자에게 돌진해 7명이 숨지고 10명이 다친 사건이었다. 파견 사원으로 여러 회사를 전전하면서 쌓인 불만이 사회를 향해 폭발한 것으로 보인다고 당시 재판부는 지적했지만, 정확한 범행 동기는 밝혀지지 않았다.

우리나라도 그렇듯이 '묻지마 사건'은 아무 관련 없는 주변 사람들을 상대로 개인의 누적된 불만이 폭발해, 반사회적인 행동을 하는 흐름을 보인다. 즉 명확하지는 않더라도 범행까지 이어지는 인과성을 범인에게서 어느 정도 찾을 수 있다고 본다. 하지만 일본에서는 이런 사건들이 왜 일어나는지 알지 못한 채, 거리에서 지나가는 사람들을 노린 듯한 사건이 발생한다. 범인이 붙잡힌 뒤에도 왜 그랬는지 잘 알지 못하는, 말 그대로 '악마의 소행' 같은 사건들이다.

2016년 7월 일본 이바라키(茨城)현에서는 고등학교 2학년 남학생이 지나가던 40대 여성을 수십 차례 찔러 죽인 뒤 시체를 유기하는 사건이 벌어졌다. 이 학생은 범행 후 아무 일 없었다는 듯 평온하게 학교에 다닌 것으로 드러났다. 그냥 짜증이 났다는 이유였다.

2018년 7월 오사카(大阪)에서는 새벽녘 거리를 지나던 40대 여성 신문 배달원이 갑자기 공격을 받았다. 범인은 흉기를 마구 휘둘러 전치 1개월의 중상을 입히고는 달아났는데, 한 달쯤 뒤에 붙잡힌 사람은 중학교 2학년인 소년이었다. 범행 동기를 묻는 경찰의 질문에 "일상생활에서 스트레스가 쌓여 사람을 죽이려고 했습니다"라고 답했다. 대상은 그저 평소에 집 앞을 지나가는 걸 알았던 신문배달원. 집에서 칼을 들고 나와 지나가던 그를 넘어뜨리고는 가슴과 발 등을 찔렀다. "누구라도 상관없었어요." 14살 소년의 말이다.

2018년 5월엔 지바현에서 퇴근 중이던 58세 회사원이 뒤에서 갑자기 공격해온 신원 미상의 사람에게 흉기로 등을 찔려 중상을 입은 사건이 발생해 경찰이 수사를 벌였고, 1월에는 히로시마시의 한 버스 정류장에서 남성 2명이 30대 남성이 휘두른 흉기에 찔려 1명이 숨졌다. 모두 범인과 아무런 관련이 없는 사람을 대상으로 일어난 사건이다.

일본 사회에서 토오리마 지겐, 즉 묻지마 범행을 얼마나 심각하게 받아들이고 있는지는 경찰과 소방 구급대, 병원 등의 관계자가 참여한 가운데, 이런 상황을 상정한 대응 훈련을 실시하는 것만 봐도 알 수 있다.

《마이니치신문》은 2018년 5월, 아키히토(明仁) 일왕이 즉위한 1989년부터 퇴위한 2019년까지를 일컫는, 이른바 헤이세이(平成) 시대 30년간 벌어진 주요 '묻지마 사건'을 정리한 특집기사를 게재했다. 의미심장하게도 기사의 제목은, 〈동기가 있어서 벌어졌다고 설명할 수 없는…〉이었다.

1988~1989년 사이타마현에서 4~7세 여아 4명이 연속 유괴돼 살해된 사건을 시작으로 1997년엔 고베(神戸)시에서 중학교 3학년 학생이 초등학교 4학년 여학생과 6학년 남학생을 잇따라 살해하고 또 다른 초등학생 3명을 흉기로 공격하는 사건이 일어났다. 특히 당시 중학생이었던 범인은 살해한 초등학생의 시신 일부를 '범행 성명'과 함께 학교 앞에 놓아두기도 해 세간을 경악하게 했다.

2001년엔 오사카의 한 초등학교에 흉기를 든 남자가 난입해 1, 2학년 학생 8명을 살해하고, 교사 2명과 학생 13명에게 부상을 입혔다. 2003년 나가사키(長崎)시에선 중학교 1학년 학생이 4살 남자아이를 데려가 8층 건물 옥상에서 밀어 떨어뜨린 사건이 발생했다. 이듬해인 2004년엔 같은 도시의 초등학교에서 6학년 여학생이 같은 학교 동급생을 커터 칼로 찔러 숨지게 했는데, 어린 학생들에 의해 연이어 벌어진 동기 없는 범행에 일본은 큰 충격에 빠졌다.

그리고 앞서 밝혔듯 2008년엔 '아키하바라 무차별 살상 사건'을 거쳐, 2016년엔 지적장애인 시설에 전(前) 직원이 침입해 거동이 불편한 장애인 19명을 흉기로 찔러 살해하는 참극이 일어났다.

1989년 여아 4명 연쇄 유괴 살인 사건

1994년 애견가 9명 실종 살인 사건

대기업 임원 연속 살해 사건

1995년 옴진리교(オウム眞理教) 지하철 사린 가스 테러 사건. 13명 사망, 6300명 부상

하지오지(八王子)시 슈퍼 종업원 3인 살인 사건(미결)

1997년 고베 초등학생 연쇄 살상 사건(범인 14세)

1998년 독극물 카레 사건. 4명 사망, 67명 중독

1999년 히카리(光)시 모자 살해 사건

전일본공수(ANA) 납치 사건(범인 18세)

오케가와(桶川)시 스토커 살인 사건

2000년 고속버스 인질 납치 사건(범인 17세)

도쿄 세타가야(世田谷)구 일가족 4명 살해 사건(미결)

2001년 오사카교대 부속 초등학교 난입 사건. 아동 8명 살해

2002년 기타큐슈 감금 학대 살해 사건. 7명 희생. 6년간 범행 진행

마부치모터 사장 집 방화 살인 사건

2003년 나가사키 유괴 살인 사건(범인 12세)

2004년 초등학교 6학년 동급생 살해 사건(범인 12세)

나라 초등생 납치 살인 사건

2007년 어둠의 사이트 살인 사건. 살해 도구로 해머 사용

2008년 아키하바라 무차별 살상 사건

비디오점 개별실 방화 사건. 16명 사망

2011년 아마가사키(尼崎) 연속 변사 사건. 콘크리트 드럼통에서 시신 발견. 5명 사망

2016년 사가미하라 장애인 살상 사건. 19명 사망

2017년 자마(座間) 시체 9구 발견 사건

원인을 찾기 힘든 끔찍한 강력사건. 이러한 사건이 왜 끊이지 않고 일어나는지에 대해서는 여러 분석이 있지만, 특히 '집단적 성향'이 강한 일본 사회에서 어려서부터 억압되어 왜곡된 개인의 감정이 어느 한 지점에서 폭발한 것이라는 설명이 설득력을 얻고 있다.

묻지마 범죄의 또 다른 이름, 확대 자살

2019년 5월 도쿄 인근 가와사키(川崎)시에서 51세 남성이 학교 스쿨버스를 기다리던 초등학생들에게 달려들어 마구 흉기를 휘두른다.

그가 사건 현장 인근을 나흘 전 둘러봤던 것으로 미루어봤을 때 계획된 범행으로 추정되는 상황. 용의자는 근처 지하철역에서 내린 뒤 현장에 도착하기까지 5분 정도 걸어가면서 장갑을 꼈고, 주변 주차장에 가방을 내려놓고 흉기 2자루를 꺼내 아침 등교길 학생들이 서 있던 곳으로 직행했다. 가방 안에는 또 다른 칼도 2자루나 들어있었다.

버스를 기다리던 학생과 학부모 등 모두 20명을 칼로 찔러 학부모 1명과 초등학생 1명이 숨지고, 이후 본인도 자신의 목을 찔러 자살한 사건. 자택 수색에서는 사건의 인과성을 짐작할 만한 어떤 단서도 발견되지 않았다. 사건 현장 조사를 실시한 릿쇼(立正)대 고미야 노부오(小宮信夫) 교수는 "최초로 많은 어린이의 살상을 목적으로 한 테러 행위"라고 사건을 정의했다.

더불어 '확대 자살론'이라는 용어가 부상했다. 정신과 전문의인 가타다 다마미(片田珠美)는 이 사건에 대해 "타인을 죽음에 휘말리게 하는 '확대 자살'에 해당합니다"라며 관련 분석을 내놓았다.

연구에 따르면 자살을 생각하면서 자신이 놓인 상황이나 사회에 대한 분노가 강하면 타인을 살해함으로써 사회에 복수하겠다는 충동으로 이어질 수 있다. 이런 심리 상태를 가졌다고 여겨지는 인물이 범행을 저지른 사건에서는 특정한 개인보다는 자신의 주변에 사는 주민이나, 근처 동일 그룹의 사람을 노리는 경향이 눈에 띄는 것으로 파악됐다.

이 같은 관점에서 보면 가와사키 살상 사건의 범인은 범행 대상으로 삼은 학생들이 다니던 초등학교를 알고 있었을 가능성이 높고, 무언가를 계기로 특정한 누군가에게 일방적인 분노를 표출했다고 할 수 있다.

상상을 초월하는
엽기적 사건들

10년 넘게 소녀만 노린 악마

25살 청년이 약 1시간 정도 차를 몰아 자신이 살던 곳에서 100킬로미터 이상 떨어진 츠야마(津山)시로 향했다. 길에서 서성이던 중 한 초등학교 여학생이 눈에 띄었다. 아이는 수업이 끝난 듯 책가방을 메고 걸어가고 있었다. 청년은 그 뒤를 밟았다. 집으로 들어서는 게 보였다. "지금 몇 시쯤 됐니?" 하고 묻자, 여자아이는 시계를 본다며 집으로 들어갔다.

2004년 일본 효고현의 한 주택에서 9살 츠츠시오 유키코(筒塩侑子)가 숨진 채 발견됐다. 흉기에 몸이 여러 군데 찔린 상태였고, 목이 졸린 흔적도 보였다. 하지만 범인의 흔적은 찾을 수 없었다. 하굣길에 어린 여학생이 집에서 희생된 사건, 수사는 사건이 발생한 지 10년을 넘기면서 힘이 점점 빠져갔다.

그러던 중 한 교도소 복역자가 수사진의 레이더망에 포착됐다. 사건이 있었던 효고현의 거리에서 지나가는 여중생을 따라가 흉기로 찌른 혐의로 12년 형을 선고받고 복역 중인 39살 가츠타 키요타카(勝田清孝)였다. 더욱 주목받은 점은 비슷한 범죄를 반복하고 있었다는 점이었다.

2000년에는 10세 전후의 여자아이들을 폭행한 혐의로 유죄 판결을 받았고, 2009년에는 초등학교 1학년 여학생의 배를 주먹으로 때린 혐의로 체포된 적이 있었다. 모두 어린 여학생들이 대상이었다. 가츠타는 경찰의 방문 조사에서 "소녀를 따라 들어가 목을 졸랐습니다"라고 자백했다. 14년간 풀리지 않던 사건의 전모가 드러난 순간이었다.

14년 전 사건과 관련해 범인은 "여자아이가 괴로워하는 걸 보고 싶었습니다"라고 범행 동기를 말해 경찰관들을 아연실색하게 만들었다. 범행을 저지르기 전 수차례 해당 학교 근처에 갔다는 사실도 드러났다. 그리고 경찰 조사에서 "비슷한 범행을 70건 가까이 저질렀습니다"라고 진술했다. 성적(性的) 가해는 하지 않고 10대 소녀들을 때리고 괴롭히는 범죄만을 반복해 저질러온 것이다.

복역 중인 사건에 대해 1심 재판부는 "소녀의 배를 흉기로 찔러 옷이 피로 물드는 것을 보고 싶다고 하는, 특이한 성벽(性癖)으로 인해 여자 중학생을 무차별적으로 노린 묻지마 사건"이라고 지적했던 사실도 새롭게 알려졌다.

소녀들을 대상으로 삼은 묻지마 범죄, 그리고 누구든 피해자가 될 수 있는 사건의 빈번한 발생. 안전대국을 자부하는 일본이지만 깊은 어둠이 사회의 한 구석에 자리 잡고 있음을 알 수 있다.

살인을 실험하다, 여대생 사이코패스

2015년 1월 나고야(名古屋)의 한 아파트에서 한 달 이상 행방불명 상태였던 77세 할머니가 숨진 채 발견됐다. 범인은 그 아파트에 살면서 근처의 대학에 다니던 19세 여학생이었다.

지역의 명문 국립대학으로 도쿄의 와세다(早稲田)나 게이오(慶應) 대학 못지 않은 명성을 가진 나고야대학을 다니던 이 여학생은 경찰에게 담담히 "사람을 죽여보고 싶었어요"라고 말했다. 일본을 충격에 빠트린 '여대생 사이코패스 사건'의 진상이 세상에 드러나는 순간이었다.

이 여대생이 살인에 처음 관심을 보인 건 중학교 2학년 때였다. 어머니에게 14살 중학교 남학생이 저지른 연쇄살인 사건 이야기를 듣고는 "비슷한 나이인데, 그런 일을 하다니 존경스럽다"고 말했다는 게 모친의 증언이다.

연쇄살인 사건에 깊은 관심을 보이던 이 여학생은 고등학교에 진학한 뒤 관련 사건들을 찾아보게 된다. 그리고 16세의 여고생이 모친을 독극물로 살해한 사건을 알고 나서는 '중독 증상을 관찰하고 싶다'는 강한 충동을 느끼게 된다. 우등생이었던 이 여학생은 화학적 지식을 활용해 독극물인 '황산 탈륨(치사량 1밀리그램)'을 구매한 뒤 범행에 착수한다.

먼저 중학교 동창을 노래방으로 불러 음료수에 탈륨을 몰래 타 넣었다. 그 다음 날에는 학교에서 남학생이 가지고 있던 음료수병에 탈륨을 넣어 마시게 했다.

"중독 증상을 관찰하고 싶어서 탈륨을 넣어 마시게 했죠."

재판정에서 이 여대생은 범행 이유를 묻자 감정의 동요 없이 담담히 말했다. 피해자와 유가족의 감정에 대해서는 어떻게 생각하느냐는 질문에 "모르겠습니다"를 연발했다고 한다. 독극물을 마시게 한 두 사람을 '개체'라 표현하고, 관찰 노트에 증상을 기록하는 등 피해자나 가족에 대한 이해나 공감은 전혀 보이지 않았다.

대학에 진학한 이 여대생은 '중독 관찰'에서 더 나아가 '살인 충동'을 억누르지 못하게 된다. 법정 기록에 따르면 오직 '살인 대상'을 고르기 위해 인간관계를 만들어 갔고, 같은 대학에 다니던 친구 2명과 70대의 노인을 범행 대상에 올리게 된다.

구체적인 범행 계획을 세우던 중 결국 가장 쉽고 빠르게 집으로 유인할 수 있는 노인이 범행 대상이 되고 말았다. 범행에 사용한 것은 도끼. 노인이 죽어가면서 "왜, 왜…?" 하고 저항하며 묻자, "사람을 죽여보고 싶었어"라고 답한 것으로 드러났다. 이 모든 정황과 과정은 본인의 진술에 의해 밝혀진 것으로 그녀의 진술은 '담담함' 자체였다고 법정 현장을 취재한 NHK 기자는 전했다.

이 여대생은 '불타 죽은 시체를 보고 싶다'는 생각에 자신의 집에 2차례 불을 지르기도 했다.

소녀들을 향한
욕망의 눈초리

세계에서 거의 유일하게 교복 입은 여학생을 대상으로 한 성폭행 행위 등이 포르노물의 한 분야로 자리 잡고 있는 나라가 일본이다. 일본에 서 사람들의 억눌린 감정은 약자를 향한 폭력으로 분출되기도 하지만 또 한편으로는 약자의 성적 대상화로도 표출된다. 일본의 성 의식이 왜곡됐다고 하는 지적은 이러한 부분에 근거를 두고 있다.

일본 국민 중에서 특히 가출 청소년과 일본 국적을 취득한 외국인의 자녀가 성매매 대상이 된다. '원조 교제'로 알려진 '보상 데이트'는 일본 아이들의 매춘을 계속 부추기고 있다. 최근에는 '조시코세이 오산포(女子高生散歩)'라고 알려진, 즉 '고교생 산보'라는 트렌드 속에 소녀들이 남자들과 동행해 산책을 하거나, 카페 혹은 호텔에서 상업 적인 성관계에 종사하도록 돈을 제안받는다. (2014년 UN난민기구 인신

이처럼 일본에서 여학생을 대상으로 한 성 산업은 세계적으로도 비난 받고 있는 실정이다. 이런 까닭에 미(美) 국무부는 관련 범죄를 예방하는 최소한의 기준을 준수하지 않고 있다며 2017년까지 13년간 〈인신 매매 리포트〉에서 일본을 '레벨 2 국가'로 분류하기도 했다(이 기간 동안 한국은 모든 기준을 지키고 있다는 '레벨 1 국가'로 분류).

앞서 UN 보고서에도 나왔듯이 일본에서 가장 알려진 미성년 성매매 형태는 우리나라에서도 문제가 된 '원조 교제'이다. 하지만 원조 교제가 개인적 차원의 성매매라면 최근 문제가 되고 있는 'JK 비즈니스'는 여기서 한 단계 나아가 조직적으로 이루어지는 여고생 대상 성 산업이라고 할 수 있다.

도쿄 시부야 한복판을 지나는 성인클럽 광고 차량

여고생이 성 상품으로, JK 비즈니스

'JK'는 여고생을 뜻하는 일본어 '조시코세이(女子高生)'의 일본식 약어다. JK 비즈니스는 2011년쯤부터 도쿄의 아키하바라를 중심으로 급속히 확산되기 시작했다. 처음엔 여고생 교복을 입은 점원이 '리플렉솔로지(reflexology)'라는 간단한 마사지를 해주는 형태였는데, 이러한 업태가 점점 퍼져나가면서 'JK 리프레'라고 하는 비즈니스로 자리 잡았다. 그리고 도쿄의 시부야, 신주쿠, 이케부쿠로(池袋), 그리고 오사카 등 일본 유흥업소 집합 지역을 중심으로 성행하게 된다.

몸을 밀착해 마사지하는 형태로 지극히 성적인 행위가 내포돼 있지만 유흥업소나 음식점이 아니기 때문에 허가받을 필요가 없다는 점에서 법의 사각지대에 놓였고, 미성년자를 고용해도 단속할 근거가 없는 상황이 발생하게 되었다. 그래서 처음엔 성인 여성에게 여고생 교복을 입히는 정도의 흉내 내기였다면 진짜 여고생을 데려다 장사하는 방식으로 점차 발전했다고 볼 수 있다.

'JK 촬영회'라는 것도 있다. 여고생에게 교복이나 수영복을 입히고 둘만의 공간에서 사진을 찍을 수 있게 해주는 서비스를 말하며 역시 미성년자가 일하더라도 뚜렷하게 이를 제재하기가 어려운 점을 파고든 업태라고 할 수 있다. 촬영은 교실이나 여고생의 방처럼 꾸며놓은 곳에서 이루어지는데, 성행위와 유사하거나 속옷을 보여주는 포즈를 요구하는 경우가 많다. 비슷한 이름으로 'JK 견학점'이라는 이름의 비즈니스도 있다.

이러한 영업점들이 사회적으로 문제가 되어 단속 등 제재 조치가 취해지자 이번엔 밀폐된 공간이 아닌 밖에서 만나 함께 걷는다는 이른 바 'JK 산책'이나 별도의 장소에서 만나 함께 낮잠을 자는 형태의 비즈 니스가 생겨나기도 했다. 매장이 없는 인터넷을 통해 보다 음성적으로 거래되는 무(無)점포형으로 전환되고 있는 양상임을 알 수 있다.

이렇듯 'JK 리프레', 'JK 촬영회', 'JK 산책' 등 여고생을 접객원으로 삼는 업태를 통틀어 일본에선 'JK 비즈니스'라고 부르고 있다. 업태 자체가 정상적이지 않다는 느낌을 물씬 풍기지만, 여고생을 원하는 시장이 워낙 공고하게 자리 잡고 있었던 만큼 이를 근절하기는 쉽지 않은 실정이다. 앞서 UN 보고서에서도 지적했듯이 특히 가출 청소년 등에게 쉽게 돈을 벌 수 있다며 접근해 영업을 시키는 업주들이 존재하고 있다.

도쿄 등 지자체를 중심으로 JK 비즈니스에 대한 단속을 강화하고 위험성을 알리고는 있지만 사라지지 않는 추세. 처음엔 "그냥 대화만 하면 된다"는 말에서 시작해, 계약을 하고 나면 계약 당시엔 뜻을 알 수 없었던 여러 조건을 들이대며 손님과의 신체 접촉에서부터 성매매까지 강요하는 실정이다.

업주가 있고, 유혹에 넘어가 이런 가게로 향하는 청소년들이 있다고 하지만 JK 비즈니스가 없어지지 않는 가장 근본적인 이유는 일본 사회의 분위기에서 비롯된다. 영국의 《가디언》은 2019년 6월, 〈팔려가는 여자 고교생, 일본은 왜 'JK 비즈니스'를 박멸할 수 없나〉라는 기사를 통해 '14세나 15세의 아이들에게 성적 매력을 느낀다고 말하는 남성을 일본 사회는 마치 용인하고 있는 것 같다'는 내용으로 인신매매에 대처하는 시민 단체 회원의 인터뷰를 실었다.

《가디언》지는 일본에선 아직 만화나 애니메이션, 컴퓨터그래픽 등이 아동 포르노 금지법 대상에 포함되지 않는다며 일본 사회의 왜곡된 성 의식을 꼬집었다. 어린 소녀를 성적 대상화하는 만화 등이 있더라도 법적 처벌 대상이 아니라는 뜻이다. 미성년 소녀들을 성적 가치가 높은 상품으로 소비하는 사회적 분위기가 바뀌지 않는다면, 아무리 단속을 벌인들 또 다른 형태의 JK 비즈니스가 반드시 등장할 수밖에 없는 상황이다.

일본 성문화의 또 다른 그림자, AV 산업

일본에서 JK 비즈니스만큼 최근 사회문제가 되고 있는 것이 강제성을 띤 성인용 음란 영상물 촬영 문제다. 이른바 'AV(Adult Video) 강요'라는 제목으로 최근 몇 년간 신문 지면에 오르내리는 이슈다.

고교생이었던 A는 번화가에서 X사 스카우터로부터 '그라비아 모델(수영복 화보 모델)'로 일해보지 않겠느냐는 제의를 받는다. 평소 탤런트라는 직업에 흥미가 있었던 A는 그라비아 모델이 되는 것을 승낙하고 스카우터가 가르쳐주는 대로 계약서에 서명했다. 하지만 A는 계약서를 받지 못했다. A가 해야만 했던 일은 '차쿠(着) 에로'라 불리는 것으로 노출이 굉장히 심한 여러 벌의 옷을 입고 촬영하는 것이었다. A는 생각했던 그라비아 모델 일이 아닌 까닭에 회사에 그만두겠다는 뜻을 전했다. 그러자 곧바로 X사는 이미 계약했기 때문에 A

가 위약금 100만 엔(약 1,000만 원)을 지불해야 한다고 말한다. 게다가 '차쿠 에로'는 A가 탤런트가 되기 위한 선전 활동인 만큼 '보수'는 발생하지 않는다고 밝힌다. A는 주위의 여성들이 모두 같은 조건으로 일하고 있어 보수를 받지 않는 것에 특별히 의문을 품지 않는다. A가 20세가 되자 회사는 그녀에게 다음 일은 'AV'라고 통보한다. A는 몇 번이고 이 일을 할 수 없다고 간청하지만 소용이 없었다. 거부하면 100만 엔 이상의 위약금을 지불해야 한다고 알았던 까닭에 결국 AV에 출연하게 된다… X사는 다른 회사와 9편을 촬영하기로 한 만큼, A가 출연을 거부하면 1,000만 엔(약 1억 원)의 위약금을 내야 한다고 말한다.

이는 국제 인권 단체인 '휴먼 라이츠 나우(Human Rights Now)'가 지난 2016년 발간한 보고서에 담긴 피해 사례다. 이 단체에만 2016년도에 100건, 2017년도에 99건의 관련 상담이 들어왔을 정도였다. 모두가 아직 판단이 미숙한 미성년자나 사회 초년생 등을 속여 계약을 맺게 한 뒤 음란 성인물 촬영을 강요한 사례들로, 어둡고 불법적인 일본 성 산업의 일면이 적나라하게 드러난 것이다.

피해 사례들을 담은 이 보고서가 파문을 일으키면서 일본 내각부는 그 뒤로 모델이나 아이돌이 되기를 권유받거나, 모집 광고를 보고 응모해본 경험이 있는 15~39세 여성 2575명을 대상으로 실태 조사를 벌였다.

그 결과 197명의 경우가 계약까지 이어진 것으로 밝혀졌는데 그 가운데 53명(27퍼센트)이 계약 당시 듣지 못했거나 동의하지 않았던 성적 행위를 요구받았다고 답했다. 또 이들 중 17명은 결국 실행까지 이어졌다. '돈 때문이었다'는 답에 이어, '계약서에 씌어 있다고 들어서', '사무소와 촬영 스태프 등 많은 사람에게 폐를 끼치게 된다고 들어서' 등의 이유가 많았다. 결국 분위기에 억눌린 상황이었다는 뜻이다.

미 국무부는 세계 각국의 인신매매 실태를 담은 2017년 연차 보고서에서 일본에선 모델을 지망하는 젊은 여성들이 AV에 출연하라고 강요당하는 피해를 입고 있다고 지적했다. 그러면서 "인신매매를 근절하기 위한 최소한의 정책을 완전하게 이행하지 못하고 있다"고 적시했다.

또 다른 문제는 일본에서 흔히 제기되는 '자기책임론' 때문에 피해를 호소하는 것조차 쉽지 않다는 점이다. 《아사히신문》은 2018년 4월, 관련 보도를 통해 피해를 고백한 한 유튜버가 가두 캠페인이나 심포지엄에서 피해 방지를 호소하고 있지만, '자업자득'이라는 비난도 있다고 전했다. AV 촬영 강요 문제에 그치지 않고, 성적 피해나 이지메 등도 피해자가 '자기책임' 목소리에 강하게 부딪힐 때가 많은 게 일본의 현실이다. 일본의 각계 인사들이 AV 촬영 강요 문제와 이에 대한 사회적 대처를 단순히 개인과 업자의 문제, 또 형사적 처벌의 문제가 아닌 일본 사회의 구조적 문제와 연계해 보는 것도 이 때문이다.

"우리들은 타자에게 동조하기 쉬운 경향을 가지고 있습니다. 문제에 맞서는 강함, 거절할 수 있는 강함을 모든 사람에게 가지라고 하는 것은 가혹합니다. 그래도 피해자에게 자기책임을 물을 것인가요?"

(영화감독 모리 다쓰야(森達也))

"AV 출연 강요는 성폭력의 본질입니다. 그 배경에는, 성차별과 희박한 인권 의식이라고 하는 일본 사회의 문제가 자리 잡고 있습니다. 이만큼이나 남성에게 성적으로 관대한 분위기가 무슨 사태를 불러왔는지, 사회 전체가 잠깐 멈춰서 생각해봐야 할 때입니다." (여성작가 기타하라 미노리(北原みのり))

사회의 무관심이 방조한, 소녀 사육 사건

소녀들을 향한 음흉한 시선은 다음과 같은 사건으로도 이어졌다. 2014년 3월 일본 사이타마현의 한 도시에서 대학생이었던 데라우치 카부(寺内樺風)는 수업이 끝나 집으로 돌아가는 중학교 1학년 여학생에게 말을 걸었다. 그리고는 "부모님이 이혼하게 됐어요. 변호사에게서 전할 말이 있는데…"라며 차에 태웠다. 미리 파악해 두었던 소녀의 집 우편함에는 "좀 쉬고 싶어요. 잠깐 친구 집에 가요. 찾지 말아주세요"라고 적은 쪽지를 넣었다.

지바현에 있는 자신의 집에 소녀를 데리고 온 뒤에는 "사실은 너희 집에 빚이 있다. 부모님이 너의 장기를 팔아서 돈을 만들려고 생각하고 있어…"라며 소녀를 절망에 빠뜨렸다. 그리고는 다시 한번 음성 합성 프로그램으로 만든, 부모의 말을 소녀에게 들려주었다.

그 후 범인 데라우치가 선택한 것은 세뇌였다. 소녀에게 "나는 버려졌다. 돌아갈 장소는 없어"라고 반복해서 쓰고, 복창하게 했다. 마약 성분이 섞인 밥을 먹여 몸 상태도 나쁘게 만들었다. 비교적 느슨한 감시에 소녀에게 탈출할 기회가 아예 없었던 것도 아니었다. 하지만 소녀를 더욱 절망에 빠트린 건 주변의 반응이었다.

이 사건에 대한 재판 기록에 따르면 범인의 집에 갇힌 지 몇 개월 후 소녀는 현관의 잠금장치가 열린 틈을 타 밖으로 빠져나올 수 있었다. 오전 11시쯤 소녀가 간 곳은 주변 공원. 그곳에서 아이를 데리고 있는 여성에게 "잠깐 괜찮나요? 물어보고 싶은 게 있는데…"라고 말을 걸었지만 "바빠서 무리네요"라는 말만 들어야 했다. 또 차에 타고 있는 사람과 눈이 마주쳤지만, 차가 그대로 가버리면서 기회는 더 이상 찾아오지 않았다고 한다.

공중전화를 찾지 못한 소녀는 일단 방으로 돌아왔다가, 다시 공원으로 도움을 청하러 나갔다. 하지만 중년 여성에게 "잠깐만요"라고 말을 걸었지만, 바로 "무리예요"라고 거절하는 말을 듣게 된다.

"전혀 말을 들어주지 않았어요. 그 충격으로 절망할 수밖에 없었습니다. '누구도 말을 들어주지 않는구나'라고 생각하게 됐어요."

자신을 감금한 범인의 말처럼 아무도 도와주지 않는 상황이라고 생각해, 제 발로 다시 감금 장소로 돌아갈 수밖에 없었다는 이야기다(앞 장에서 다뤘던 교통사고 현장을 외면하던 일본 사람들의 모습과 겹쳐진다).

'버려졌다. 돌아갈 곳이 없다'라는 말이 머릿속에 맴돌았어요. 자연스럽게 눈물이 나지 않게 되더라고요. 기쁘다, 슬프다, 이런 감정도 없어졌어요."

소녀가 감금 상태에서 벗어날 수 있었던 것은 범인의 눈을 피해 접속한 인터넷에서 자신을 기다리고 있다는 부모의 글을 발견하면서다. 2년간의 감금 생활은 그렇게 막을 내렸다.

불안정 사회 일본,
그 폐쇄감

많은 사건이 일어나고 불안정한 사회 상황이 계속되면서 일본 국민 사이엔 사회적 불안감이 퍼져가는 양상도 보이고 있다.

《요미우리신문》의 '다음 시대'에 대한 전국 여론조사를 보면, 2018년 조사 결과 '불안정'하다고 답한 사람이 과반수를 넘어 53퍼센트에 달한 반면, '안정'이라고 답한 사람은 23퍼센트에 불과했다. 1989년 조사에서는 '안정'이 54퍼센트고 '불안정'은 9퍼센트뿐이었는데, 이는 정반대의 결과라고 할 수 있다. 다가올 새로운 시대를 어떻게 생각하는지 조사한 결과인데, 미래에 대한 불안감이 반영되었다고 할 수 있다. 2019년 조사에서도 '불안정'이 46퍼센트, '안정'이 23퍼센트로 나타나큰 변화는 보이지 않았다. 연령별로 살펴봐도 '불안정'을 택한 사람이 전 세대에 걸쳐 가장 많았고, 50대 이상에서는 50퍼센트 이상을 차지했다.

"다음 시대에 대해 어떤 이미지를 갖고 있나요?"

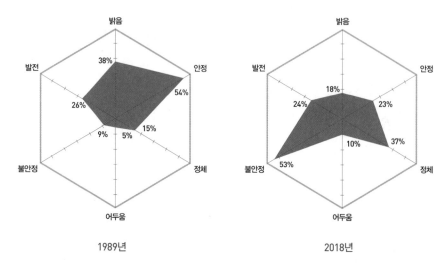

1989년 2018년

자료: 《요미우리신문》, 2019년 3월 30일 자

《요미우리신문》은 조사 방법이 달라 단순 비교는 할 수 없지만, 과거 조사에서는 '안정', '밝음', '발전' 등 진취적인 단어들이 상위권을 차지했다며, 버블(bubble) 붕괴와 장기간 이어진 불황, 잇따른 대형 자연재해 등으로 사회 전체에 '폐쇄감'이 퍼져 있다고 분석했다.

과로사보다 무서운
과로 자살

일본 사회의 가장 큰 특징 중 하나라면 역시 '잘 변하지 않는다'는 점일 것이다. 변화를 부르짖는 목소리가 크지 않고, 한번 자리를 잡으면 대부분 그대로 유지되는 경향이 있는 사회다. 이러한 속성이 오래된 전통을 만들기도 하지만 새로운 것을 받아들이기 어렵게 하는 면이 있는 것도 분명 사실이다.

일본은 각종 사회현상을 새롭게 나타내는 신조어를 만드는 데 무척 활발한 나라인데 '엔조', '구투(#KuToo)' 등의 앞서 살펴본 단어들은 그 뜻과 유래를 아는 것만으로도 일본 사회의 특성을 엿볼 수 있는 단초를 제공한다. 그리고 여기 또 하나의 단어가 있다.

'과로 자살'. '과로사'는 쉽게 이해되지만 '과로 자살'이라고 하면 잘 와닿지 않는 게 사실이다. 하지만 엄연히 존재하는 단어고, 심지어 유행처럼 지나가는 신조어라기보다는 문제의 심각성 때문에 정부가 사

용하는 공식 용어이기도 하다. 자기결정권을 사회로부터 박탈당한 개
인을 표상하는 이 단어를 둘러싼 이야기부터 살펴본다.

어느 '덴쓰' 사원의 죽음

도쿄대를 졸업한 다카하시 마쯔리(高橋まつり)는 2014년 일본 최고의
광고 회사 '덴쓰(電通)'에 입사한다. 덴쓰는 일본 젊은이들이 가장 가
고 싶어 하는 기업에 꼽힐 정도로 선망의 직장이다. 2015년 연말 결산
에서 그룹 전체 매출이 4조 엔, 우리 돈으로는 40조 원이 넘는 거대 커
뮤니케이션 회사로 전 세계 4만 7천여 명의 직원이 TV와 신문의 광고
중개, 광고 기획, 대형 이벤트 기획, 월드컵 중계권 판매 등 폭넓은 사
업 영역에서 활동하고 있는 회사. 이렇게 큰 회사에 입사했지만 다
카하시가 트위터에 올린 글들을 보면, 그녀의 생활이 그리 행복하지는
않았던 것으로 보인다.

> "토요일도 일요일도 근무하지 않으면 안 되는 결정을 하고, 정말 죽
> 어버리고 싶어." (2015년 11월 5일)
> "죽고 싶다고 생각해 가면서 이렇게 스트레스 연속인 매일을 극복
> 하면 그 다음에는 뭐가 남는 거지?" (2015년 12월 16일)
> "하루 20시간인가 회사에 있으면, 무엇을 위해서 살고 있는 건지 모
> 르는 지경이 된다." (2015년 12월 18일)

두 달 동안 힘들다는 트윗을 50개 이상 발신한 그녀였다. 그리고 며칠

뒤 크리스마스. 결국 다카하시는 사원 주택에서 뛰어내려 스스로 목숨을 끊었다. 새벽녘 "일도 인생도 너무 힘들다. 지금까지 고마웠어"라는 메시지를 어머니에게 보낸 다카하시. 어머니가 황급히 전화를 걸어, "죽으면 안 돼"라고 말을 건네자 "응, 응"이라고 힘없이 대답한 지 불과 몇 시간 뒤였다.

일본 후생노동성의 조사 결과 드러난 다카하시의 노동강도는 상상을 초월했다. 10월에는 130시간, 11월에는 99시간을 초과근무해, 과로사 기준이라고 하는 '월(月) 잔업 80시간'을 매달 훌쩍 넘겼다. 근무시간을 축소 신고하도록 한 사실도 드러났는데, 130시간의 초과근무를 한 10월에 신고된 것은 69.9시간에 불과했다. 예를 들어 본사 출입 기록을 보면 저녁 7시 27분 회사로 들어갔다가 다음날 오전 6시 5분 퇴근했지만, 1분도 채 지나지 않아 다시 회사로 돌아간 날도 있었다. 그리고는 근무를 계속해 오후 2시 44분까지 일하다 밖으로 나간 것으로 되어 있고, 이후 17분 만에 다시 들어간 뒤 자정이 지난 0시 42분 퇴근한 날도 있었다.

지난한 법적 공방을 거쳐 스스로 목숨을 끊은 지 10개월이 지난 뒤, 그녀의 자살이 '업무상재해', 즉 '과로 자살'로 인정받으면서 일본 사회는 발칵 뒤집혔다. 도쿄대를 나온 엘리트 여사원을 죽음으로 몰고 간 일본의 기업문화에 대해 정부 대변인인 관방장관이 문제를 지적하고, 덴쓰의 노동 실태에 대해 전격 조사도 실시됐다. 사실 덴쓰에서는 다카하시가 자살하기 전인 1991년에도 24세의 사원이 과로에 시달리다 자살해 법원에서 "회사는 직원의 심신 건강에 유의할 의무를 진다"는 판결을 내렸고, 2013년에는 30대 남성 사원에 대해 과로사 판정이 나오기도 했다.

이 회사에는 전후 덴쓰의 부흥을 이끌었던 4대 사장 요시다 히데오(吉田秀雄)가 만든 '귀십칙(鬼十則)'이라고 하는 '10가지 일하는 법칙'이 있다. 그 내용을 보면,

5칙—한번 맡으면 놓치지 마라, 살해당해도 놓지 마라, 목적을 완수할 때까지.

9칙—늘 머리를 회전시켜 모든 방면에 신경 쓰고 한 치의 틈도 생겨서는 안 된다. 서비스는 그런 것이다.

10칙—마찰을 두려워하지 마라. 마찰은 진보의 어머니, 적극성의 비료다.

등 사원을 독려하는 내용으로 가득 차 있다. 긍정적으로 보자면 적극적인 사원상을 제시한 것이지만, 상사의 갑질과 맞물리면 가혹한 근무 환경을 만들어내는 지침과 같다.

하지만 과로 자살은 특이한 기업문화를 가진 덴쓰라는 회사만의 문제는 아니다. 2016년 4월에는 일본 '간사이전력(関西電力)'의 40대 과장이 도쿄 출장 도중 스스로 목숨을 끊었다. 이 과장은 노후 원전의 재심사를 준비하는 업무를 맡은 뒤 노동 강도와 시간이 급증했고, 사망 2개월 전인 2월에는 시간 외 근무가 200시간을 넘어섰다. 자살 직전 19일 동안 초과근무는 150시간에 이른 것으로 조사됐다. 결국 과장은 자신

이 많은 책임을 고스란히 끌어안다가 결국 '비극적 선택'에 이르고 말았다.

그만두지 않으면 죽을 수밖에 없는 사회

과로사뿐 아니라 과로 자살 문제가 심각해지자 일본 정부는 2014년 '과로사 등 방지 추진법'에 '과로 자살'을 따로 규정해 대책 마련에 나섰다. '과로사 등 방지 추진법'을 보면 제2조는 과로사를 "업무의 과중한 부하에 의해 뇌혈관 질환, 심장질환을 원인으로 하는 사망"이라고 정의하고 있고, 바로 그 하위 항목에서 과로사 중 하나로 '과로 자살'을 따로 분류하고 있다("업무에서 강한 심리적 압박을 받아 정신장애로 인해 자살에 이른 사망"(과로사 등 방지추진법 2조 2항).

우울증 등 정신장애가 원인으로 지목되고 있긴 하지만 사원이 죽음을 선택할 때까지 몰아붙이는 회사, 그리고 그러한 틀 속에서도 개인 스스로 소속된 조직을 털어버리지 못하고 끝까지 버티다 극단적인 선택을 할 수밖에 없는 일본 사회의 현실이다.

일본 후생노동성의 2018년 판《과로사 등 방지대책백서》를 보면, '근무 문제가 원인이 된 자살자 수'는 2017년 1991명에 이르는데, 그 가운데 28.4퍼센트에 달하는 566명이 '일의 피로'가 원인이 된 것으로 조사됐다. 직장 내 인간 관계로 인한 자살자(481명, 24.2퍼센트)보다 더 높은 자살 원인 1위다.

2011년 근무 문제 관련 자살자 수가 2689명에 이르고 그 가운데 '일의 피로'가 원인이 된 사람이 723명이었던 점을 감안하면 2018년엔 다

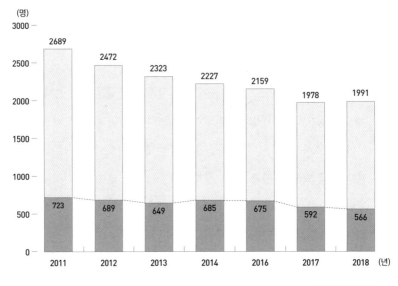

근무 문제가 원인 및 동기가 되어 자살한 사람의 추이

(명)

자료: 일본 후생노동성

소 그 수가 줄었다고는 할 수 있지만, 아직도 500명 이상의 사람이 사실상 '과로 자살'을 선택한 것을 보면 말문이 막힌다. 그리고 매년 과로 자살은 근무 문제가 원인이 된 자살의 최다 요인으로 꼽히고 있다.

덴쓰에서 일하다 숨진 다카하시의 어머니는 수기를 통해 "회사를 그만두라고 좀 더 강하게 얘기했어야 했는데…"라고 후회했다. 하지만 그의 어머니가 생각했던 것보다 그 '그만둠'이라는 높은 벽을 본인은 넘기 힘들었고, 결국 일을 그만두지 못해 스스로 목숨을 끊는 선택을 하고 말았다. 일을 그만두지 못해 '자살한다'는 역설에 이르고 마는 상황, 일에 치이다 그 상황에서 벗어나기 위해 자신의 생명을 내려놓을 수 밖에 없는 사회구조다. 그 구조에 저항할 힘조차 자기 속박 상태에 빠진 개인에게는 없다.

여학생은 도쿄대를
싫어할까

덴쓰에서 비극적 생을 마감한 다카하시는 도쿄대 졸업자여서 더욱 주목받은 면이 있다. 여성으로서 도쿄대를 나왔다는, 일본 사회에서 남달리 간주되는 일종의 특수성이 이 사건을 더욱 화젯거리로 만든 것이다. 도쿄대 출신 여성을 특수하게 보는 모습, 그 이유를 따라가다 보면 아직도 일본 사회에 남아 있는 뿌리 깊은 남성중심주의를 만날 수 있다. 그리고 도쿄대는 변하지 않는 일본의 상징이자, 일본 사회에서 여성의 지위를 보여주는 상징이라는 점을 알게 된다.

일본의 1월은 우리나라의 수능에 비견되는 '센터 시험'의 열기로 가득하다. 한국만큼 입시 열기가 뜨거운 곳이 일본인데다, 일본 사회에서도 좋은 대학을 나오는 것이 곧 사회적 성공으로 연결된다는 인식이 우리나라 이상으로 강하게 자리 잡고 있기 때문이다. 그 중에서도 도쿄대는 일본 학벌의 정점에 서 있는 곳이다. 도쿄대의 한 교수가 "주변

도쿄대의 상징 아카몬(赤門)

사람들이 내가 도쿄대 교수라고 인정해주는 것보다, 도쿄대를 들어간 수재들을 가르친다는 데 더 의미를 부여하는 것 같아요"라고 말할 정도로, 도쿄대 학생들은 입학 사실 자체만으로 사회적으로 인정받는 분위기가 형성된다.

도쿄대를 나오면 재무성, 외무성 등에서 일하는 고급 관료 혹은 대기업 간부가 되거나, 법조계에 진출하는 등 탄탄대로를 걷는 경우가 많다. 어느 부처의 무슨 자리에는 도쿄대 무슨 학부를 나와야만 올라갈 수 있다는 이야기가 공공연히 나돌 정도로 도쿄대의 위상은 공고하고 또 일본 사회에서는 이를 별다른 거부감 없이 수용하는 편이다.

그런데 이같이 사회적으로 공고한 위치를 차지하고 있는 도쿄대지만 유독 도쿄대에 가기 싫어하는(?) 사람들이 있다. 여학생들이다. 도쿄대에 여학생이 많지 않다는 사실은 합격자 비율로 보면 뚜렷이 드러난다. 2016학년도 도쿄대 전체 합격자 수는 3108명. 그 가운데 여학생은 586명으로 18.8퍼센트에 불과하다. 그 이전인 2015학년도엔 17.8퍼센트, 2014학년도엔 18.4퍼센트, 2013학년도엔 18.2퍼센트, 2012학년도엔 16.2퍼센트에 그치고 있다.

도쿄대 합격자 중 여학생 비율

자료: 도쿄대

우리나라 서울대에서 여학생 합격률이 40퍼센트에 이르는 점을 감안하면 상당히 낮은 수치임을 알 수 있다. 여기서 한 가지 의문이 들 수 있다. 도쿄대 여학생 합격률이 매년 20퍼센트에 조금 못 미치는 수준이라면 도쿄대에서 그 정도까지만 입학 정원을 한정해 여학생을 뽑는 것 아니냐는 것이다.

하지만 여학생 비율이 낮아서 정작 답답했던 쪽은 도쿄대였던 모양이다. 오죽하면 여학생들만을 위한 주거 지원책을 내놓으며 여학생들에게 도쿄대에 와줄 것을 호소하고 나섰을까? 도쿄대는 2017학년도부터 1~2학년이 주로 공부하는 고마바(駒場) 캠퍼스 주변에 방 100개를 확보해, 입주하는 여학생들에게 매달 3만 엔, 우리 돈으로 30만 원 정도의 월세를 보조해주고 있다. 집에서 통학하는 시간이 90분 이상이기만 하면 자격이 주어지고 2년간 지원하는 프로그램이니 상당히 좋은 조건이다. 부모의 소득과는 관계없이 통학 거리만으로 보조금을 받을 수 있으니 도쿄대에서도 전례가 없는 지원 프로그램이라고 할 수 있다.

가만히 있어도 우수한 학생들이 몰리는 도쿄대가 굳이 여학생들에게만 일종의 혜택을 주는지에 대해 《아사히신문》은 딸의 도쿄대 지망을 반대하는 부모들을 취재한 기사를 게재한 적이 있다. "여자애가 그렇게 무리해 가면서 도쿄대에 가지 않아도 되잖아?", "왜 도쿄대까지 가려고?"라는 의식이 지역사회의 부모 세대에 남아 있다며 이 기사에서는 23세인 도쿄대 여학생의 이야기를 다뤘다.

매년 10명 이상의 도쿄대 합격자를 내는 현립(縣立) 고등학교에 다니던 이 여학생은 선생님의 권유로 고교 2학년 때부터 도쿄대를 희망했지만, 정작 80대인 할머니와 50대 어머니가 반대하면서 벽에 부딪혔다. 굳이 도쿄까지 왜 가려고 하는지, 한번 도쿄대 입시에 실패하면 '여자애가 입시 낭인이 될 거라는' 생각 때문이었다고 한다. 그리고 남성 우월주의가 팽배한 분위기 속에 여학생이 어려움을 극복하고 도쿄대

를 나온다 해도 또 다른 편견과 벽이 여전히 존재한다는 이야기도 나
온다.

"도쿄대 나온 여자에 대한 이미지가 그다지 좋지 않다는 거죠. 까탈
스럽고 잘난 척하는 이미지?"
"도쿄대 가려면 엄청나게 공부를 해야 하잖아요. 여학생이 굳이 그
렇게까지 노력해야 하느냐는 거죠. 나중에 시집만 가면 되는데…"
"게이오대학이나 와세다대학을 나온다고 취업이 안되는 것도 아닌
데, 왜 도쿄대를?"

한 라디오 프로그램에서 도쿄대에서 여학생 비율이 낮은 원인을 분석
하며 패널이 설명하던 일본의 사회적 분위기다.

여느 학교와 다를 바 없는 도쿄대 축제. 하지만 일본에서 도쿄대 출신으로서 인정받는 일종의 특권적 지위
는 한국 사회에서 '서울대'가 갖는 위상과는 또 다르다.

도쿄대를 졸업해 대기업에 다니고 있는 한 40대 남성은 "남자가 도쿄대를 졸업하면 많은 메리트가 있습니다. 사회적 성공을 이룬 사람들의 그룹에 자연스럽게 합류한다고 볼 수 있죠. 그렇지만 여학생은 도쿄대를 나온다고 해서 큰 이점을 누리는 것 같지는 않아요."

한 가지 덧붙일 이야기. 도쿄대 여학생 비율이 20퍼센트를 밑돌고 있는데, 그럼 도쿄대의 여교수 비율은 어느 정도 될까? 2015년엔 11퍼센트였다. '도쿄대 자체가 변하고 있지 않은데, 과연 보조금을 주는 것만으로 여학생을 유치할 수 있을까?' 하는 생각이 드는 이유다.

성차별, 도쿄대도 예외는 아니다

일본에서 도쿄대가 갖는 의미는 우리나라에서 서울대가 갖는 의미보다 더 절대적이라는 느낌을 받을 때가 많다. 일본을 이끌 인재를 길러내는 곳, 나라의 미래를 짊어질 기둥들이 공부하는 곳이라는 '절대적인 인정'의 의미가 일본 사회에는 뿌리내리고 있다. 그런데 일본을 이끌 '인재'라는 데는 '남성 인재'라는 의미가 숨어 있는 것도 앞서 살핀 바처럼 부인할 수 없는 사실인 듯하다.

"성차별, 도쿄대도 예외는 아닙니다."

2019년 도쿄대 입학식. 여성학자이며 여성학 전문가인 사회학과 우에노 치즈코(上野千鶴子) 명예교수는 입학 축사를 통해 이 같은 현실을 질타했다. 그리고 학생들이 나아가야 할 길을 화두로 던졌다.

'아들은 대학까지, 딸은 2년제까지'. 우에노 교수가 꼬집은 일본 부모들의 성차별 인식이다. '지금이 어느 시대인데?'라고 생각하기 쉽지만 실제로 일본의 4년제 대학 진학률은 남자는 55.6퍼센트, 여자는 48.2퍼센트다.

도쿄대의 경우를 보면 이 같은 현상은 더 확연히 드러난다. 앞서 살폈듯 학부에서는 여학생의 비율이 20퍼센트를 넘지 못하고, 대학원에서는 석사의 25퍼센트, 박사의 30.7퍼센트 정도가 여성이다. 우에노 교수는 연구직이 되면 여성의 비율은 조교 중 18.2퍼센트, 준교수 중 11.6퍼센트, 교수 중 7.8퍼센트에 불과하다고 지적했다. 전체 국회의원 가운데 여성 의원이 차지하는 비율보다 낮은 수치란다. 도쿄대 학부장과 연구과장 자리 15석 중에 여성은 단 1명. 역대 총장 중에 여성은 아예 없었다.

"지금까지 여러분이 거쳐온 학교는 평등사회였습니다. 성적에 남녀 차별은 없죠. 하지만 대학에 들어가는 시점부터 숨겨져 온 남녀 차별이 시작됩니다. 사회에 나가면 더 노골적인 성차별이 횡행합니다. 도쿄대 역시 안타깝게도 그런 사회 중 하나입니다."

도쿄대 내 동아리인데도, 도쿄대 여학생은 받지 않고 다른 대학 여학생은 가입을 허용하는 남자 동아리가 아직도 존재하는 게 도쿄대의 현실임을 우에노 교수는 비판했다.

"어느 여학생에게 이런 이야기를 들었습니다. "어느 대학이야?"라고 상대가 물으면 "도쿄'의 대학…"이라고 대답한다고. 왜냐하면, 도쿄대생이라고 하면 상대가 도망쳐버리기 때문이랍니다. 왜 남학생은 도쿄대생임을 자랑스러워하는데, 여학생은 답하기를 주저하는 걸까요? 남성의 가치와 성적은 하나로 보면서, 여성의 가치와 성적 사이엔 일치하지 않는 부분이 있다고 보기 때문입니다.

여자는 어려서부터 "귀엽네"라는 말을 듣는 존재가 됩니다. '귀엽다'는 어떤 가치일까요? 사랑받고, 선택받고, 보호받는다는 가치에는 상대보다 '우위에 있지 않다'는 의미가 포함돼 있습니다. 그래서 여자는 자신의 성적이 좋은 것이나, 도쿄대 학생이라는 사실을 숨기려는 겁니다."

이처럼 신랄한 사회 비평이 이어졌지만, 노교수의 말은 단지 피해의식을 가지고 살아가라는 데 머물지 않았다.

"여러분은 노력하면 그 보답이 있을 거라는 생각으로 여기까지 왔을 것입니다… 하지만 이제는 노력해도 공정하게 보답받지 못하는 사회가 당신들을 기다리고 있습니다."

"세상에는 노력해도 그 보답을 얻지 못하는 사람, 힘을 내보려 해도 할 수 없는 사람, 너무 열심히 노력해 몸과 마음이 망가진 사람들이 있습니다. 해보기도 전에 '나 따위가?'라며 의욕을 꺾어버리는 사람도 있습니다."

노교수가 말하는 건 자신들의 능력이 아니라, 즉 내가 잘나서가 아닌 "노력하면 정당한 평가를 받을 수 있었던" 환경에 감사해야 한다는 이야기였다. 그리고 앞으로는 지금과 다른 세계가 열리지만 자신이 가진 것을 자신을 위해서만 쓰지는 말라는 충고를, '선택받은' 도쿄대생들에게 전한 것이다.

"당신들의 능력을 이기기 위해서만 쓰지 마십시오. 축복받은 환경과 타고난 능력을, 그렇지 못한 사람들을 욕보이기 위해서가 아니라 그들을 돕기 위해 사용하세요."

여학생들을 위한 여성학 권위자의 충고는 이렇게 이어진다.

"강해지려고만 하지 말고 자신의 약점을 인정하고 서로 의지하며 살아가세요. 여성학을 낳은 것은 페미니즘이라고 하는 여성운동입니다만, 페미니즘은 결코 여자도 남자처럼 행동하고 싶다거나, 약자가 강자가 되고 싶다고 하는 사상이 결코 아닙니다. 페미니즘은 약자가 약자로서 존중받기를 요구하는 사상입니다."

지극히 남성적인 사회, 그 속에서 답을 찾아온 어느 노교수가 일본 사회에 던진 한마디 한마디였다.

우리나라의 책 《82년생 김지영》이 화제가 되고 있는 일본. 신입생을 위한 축사에 불과했지만, 《아사히신문》 등 주요 언론에서 이를 비중 있게 다룬 것은 그만큼 우에노 교수의 지적이 뼈아팠기 때문이다.

드라마에만 있는
센 여자 열풍

2016년 일본에서 방영된 드라마 중 시청률 1위는 〈닥터 X: 외과의 다이몬 미치코(ドクター-X: 外科医 大門未知子)〉였다. 줄거리는 비교적 단순하다. 일본 제일의 병원에서 일하는 최고의 여자 외과의사에 관한 이야기다.

〈닥터 X〉는 그해 선보인 일본 드라마 중에서 시청률 21.6퍼센트를 기록하며 압도적인 인기를 누렸다. 시청률 2위 드라마의 시청률이 17퍼센트, 3위 드라마의 경우 14퍼센트까지 떨어지고, 우리나라에서도 시청률 20퍼센트를 넘는 드라마는 이제 찾아보기 힘든 점을 감안하면 〈닥터 X〉가 얼마나 인기를 끌었는지 알 만하다. 심지어 이 드라마는 그해 처음 선보인 드라마도 아닌 시즌제 드라마다. 2012년에 방영을 시작해 2019년에 여섯 번째 시즌이 나왔지만 언제나 높은 시청률을 자랑한다.

"나는 실패하지 않으니까."

주인공 다이몬 미치코(大門未知子)의 대표 대사다. 정말 그렇다. 이 여주인공은 단 한 번도 수술에 실패한 적이 없다. 정치인부터 최고 스타까지 어떤 사람을, 어떤 어려움 속에서 수술해도 성공으로 이끈다. 그녀는 수술실을 박차고 들어가 남의 수술을 가로채듯 집도하는 등 거침이 없다. 그리고 자신이 수술해야 한다는 당위성은 "나는 실패하지 않으니까"라는 확신에 찬 말 한마디로 정리된다.

게다가 다이몬 미치코는 프리랜서 의사다. 오직 실력 하나로 도도하게 최고의 병원에서 살아남는다. 말단 의사부터 과장, 원장까지 의사들이 사실상 계급에 따라 움직이는 듯 그려지는 병원에서, 그녀는 수술에 성공하면 담당 변호사를 병원장에게 직접 보내 고액의 수술비를 당당히 요구한다. 하지만 이 또한 거부당한 적이 없다. 어떤 환자가 등장하더라도, 어떤 난관이 닥치더라도 결국 이야기는 수술의 성공으로 귀결된다. 줄거리가 단순하다는 것은 그런 의미다.

사실 이 정도면 갈등과 복선, 그리고 반전이 숨어 있는 재미있는 한국 드라마에 길들여진 어지간한 우리나라 시청자라면 시시해 하지 않을까 여겨지기도 한다. 하지만 묘하게 현실감 없는 그녀의 절대 꺾이지 않는 승승장구 스토리는 소위 말하는 '사이다 전개'의 쾌감을 전하며 늘 인기를 구가한다. 뭐든지 잘하려고 하는 슈퍼우먼 신드롬을 넘어, 절대 실패하지 않는 여성상을 만들어놓은 드라마다. 물론 일본에 그런 여성은 존재하기 힘들다. 그야말로 대리만족이다.

그리고 또 하나의 드라마, 〈집을 파는 여자(家売るオンナ)〉라는 드라마도 비슷한 성격을 가지고 있다. 2016년 평균 시청률 11.58퍼센트를 얻어 시청률 상위 10위 안에 이름을 올렸으니, 훌륭한 성적이다. 이 드라마도 딱 하나의 이야기 틀을 가진다. 부동산 중개 회사에서 독보적인 판매력을 자랑하는 여성. 집에 어떤 사연이 있든지 간에, 어떤 어려움이 끼어들어도 주인공 산겐야 마치(三軒家万智)가 개입하면 안 팔리는 집이 없다. 모든 회차에서 여주인공은 집을 척척 팔아 치운다. 그리고 주인공이 관련된 모든 문제를 풀어내고 계약을 성사할 때마다 등장하는 대사가 "내가 못 파는 집은 없습니다"이다. 2011년 공전의 히트를 기록한 〈가정부 미타(家政婦かせいふのミタ)〉도 사실 비슷한 유의 드라마다. 슈퍼 해결사로 활약하는 여성의 모습에 시청자들은 환호한다.

사실 이 드라마들을 보면, 일본에서는 볼 수 없는 여성상이라는 것을 쉽게 알 수 있다. 너무나 자신감 있게 주위를 살피지 않고 "나라면 할 수 있다"를 외치며 일을 처리하는 슈퍼우먼의 모습. 여성이라는 모습에 갇혀 있기는커녕 자신감이 하늘을 찌르지만, 이는 오히려 성공의 요인으로 작용한다. 주변이 온통 남성들뿐인 상황에서 좌고우면하지 않고, 때로는 덜 떨어진(?) 남성들을 리드하며 전진하는 여성상에 일본 여성들은 높은 시청률로 응답했다.

경제협력개발기구(OECD) 자료를 보면 2015년 일본 여성의 노동 참여율은 65.5퍼센트로 G7(세계 주요 7개국) 중 이탈리아에 이어 꼴찌에서 두 번째다. 일본 여성이 일하기 싫어서 그럴까? 아니다. 여성을 주저앉히는 사회적 구조에 기인한 바가 크다.

일본에서 취재하며 들었던 말 중에 가장 흥미로웠던 한마디가, "여자들이 군이 정규직을 선호하지 않는다"는 것이었다. 어차피 결혼하면 그만둬야 할 직장, 군이 정규직으로 들어가 많은 책임을 짊어지고 밤 늦게까지 일하느니, 정시에 퇴근하는 비정규직으로 편히 일하며 배우자를 찾겠다는 의미란다. 물론 모든 일본 여성의 생각으로 일반화할 수는 없지만, 그런 생각이 사회의 한 구석에 자리 잡고 있다는 것 자체가 이채롭다. 그리고 일본 여성들이 어떤 사회적 위치에서 일해왔는지를 압축해 보여주는 면도 있다.

결국 어찌 보면 억지스러운, 앞서 다뤄진 드라마 속 여주인공들은 일본에선 존재할 수 없는 여성상이기에 시청자들에게 대리만족을 선사하며 많은 인기를 구가했는지도 모른다.

초장기 공연의
나라

일본에서 뮤지컬을 본 건 2010년의 일이다. 도쿄에서 〈라이온 킹(ライオ
ンキング)〉을 보러 가는 길, 일본 뮤지컬을 대표하는 극단 '시키(四季)'의
전용 극장은 하마마쓰초역 근처, 도쿄만 인접 바닷가에 위용을 뽐내며
자리 잡고 있었다. 평일이었지만 교복을 입은 학생부터, 나이 지긋한
노인까지 뮤지컬을 즐기기 위한 관객들로 극장 앞은 부드러운 활기가
넘치고 있었다. 물론 자리도 꽉 채워졌다. 찾은 곳은 극단 시키의 전국
6개 뮤지컬 전용 극장 가운데 '하르(春)'라는 이름이 붙은 극장으로 당
시 〈라이온 킹〉이 장기 상연되고 있었다.

　〈라이온 킹〉. 애니메이션으로 이미 너무나 유명해 새로울 것이 없는
줄거리였지만, 극단 시키의 〈라이온 킹〉은 또 다른 재미로 관객들을 끌
어들였다. 아기자기한 무대장치와 감탄을 자아내는 동물의 표현 등 관
람 시간 내내 한눈을 팔 수 없게 만들었다.

난데없는 일본 뮤지컬 이야기라고 할 수도 있지만, '극단 시키'는 변하지 않는 일본의 또 다른 속성을 보게 하는 존재 중 하나다.

극단 시키는 1953년 창립되었다. 일본의 전설적인 연출가인 아사리 케이타(浅利慶太)가 10명의 단원과 공연을 시작한 극단이 이제는 배우와 스태프만 약 1300명에 이르는 거대 극단으로 성장했다. 극단 시키가 성장할 수 있었던 계기는 1983년 신주쿠 근처에 텐트를 쳐 전용 극장을 만들고 미국의 유명 뮤지컬 〈캣츠(Cats)〉의 공연을 시작하면서부터다. 1년 동안 474회의 공연, 관객 50만 명을 동원한 대성공이었다.

이를 계기로 극단 시키는 〈오페라의 유령〉, 〈라이온 킹〉 등을 차례차례 성공시키면서 일본 최고의 뮤지컬 극단으로 자리 잡게 된다. 〈라이온 킹〉은 2015년 1만회 공연이라는 기록을 세웠고, 〈캣츠〉는 무려 40년 가까이 초장기 공연을 이어가면서 일본 뮤지컬 시장에서 가장 대표적인 작품으로 꼽히고 있다. 말이 40년이지 한 공연을 그렇게 오래하기도, 그 시간 동안 관객이 계속 들어차기도 쉽지 않을 터다.

일본에서는 감히 그 위상에 범접할 상대가 없을 정도로 뮤지컬 최강자로 자리매김한 극단 시키지만, 사실 자세히 들여다보면 〈캣츠〉로 성공을 거둔 이래로 수십 년 동안 유명 '브로드웨이' 뮤지컬로만 대부분 그 역사를 꾸려왔다는 점은 개운치 않은 뒷맛을 남긴다. 종종 오리지널 뮤지컬을 선보이기도 했지만 그건 어디까지나 극단 시키의 역사에서 보면 극히 이례적인 일일 뿐, 대표성을 갖기는 어렵다는 평가다.

극단 시키의 2019년 공연 라인업을 살펴보아도 〈캣츠〉, 〈라이온 킹〉, 〈알라딘〉에 이어 디즈니의 〈겨울왕국〉 등 미국과 영국 작품 중심으로 창작 뮤지컬은 찾기가 쉽지 않고, 더구나 장기 공연 대상에는 오르지도 못한다. 획일화됐다고는 할 수 없으나, 그렇다고 풍족하다고는 절대 말할 수 없는 수준이다.

취재하면서 만난 한 문화계 인사는 본인을 한국 뮤지컬 팬이라고 소개하며, 규모는 크지 않더라도 다양한 형태와 이야기를 가진 한국 뮤지컬을 보기 위해 자주 한국을 찾는다고 이야기했다. 이런 것을 보면 분명 일본 내에서도 다양한 뮤지컬에 대한 요구는 존재하지만 서양 문화에 맹목적으로 호감을 나타내는 경향이 있는 일본의 속성이 수입 뮤지컬 일색인 문화를 만들어냈고, 여기에 변화를 그리 선호하지 않는 일본 사회의 성향이 결합되면서 이러한 초장기 공연을 만들어내지 않았나 하는 생각이다.

일본에서는 문화적으로도 충성도가 매우 높아, 한번 자리를 잡으면 그 자리를 계속 이어가는 초장기 시리즈가 꽤 있다. 예를 들어 때가 되면 늘 영화가의 자리를 채우는 애니메이션 〈명탐정 코난(名探偵コナン)〉 시리즈는 1996년 시작해 20년 이상 진행 중이지만 여전히 극장판이 개봉하면 흥행 수위를 다툰다. 아직도 시리즈가 진행 중인 〈울트라맨(ウルトラマン)〉은 1966년 시작했고, 〈가면라이더(仮面ライダー)〉 시리즈는 1971년 처음 선보였다.

오랫동안 사랑받고 있는 문화 콘텐츠를 배배 꼬인 시선으로 바라보고 싶은 마음은 전혀 없다. 다만 다른 나라와는 분명 결이 다른, 잘 변하지 않는 일본이라는 나라의 단면임은 분명해 보인다.

순수한 일본인이라는 환상

일본의 국기(國技) 스모(相撲)가 몽골 선수들에게 접수됐다는 사실은 어제오늘의 일이 아니다. 그 가운데서도 요코즈나(橫綱, 천하장사) 하쿠호 쇼(白鵬翔)는 통산 최다 승리, 역대 최다 우승 등 사실상 개인이 세울 수 있는 대부분의 기록을 가진 역대 최고의 선수다. 전승(全勝)으로 우승한 횟수, 연간 최다승 기록, 요코즈나로서 승리한 횟수 등 그가 달성한 기록을 일일이 열거하기 힘들 정도다.

하쿠호는 앞서 언급한 것처럼 일본인이 아닌 몽골 출신이다. 15세에 스모계에 스카우트돼 일본 전통 스포츠의 최강자로 군림하기까지 20년 가까이 줄곧 일본에서 살아왔고, 일본인과 결혼해 자녀도 두고 있다. 어찌 보면 일본 사람보다 스모에 대해 더 지극한 애정을 표시하고 있는 그에게 국적이 무슨 의미가 있을까마는, 일본에서는 또 다른 이야기인가 보다.

하쿠호가 최다승 타이 기록을 세웠을 당시 일본 주요 신문들은 일제히 이 소식을 보도하며 하쿠호가 일본 국적을 취득할 생각이라고 더불어 전했다. 하쿠호 본인을 직접 인터뷰한 내용은 한 줄도 없이 관계자의 말을 인용한 기사들은 '하쿠호가 은퇴 뒤 본인의 스모 도장을 열어 후학을 양성하고 싶어 하며, 현(現) 일본 스모협회 규정상 그러기 위해서는 일본 국적이어야 한다'고 하나같이 보도했다. 심지어 일본의 모 스포츠신문은 〈일본인 하쿠호〉라는 제목을 1면에 대문짝 만하게 싣기도 했다.

일본 스모계는 최근 들어 외국 선수들이 강세를 보여왔다. 한때 하와이 출신의 장사들이 대거 진출했고, 현재는 몽골 출신들이 막강한 힘을 발휘해 2019년도만 봐도 2명의 요코즈나가 모두 몽골 출신이었을 정도다. 일본인 요코즈나가 2017년에 탄생했지만, 그나마 불과 몇 년을 채우지 못하고 하차했다. 그런 상황에서 스모 역사상 최강자로 우뚝 선 하쿠호의 국적 문제는 일본 내에서 초미의 관심사일 수밖에 없는 모양이다.

진보 성향의 《도쿄신문》은 이런 현상에 대해 〈하쿠호 도장(道場)을 가로막는 국적〉이라는 제목의 기사를 싣고는 '굴절된 내셔널리즘'이라고 꼬집었다. 하쿠호의 부친은 몽골에서 씨름 천하장사 출신으로 1968년 멕시코 올림픽에서는 레슬링 종목에 출전해 은메달을 따낸 국민 영웅이다. 그런 부친을 둔 하쿠호가 몽골 국적을 버리기는 쉽지 않은 상황일 수도 있지만, 어쩐지 일본 언론의 보도 태도를 보면 일본 국적을 취득하라며 몰아가는 듯한 인상을 강하게 받게 된다.

스모의 산실, 도쿄 료고쿠(両國) 국기관(國技館)

스모 선수 2명이 치열하게 경기를 벌이고 있다. 넘어지거나 원 밖으로 밀려나면 지게 된다.

일본에서 국적 문제는 상당히 미묘하고 이중적인 성격을 갖는다. 국가대표 경기에 열광하고 우리 선수의 금메달 획득에 환호하는 것처럼 스포츠와 내셔널리즘이 상당한 연관성을 가지고 있다는 점을 부인할 수는 없다. 그러나 나치 독일이 베를린 올림픽을 체제 선전의 장으로 활용했던 것처럼, 도를 넘어설 경우 경기 자체를 즐기고 공정한 경쟁을 보장하는 스포츠 본연의 정신을 잃는 결과로 이어지게 된다. '굴절된 내셔널리즘'을 스포츠에 투영해선 안 되는 이유이기도 하다.

2018년 US오픈 우승으로 일약 전 세계 여자 테니스계의 주인공으로 떠오른 오사카 나오미(大坂なおみ)의 경우 미국과 일본의 이중국적자로, 일본 미디어는 '일본 선수 최초로 메이저 테니스 대회 우승'이라며 대대적으로 보도했다. 그리고 여기까지는 크게 문제가 없어 보였다. 하지만 일본법은 우리나라와 마찬가지로 이중국적을 금지하고 있어, 이후 그녀의 이중국적 문제가 일본 내에서 크게 이슈가 되고 있는 실정이다. 심지어 기자회견장에서 그녀에게 국적 관련 질문이 나오고 나오미 선수가 "나는 나일 뿐이다"라고 답하는 상황에까지 이르렀다.

사실 나오미 선수는 일본어를 거의 하지 못하는 데다, 타히티 출신 아버지를 많이 닮아 동양인의 외모와는 거리가 멀다. 그래서 일본 한쪽에서는 나오미 선수가 일본 국적을 영구히 취득하기를 바라는 목소리가 나오는가 하면, 다른 한쪽에서는 "일본인이 아니다"라는 의견도 인터넷을 중심으로 꽤 폭넓게 퍼져 있다.

이민정책 전문가인 일본 고쿠시칸(國士舘)대학의 스즈키 에리코(鈴木江里子) 교수는 《도쿄신문》과의 인터뷰에서 "법률상 '일본인'과 사회에서 인정하는 '일본인'이 반드시 같지는 않습니다. 일본인을 나타내는 것은 국적뿐 아니라 외모를 포함한 혈통, 가치 규범의 체득, 이름 등 여러 가지가 있습니다"라고 밝혔다. 일본 국민들이 심정적으로 일본인을 규정할 때 대상에 따라 무엇을 중요하게 여기느냐에 차이가 있을 수 있다는 이야기다.

하쿠호처럼 일본의 국기인 스모에서 압도적인 성적을 거두고 있는 선수는 귀화시켜서라도 반드시 '일본인'으로 만들어 국기인 스모의 최고 선수가 일본 사람이었으면 하는 마음이 투영된다. 하쿠호는 일본인과 다를 바 없는 외모에 일본어도 아주 능숙하다. 반면 나오미 선수의 경우는 자랑스럽기도 하지만 일본어로 대화가 잘 안 되는 이국적 외모의 선수를 일본을 대표하는 사람으로 받아들이기엔 꺼림칙함이 사라지지 않는 것이다.

다른 경우도 한번 살펴보자. 2017년 노벨문학상을 수상한 가즈오 이시구로(石黒一雄)의 경우 어린 나이에 일본을 떠나 영국 국적을 가지고 있지만 일본 언론은 '일본인 수상'에 가깝게 보도하는 모습을 보였다. 반면 2015년 '미스 유니버스 일본(Miss Universe Japan)'으로 뽑힌 미야모토 아리아나 마미코(宮本エリアナ磨美子)는 나가사키 출신으로, 미군 기지에 근무했던 흑인 아버지와 일본인 어머니 사이에서 태어났다. 그녀는 남들과 다른 외모를 가졌던 탓에 넘어야 할 편견의 벽이 생각보다 높았다. 《뉴욕타임스》는 피부색 때문에 차별을 겪었고, 미스 유니버스 일본으로 뽑힌 뒤에도 논란이 된 그녀와 관련해 〈단일민족 일본의 변화를 위해 싸우고 있는 혼혈의 뷰티퀸〉이라는 제목의 기사를 게재했

다. 그리고 이 기사를 통해 스스로를 일본인으로 생각하는 미야모토가 일본 내에서 어떤 차별을 당했는지 전했다.

《뉴욕타임스》에 따르면 미야모토의 우승 후 일본 언론은 그를 일본인으로 받아들이기 어려워했다. "당신의 어느 부분이 가장 일본인 같다고 생각하느냐"는 질문은 단골 메뉴였다. 온라인에는 "미스 유니버스 일본이라면 최소한 얼굴은 진짜 일본인이어야 하는 것 아니냐"는 노골적인 글도 올라왔다.

유달리 단일민족에 대한 애착이 강한 것은 일본이나 우리나라나 비슷해 보인다. 이 사안이 국수적이고 배타적인 방향으로 흐르는 순간 두 나라 모두 국경 안에 갇혀 시대적 흐름에 뒤처질 수밖에 없다.

트럼프가 뭘 해도
지지하는가

이번에는 외연을 조금 확대해 외교, 안보 분야에서 '자기 속박적'인 일본의 모습을 들여다보자.

일본의 외교 안보는 '요시다(吉田) 독트린'에 그 근간을 두고 있다. 평화헌법에 기초해 전력(戰力)을 갖지 않는 대신 안보는 '미·일 안전보장조약'을 맺어 미국의 우산 아래 들어가 체제를 유지한다는 내용이다. 군비 증강에 힘을 쏟지 않는 대신 나라의 역량을 경제성장에 집중한다는 것이 요시다 독트린의 핵심이다.

그럼에도 불구하고 일본은 한국전쟁 발발 직후인 1950년 7월 '경찰예비대'라는 이름으로 현재의 '자위대'를 창설해 지금에 이르고 있기는 하다. 하지만 아직도 자위대의 존립 자체가 위헌이라는 주장이 제기될 정도로 안보 체제는 기본적으로 미국에 의존하고 있는 것이 사실이다. 안보를 맡기다 보니, 외교 또한 절대적으로 미국 중심이다. 우리

도쿄만이 내려다보이는 오다이바(お台場)에 세워진 자유의 여신상

나라에도 미군이 주둔하고, 안보의 상당 부분을 미국에 의존하고 있는 것이 사실이지만 일본처럼 모든 정책이 미국 일변도로 흐르진 않는다.

일본은 미국의 입만 바라보는가

2018년 5월 도쿄 외신기자클럽에서 일본 외무성 관계자를 초청해 향후 한·중·일 관계에 대한 브리핑 시간을 가진 적이 있었다. 그즈음 열린 한·중·일 정상회담에 대한 설명이 이어졌고, 다소 느슨하게 이어지던 브리핑은 질의 시간으로 들어가면서 분위기가 일변했다.

"북미 회담 등을 놓고 미국의 태도가 자꾸 변하는데, 일본은 트럼프 대통령이 뭘 해도 지지하는 겁니까?"

유럽 쪽 매체의 한 특파원이 던진 뼈 있는 질문에 장내엔 의미심장한 웃음소리가 퍼져나갔다. 북미 회담을 두고 도널드 트럼프(Donald Trump) 대통령의 트위터 외교로 분위기가 매일 급변하는 가운데 당시 일본 외무성이 내놓은 공식 입장은 "트럼프 대통령의 의견을 존중하고 지지한다"였다.

"한반도에 평화가 정착될 수 있는 이 같은 결정을 지지합니다"라는 정도의 원칙적 입장도 아닌 "미국이 정하면 지지합니다"를 공식 입장으로 내놓았으니 제3자의 입장에서 보더라도 이해가 잘 안 됐던 모양이다. 일본의 '미국 바라기 외교 정책'에 대해 짧지만 날카로운 지적이었다. 곤혹스런 표정을 감추지 못하던 외무성 관계자의 긴 해명이 이어졌다.

"미국과 입장이 일치한다는 것은 총리, 각료, 실무자 들이 긴밀히 의견을 교환해온 결론으로서… 트럼프 대통령의 발표는 미국과 일본이 긴밀히 협력해 나온 것입니다. 협의하지 않은 상태에서 갑자기 전혀 상정하지 않은 내용을 미국이 밝혔는데 지지한다는 것은 아닙니다."

하지만 당시 트럼프 대통령이 북미 정상회담을 사실상 취소했다가 다시 추진하기로 입장을 바꾼 며칠 사이에, 일본이 이 문제를 놓고 미국과 논의했다는 분위기는 전혀 없었다. 그리고 미국 《뉴욕타임스》 특파원의 질문이 이어졌다.

"미국이 북미 정상회담을 갑자기 취소하기도 했고… 그래도 미국에 대한 신뢰는 여전합니까?"

더욱 깊게 찌르고 들어오는 질문에 외무성 관계자는 이렇게 답했다.

"신뢰 관계에 있어서… 트럼프 대통령의 판단을 존중하고 지지합니다."

북미 회담이 취소되자 당시 고노 다로(河野太郎) 외무상은 "회담을 해도 성과가 없으면 무의미합니다. 회담을 꼬투리 잡고 북한은 여러 번 게임을 시도해 왔습니다"라고 가혹한 평가를 내렸다.

하지만 외무상의 이 같은 발언이 있었던 바로 당일 저녁부터 분위기가 급변해 남북 정상회담을 거쳐 북미 싱가포르 회담이 다시 성사되려는 기류가 흐르자, 일본 정부는 금세 태도를 바꾸었다. 이번엔 아베 총리가 나서서 "회담이 실현되기를 강하게 기대하고 있다"는 긍정적 평가를 내놓은 것이다. 물론 "트럼프 대통령의 결정을 존중한다"는 말도 빼놓지 않았다. 이후 "북미 회담에 앞서 아베 총리가 미국에 다시 가서 트럼프 대통령을 만나겠다", "싱가포르 현지에 외무상이 가겠다"는 등 성과 없는 회담은 필요 없다던 일본 외교가는 갑자기 바빠졌다.

"일본은 다자(多者) 회담을 하면 미국 입만 바라봅니다. 일본의 생각은 없는 것 같아요."

여러 국제 무대에서 일본을 겪어온 한 고위 외교관이 이렇게 말한 걸 들은 적이 있다. 안보 상황부터 납치 문제까지 미국에 모든 걸 의지하는 일본 상황의 반영일 수도 있지만, 아베식 외교는 여러 의미에서 좀 다르다.

독특한 아베식 외교 스타일

트럼프 대통령이 당선되자마자 골프광이라는 그를 위해 골프채를 들고 뉴욕으로 날아가 처음 정상회담을 가진 사람은 아베 총리였다. 보좌진이 골프채 세트를 들고 급히 트럼프 빌딩에 들어서는 사진은 아직도 아베 외교를 상징하는 이미지로 회자된다. 그리고 이후 양국 정상회담 때마다 골프 회동이 뉴스의 단골 메뉴로 다뤄진다. 하지만 이처럼 두 사람의 관계가 밀접해 보여도 일본이 무역 분야 등에서 이루어진 미국과의 양자 협상에서 무언가를 얻어냈다는 소식은 찾아보기 힘들다.

이 같은 외교 스타일은 비단 트럼프 대통령만을 대상으로 한 것이 아니다. 2기 아베 내각 출범 후 아베 총리가 외교적으로 가장 신경 쓰고 있는 부분 중 하나는 일본 측이 '북방의 4개 섬'이라고 부르는 2차 세계대전 이후 러시아가 실효 지배하고 있는 쿠릴(Kuril)열도 일부 섬의 일본 반환 문제다.

2016년 12월 러시아의 블라디미르 푸틴(Vladimir Putin) 대통령을 자신의 고향인 야마구치(山口)시의 온천장까지 초청한 아베 총리. 공항에 내려 또 몇 시간을 차로 이동해야 하는 회담장으로는 불편하기 짝이 없는 곳이었지만 눈 오는 온천장의 감성적 분위기에 일본 특유의 '접대 문화'를 이용하려는 아베 측의 의도가 다분한 정상회담이었다. 감성적 접근을 통해 외교 현안을 풀어보려는 시도였다.

하지만 군기 잡기라도 하려는 듯 푸틴 대통령은 5시간이나 늦게 회담장에 나타났고, "좋은 온천에 초청해주셔서 감사합니다"라면서도 "피로하지 않는 가장 좋은 방법은 피로를 쌓지 않게 하는 겁니다"라는 말로 견제구만 팍팍 날렸다. 분위기가 아니라 내용으로 말하라는 압박이었다.

그 후 아베 총리가 몇 년 사이 푸틴 대통령을 만난 것만 수십 차례다. 만날 때마다 푸틴 대통령의 이름인 '블라디미르(Vladimir)'를 연발했고, 정상 간에 이렇게 자주 만난 것도 기록이라면 기록일 텐데 북방 섬 문제와 관련해 러시아는 꿈쩍도 안 하고 있다. 오히려 몸이 단 일본을 농락하듯 해당 섬들에 대한 실효 지배만 강화하고 있을 뿐이다. 그리고 이를 되돌리기 위해서는 일본이 더욱 많은 대가를 지불해야 한다는 사실만 강조하고 있다.

외교는 국익, 그리고 국력과 직결되는 문제로 지도자 사이의 개인적 친분이나 호감도에 따라 결정되는 것은 아니다. 물론 때로 어려운 국면에서 지도자 사이의 신뢰도가 문제를 풀어가는 데 도움을 주는 경우도 있지만 약간의 윤활유 수준이지, 결정적 요인은 될 수 없다. 하지만 아베식 외교는 개인적 관계로 외교를 풀어가려는, 본말이 전도된 행태를 보이고 있다 할 수 있다.

빚을 내더라도
미군 일체화

아베 정권은 자위대에 대한 근거 조항을 헌법에 마련하는 데 개헌의 최우선 순위를 두고 있다. 그만큼 일본 내에만 머물지 않고 해외에서 합법적으로 활동할 자격을 가진 '군대'를 향해 강한 열망을 가지고 있는데, 일본이 원하는 군대상은 '미군'과 어깨를 나란히 하는 군대인 듯하다.

일본의 2019년도 방위 예산은 전년도보다 663억 엔(1.3퍼센트) 늘어난 5조 2,574억 엔으로 사상 최대액을 갱신했다. 7년 연속 방위비가 늘어났으며, 그 기간 동안 계속해서 사상 최대 방위비 지출 기록을 이어갔다. 아베 정권이 중국과 북한의 위협을 내세우며 각종 첨단무기 도입에 발 벗고 나서면서 매년 비용이 크게 증가하고 있다는 분석이다. 내용을 보면 육상 배치형 요격미사일 시스템 '이지스 어쇼어(Aegis Ashore)' 2기를 위해 1,757억 엔, 최신형 스텔스(Stealth) 전투기인 F35A

일본 요코스카(橫須賀)항을 모항(母港)으로 삼고 있는 미군 항공모함 로널드 레이건(Ronald Reagan)호

6기를 추가 취득하는 데 681억 엔이 배정됐다.

또 눈에 띄는 것이 일본의 항공모함 보유와 관련해 이목을 끌었던 호위함 '이즈모(いずも)'를 항모(航母)로 바꾸기 위한 '갑판 개수 조사비' 7,000만 엔이다. 전투기에 탑재해 상대의 사정거리 밖에서 공격이 가능한 장거리 순항미사일 도입에 79억 엔, 도서(島嶼) 방위 명목으로 약 1000킬로미터를 사정거리로 한 고속활공탄 연구비에 139억 엔이 책정됐다.

일본의 방위비는 전체 국내총생산(GDP)의 0.929퍼센트 수준으로 조만간 1퍼센트를 돌파할 것으로 보인다. 일본 정부는 이미 나토(NATO, 북대서양조약기구) 가맹국들의 평균 방위비 수준인 1.3퍼센트까지 방위비를 증액할 것임을 공공연히 밝히고 있어, 이럴 경우 약 7조

엔(약 70조 원) 규모로 늘어나게 된다.

　일본은 2023년도까지 '중기 방위력 정비계획'에서 27조 엔(약 270조 원)을 훌쩍 넘는 방위비를 쏟아붓겠다고 밝힌 바 있다. 이 역시 2014~2018년보다 3조 엔이 늘어난 것으로, 특히 미국산 고액 무기를 구입하면서 전체 비용이 증가했다고 《니혼게이자이(日本經濟)신문》은 분석했다. 일본은 매년 방위비를 늘리고 있지만 중국에 비하면 증가세가 크지 않다는 논리를 내세우고 있다.

　실제로 2018년 중국의 국방비는 약 18조 엔(약 180조 원)으로 일본의 3배를 훌쩍 넘어선다. 중국 인민해방군과 일본 자위대의 병력 규모의 차이는 논외로 하더라도 최근 스텔스 전투기 개발과 항모 취항 등 군비를 적극 확장하고 있는 중국에 대비하기 위해서는 어쩔 수 없이 방위비를 늘려야 한다는 논리다. 참고로 우리 국방예산은 2019년도 예산을 기준으로 46조 7천 억 원(국내총생산 대비 2.5퍼센트) 수준이다.

　중국의 군비 확장에 맞선 일본은 '미군 일체화'를 내세우고 있다. 사실상 미군이 되겠다는 선언인데, 실제 항모로의 전환이 결정된 이즈모 호위함에도 미 해병대가 사용하는 F35B 전투기를 탑재할 계획이며, 미군 전투기도 이착륙할 수 있게 할 예정이라고 일본 언론은 전했다. 일본이 도입하기로 계획하고 있는 F35 전투기만 100대에 이른다. 적의 순항미사일이나 항공기의 위치 정보를 미군과 공유하는 '공동 교전 능력' 시스템을 염두에 두고 도입하는 신형 조기경보기 E2D 9대를 구입하는 비용으로 1,940억 엔이 투입된다. 이렇듯 방위 분야에서 미국에 더욱 기대게 된 상황에서 미국의 첨단무기를 사들여, 전투기나 함정의 숫자면에서 일본보다 우위를 점하고 있는 중국의 '양'에 '질'로 맞서겠다는 전략이다.

하지만 그러다 보니 미국산 무기를 사들이기 위한 방위 예산이 급증하는 실정. 일본은 미국의 첨단무기를 구매하기 위해 군사원조 방식의 하나로서 미국 정부가 우호국 정부에게 무기나 군용 장비를 유상으로 판매하는 '대외유상군사원조(FMS)' 형식을 취하고 있다. 첨단무기인 만큼 관련 기술이 유출될 위험이 있어 동맹국을 지원하는 형식으로 미국이 무기를 수출하는 것으로, 이 정책의 가장 큰 특징은 사실상 미국에 무기 가격 결정권이 있다는 점이다.

일본이 FMS로 지출하는 돈이 2019년도 예산에서 7,013억 엔(약 7조 원, 전체 방위비 예산의 약 13퍼센트)으로 전년 대비 2,911억 엔 급증했다. FMS는 미국 측이 제시하는 조건을 수용하면서 첨단무기를 들여오는 것이어서 2012년 2차 아베 정권이 출범한 뒤부터 비용이 치솟기 시작해 2019년도 예산안에서는 구(舊) 민주당 정권 시절인 2012년도(1,318억 엔)보다 5배나 늘어났다. 10년 전과 비교하면 10배 이상 늘었다는 분석도 나온다.

보통 무기(武器) 계약은 단기계약이 아닌 여러 해에 걸친 장기계약이 많아 나중에 지불해야 하는 비용도 상당한데, 2019년 이후 미국에 지급해야 할 FMS 잔액만 5조 3,630억 엔(약 53조 원)에 달한다고 《도쿄신문》은 분석했다.

워낙 지불해야 하는 돈이 많기 때문에 방위 예산의 변칙 운용도 이루어지고 있다. 《도쿄신문》은 2019년도에 무기 조달금으로 미국 등에

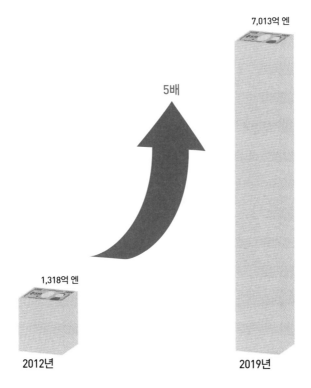

대외유상군사원조(FMS)를 통한 일본의 미국 무기 구입액

7,013억 엔

5배

1,318억 엔

2012년

2019년

자료: 일본 방위청

치러야 할 3,200억 엔(약 3조 2,000억 원) 가량을 올해 추가 보정예산을
통해 충당했다고 보도했다. 즉 내년도 부족분을 올해 추가 예산안에
포함해 미리 처리한 셈이다.

《도쿄신문》은 이를 두고 "두 번째 지갑에서 돈을 꺼내는 식의 변칙
적인 방위 예산 운용이 2014년부터 두드러져 매번 2,000억 엔(약 2조
원)이 쓰이고 있다"고 비판했다. 원래대로라면 추가 보정예산은 재해

나 경기 불황 대책 등의 목적으로 짜여야 하지만 방위비 구멍을 메꾸는 데 이용되고 있다는 비판이 제기되는 실정이다. 이게 다 미군이 되고 싶어서다.

장비 유지 비용도 없다

방위비를 매년 늘리고 있지만, 미국에서 고가의 장비를 사오는 비용이 워낙 증가하다 보니 일본 방위성은 예산 짜기도 만만치 않은 모양이다.

2018년 방위성은 자위대에 장비를 공급하고 있는 일본 내 방산업체들에 대금 지불 연기를 요청하기에 이른다. 대상이 된 기업만 612개 회사에 금액만 1,104억 엔, 우리 돈으로 1조 1,000억 원이 넘었는데, 그 대상이 항공기와 군함의 부품을 공급하는 회사까지 망라하고 있다고 하니 일본 방위성이 얼마나 급했는지 짐작할 만하다.

방위성은 심지어 지불을 연기하면서도 2021~2023년 추가 발주분과 관련해서는 계속 부품을 공급해주면 이후 비용을 한꺼번에 지불하겠다고 업체에 제안한 사실이 드러나기도 했다. 미국산 장비를 사는 데 비용이 과하게 들다 보니 '줄 돈 안 주고 외상 구매는 더 하겠다'는 식이다. 자국 방산업체에 지불할 돈이 없는 상황이다.

이러니 일본의 방산업체가 쪼그라드는 건 당연한 일이다. 일본 자위대의 전투 차량을 개발해온 고마츠(小松)제작소는 2019년 봄, 더 이상 자위대 차량 신규 개발을 하지 않겠다는 뜻을 방위성에 통보했다. 고마츠는 납입액 기준으로 일본에서 7위인 방위산업체로, 이러한 업체가 채산성 등을 내세워 더 이상 방산 물품을 개발하지 않겠다는 것은 일본 정부에게도 뼈아픈 선언이다.

2016년 방위성이 72개 방위산업체를 조사한 결과 70퍼센트가 넘는 52개 회사가 하청회사의 도산 등으로 '공급 단절이 눈에 띄게 늘었다'고 답하기도 했다.

어른이 되기 싫어요,
반경 1미터 세대

2018년 초 일본은 한 의류 대여 회사의 갑작스러운 휴업으로 떠들썩
했다. 회사 이름은 '하레노히(晴れの日)', 주요 취급품은 일본 여성들이
성인식이나 결혼식에서 입는 '후리소데(振袖)'라고 불리는 전통의상이
다. 한마디로 말하자면 성인식에 필요한 옷을 빌려주는 업체다.

일본에서는 1월의 두 번째 월요일을 공휴일인 '성인의 날'로 정
해, 만 20세를 맞이해 새롭게 어른이 되는 젊은이들을 성대하게 축하
한다. 각 지자체는 성인이 된 이들을 모아 따로 기념식을 열 정도로 이
날에 큰 의미를 부여한다. 이때 성년이 된 여성들이 성인식을 기념해
입는 복장이 후리소데다. 후리소데는 기모노(着物)의 일종인데, 사실
이날 한 차례를 빼고는 입을 일이 별로 없어 사기보다는 빌려 입는 경
우가 대부분이다.

하지만 빌리는 비용도 만만치 않아 대개는 최저 5만 엔(약 50만 원)에

후리소데를 입은 일본의 젊은 여성들. 후리소데는 일반적인 기모노와 달리 소매 길이가 100～115센티미터
까지 되는 옷이다.

서 10만 엔(약 100만 원)정도를 줘야 한다. 여기에 당일 성인의 날을 기념한 촬영 비용 등까지 포함하면 우리 돈으로 200만 원을 훌쩍 넘는 것이 '렌탈 후리소데 세트 상품' 가격이다. 성인식이 끝나면 파티 등도 이어지는데, 이 행사에 참여할 때 입는 복장은 또 따로 있다. NHK는 이 때문에 성인식을 치르는 비용이 여성의 경우 50만 엔은 훌쩍 넘는 것 같다는 한 부모의 이야기를 전하기도 했다.

이처럼 많은 돈을 들여가며 옷을 마련하고 성인식 날을 손꼽아 기다렸건만, 2018년 전국에서 가장 큰 규모를 자랑하는 성인식 의복 대여 업체가 성인의 날 직전 사실상 영업을 중단하면서 사회적으로 큰 파문을 일으켰다. 할머니가 손녀를 위해 언제부터 돈을 부어왔다는 사연부터, 후리소데를 구하지 못해 눈물짓는 당사자의 모습까지 거의 1주일 가까이 이 회사 관련 뉴스가 이어질 정도로, 일본 국민들은 지대한 관심을 보였다. 또 한쪽에서는 피해자들을 위해 지자체가 급히 옷을 공수했다, 누군가 옷을 마련해줬다는 미담까지 곁들여졌다.

성인식에 깔린 일본 젊은이들의 속마음

성인식에 일본 젊은이들이 어느 정도 의미를 부여하는지는 조사 결과에서도 드러난다. 일본 재단이 2019년 전국 17~19세의 남녀 800명을 조사한 결과 "성인식이 공식 행사로서 필요하느냐"는 질문에 69.8퍼센트, 즉 10명 중 7명이 필요하다고 답했다. "나는 이제 어른이 됐어요"라는 공식 선언이 필요하다는 의미로 받아들일 만하다.

한편 다른 한쪽에서는 어른이 되는 선언을 빨리 하는 게 싫다는 조사 결과도 함께 나와 눈길을 끌었다. 일본 민법이 개정돼 성인으로 인정하는 나이를 20세에서 18세로 낮추면서 성인식을 과연 몇 살에 맞춰 치러야 하는지의 문제가 관심사로 떠오르게 되었는데, 이토록 성인식을 중요시하는 일본 젊은이들이기에 당연히 성인식도 빨리하자고 할 것 같지만, 결과는 정반대. 그래도 성인식은 18세가 아닌 20세에 해야 한다는 의견이 주를 이뤘다.

일본재단의 조사에서 "성인식을 행하는 데 어울리는 연령"에 대한 질문에 74퍼센트는 20세를 선택했고, 18세를 이야기한 응답자는 23.9퍼센트에 머물렀다. 법이야 어떻게 바뀌든 성인으로 공식 선언하는 나이는 낮추기 싫다는 의미로, 구체적인 답을 들여다보면 일본 젊은이들의 속내가 드러난다. 20세로 유지해야 한다는 이유로 응답자의 62.8퍼센트는 "18세는 입시와 겹치거나 입시를 앞둔 시기이기 때문에"라고 답했고(만 18세 생일을 기준으로 했을 때 대학입시가 끝나지 않을 가능성을 이야기한다), 38.2퍼센트는 "성인식에 걸맞게 술을 마신다거나 담배를 피울 수 없기 때문"이라고 답했다(민법상 성년이 18세로 바뀌지만, 음주 등이 가능한 연령으로는 여전히 20세를 적용한다). 그리고 33.6퍼센트는 "진학 때문에 금전적인 여유가 없는 시기이기 때문에", 23.8퍼센트는 "18세라면 취업 준비를 하는 시기여서"라고 답했다. 반면 18세에 성인식을 하자고 답한 이들은 "낮춰진 성인 연령에 맞아서(62.8퍼센트)"가 주를 이뤘다.

결국 고등학교를 졸업해도 성인이 되기 위한 여러 준비 과정에 있는 상황, 미래에 대한 불안감과 부담, 고민이 겹치는 시기에 성인식까지 앞당겨 치르기 싫다는 일본 젊은이들의 마음을 알 수 있다. 게다가 성인식에 들이는 여러 비용이 부담스럽다면 더더욱 그렇다.

'달관 세대'가 살아가는 방식

일본 젊은이들이 이렇게 앞으로 남은 시간을 걱정하는 건, 이들이 미래에 대해 긍정적으로 생각하지 않고 자신 안으로만 극히 파고드는 성향을 갖고 있기 때문이다. 미래에 대한 불안감을 늘 가지고 있고, 1990년대 버블 붕괴 이후 경제성장이라는 것을 경험해보지 못해 '디플레이션(deflation) 세대'라고도 불리는 일본 젊은이들은 모든 면에서 뭔가를 바꾸기보다는 현상 유지를 원하는 '보수적'인 성향이 강하다.

이러한 세대를 가리키는 대표적인 말이 2013년 유행어 대상 후보에도 오른 '사토리 세대(悟り世代)'다. '사토리(悟り)', 원래는 불교용어로 '깨달음', '득도', '달관'을 뜻하는 말이지만 무엇에도 욕심이 없어 적극적이지 않고, 어떤 것도 하지 않고 세상을 달관한 듯한 일본 젊은 세대의 특징을 표상하는 단어로 곧잘 쓰인다. 2010년 교토대에서 만난 모교수는 자신의 학생들을 이렇게 평가했다.

"교토 옆에 비와(琵琶)호라는 호수가 있어요. 그런데 요즘 학생들은 비와호 건너편으로도 가지 않으려고 해요."

교토 동쪽의 '비와호'. 이 호수를 건넌다는 말은 도쿄로 간다는 이야기이기도 한데, 그 너머로도 가지 않으려 할 정도로 자신이 속한 곳에서만 살려는 경향이 강하다는 뜻이다. 도쿄대와 쌍벽을 이루는 교토대의 학생들이지만 정작 무언가를 진취적으로 해내려는 성향은 전혀 보이지 않는다는 의미이기도 하다. 그러면서 이 교수는 이런 일본의 젊

방독면을 쓰고 거리 공연을 하고
있는 일본 밴드

은이들을 '반경 1미터 세대'라고 표현했다.

일본 청년들의 '보수성' 내지 '자기 안착성'은 기본적으로 긴 기간 동안 불황을 겪으면서 나타나기 시작했다는 분석이 많다. 즉 앞으로 소득이 늘 것이라는 확신이 약해 긴축적 성향이 강하고, 이러한 성향이 변화를 지양하면서 내 주변과 테두리 내에서 주어진 상황에 만족하며 살아가는 쪽으로 맞춰졌다는 이야기다.

일본 소비자청이 분석한 '평균 소비성향 지표'를 봐도 1984년과 2014년을 비교했을 때 전(全) 가구의 소비성향 평균은 7.8퍼센트포인트 낮아졌지만 30~34세는 13.3퍼센트포인트, 25~29세는 10.9퍼센트포인트, 25세 미만은 11.9퍼센트포인트의 하락 폭을 보였다. 유독 20~30대 젊은 층이 평균 이상의 소비성향 하락을 나타냈음을 알 수 있다. 젊을수록 돈을 더 쓰지 않게 되었다는 뜻이다. 소비하지 않은 만큼 당연히 이들 세대의 저축률은 현저히 높은 것으로 나타났다.

1990년대에 시작돼 2010년대까지 20년 간 이어진 일본의 경제적

쇠퇴기인 '잃어버린 20년(失われた20年)' 동안 유소년 시절을 보내면서 풍족한 소비 경험이 없었고, 따라서 자연스럽게 현상 유지 혹은 긴축에 맞춰진 행동양식을 보인다. 이들 세대의 대표적인 특징으로 자동차를 사지 않는 경향이 꼽히기도 한다.

더 나아가 이 세대는 심지어 집 밖으로 나가는 것조차 싫어한다는 조사 결과도 있다. 광고 대행사인 'JR동일본기획'이 20~79세 사이 성인 2200명을 대상으로 인터넷에서 설문조사를 벌인 결과, 월평균 외출 횟수는 43.6회였지만 20대로 대상을 좁히면 37.3회에 불과한 것으로 나타났다. 심지어 40.8회인 70대보다 외출을 하지 않는 20대라는 놀라운 결과가 나왔다. 집 밖에 나가지 않으니 당연히 차는 필요 없다는 식이어서 이런 젊은 세대의 성향이 일본 자동차 회사들에게 고민을 안길 지경에 이르렀다. 20대의 62.3퍼센트는 "자신은 비교적 은둔형 외톨이(히키코모리)"라고, 35퍼센트는 "하루 종일 집 안에서 지낼 수 있는 편"이라고 답했다.

2016년 영국의 《파이낸셜 타임스(Financial Times)》는 성인식을 맞아 도쿄에서 20여 명의 젊은이를 인터뷰한 기사를 내보낸 적이 있다. 일본의 물가가 하락하기 시작해 디플레이션이 시작된 1996년 이래로 20년이 되는 해이기도 했다. 인터뷰 대상자들에게 같은 목적지로 가는 두 기차의 요금이 각각 200엔과 150엔이고 요금이 비싼 쪽이 15분 일찍 목적지에 도착할 수 있다는 조건을 제시했을 때, 한 명을 제외하고는 모두가 값싼 노선을 택했다고 한다. 부모보다 더 풍요로운 삶을 누리기를 희망한 사람은 거의 없었고, 주식을 보유하겠다는 이도 없었다.

창업을 고려하고 있다는 청년은 단 한 사람. 미래를 향한 적극성은 찾아볼 수 없다.

실제로 일본 청년들은 다른 나라와 비해 이미 미래를 비관적으로 보는 성향도 강했다. 일본 내각부가 2013년 조사한 바에 따르면 "앞으로 미래가 있는가"에 대한 질문에 미국(91.1퍼센트), 영국(89.8퍼센트), 프랑스(83.3퍼센트) 등에서는 80~90퍼센트 수준으로 '희망이 있다'는 답이 나왔다. 우리나라의 경우도 86.4퍼센트가 이렇게 답했다. 하지만 일본의 젊은이들은 불과 61.6퍼센트만이 미래에 희망이 있다고 생각했다.

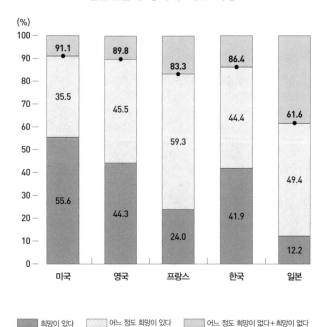

일본인들의 장래에 대한 희망

희망이 있다   어느 정도 희망이 있다   어느 정도 희망이 없다 + 희망이 없다

자료: 일본 내각부

질문을 좀 더 세분해 '희망이 있다'와 '어느 정도 희망이 있다'로 나누면, 한국의 경우 '희망이 있다(41.9퍼센트)', '어느 정도 희망이 있다(44.4퍼센트)'인 반면 일본은 '희망이 있다'가 12퍼센트, '어느 정도 희망이 있다'가 49.4퍼센트로 자신 있게 희망이 있다고 답한 비율이 한국보다 훨씬 낮았다. 한편 단정적으로 '희망이 없다'고 말한 사람의 비율은 다른 나라에서 모두 4퍼센트 미만인데 비해 일본에선 12.3퍼센트에 달했다.

희망 없는 세대, 미래를 두려워하다

니혼(日本)여자대학의 오사와 마치코(大澤眞知子) 교수는 다음과 같이 진단한다. "이 세대는 경제와 관련해 무서운 정보만 끊임없이 들었습니다. 사람들이 파산하거나 돈이 한 푼도 없이 은퇴하는 이야기들을 들어왔어요. 어느 사회든 젊은 세대는 위험을 감수하고 혁신적이어야 하지만 일본에서는 그저 두려울 뿐입니다."

이 정도면 '달관 세대(사토리 세대)'가 아닌 '달관당한 세대', '강제로 포기당한 세대'라는 말이 맞다. 문제는 이런 세대적 특징이 경제뿐만 아니라 정치적 측면에서 일본이라는 국가가 나아가는 방향에도 큰 영향을 끼칠 수 있다는 점이다.

영화 〈국가주의의 유혹(國家主義の誘惑)〉의 감독 와타나베 겐이치(渡辺謙一)는 일본에 '내셔널리즘'이 강해지고 있다며 20년 전 프랑스로 삶의 터전을 옮겼지만 현지에서도 이런 현상을 느낄 수 있다고 《도쿄신문》에서 밝혔다. 과거와 비교해 유럽에서 일본인 학생을 보기 어려

위졌다는 말도 덧붙였다.

"외부에 흥미를 잃어가고 있는 하나의 증거가 아닌가 싶습니다. 내셔널리스트가 곧잘 이야기하는 '일본은 아름다워', '테러도 없고, 치안이 좋아' 따위의 주장이 젊은이들의 의식에 침투하고 있는지도 모릅니다."

내셔널리즘의 특징 중 하나가 관심이 내부로 쏠려 자신과 다른 것에 주의를 기울이지 않고 동질성만 찾는 것이라면, 지금 일본의 젊은 층은 확실히 '국수주의적' 성향을 보이고 있다.

초식화되는 일본의 젊은이들

초식화되는 일본 젊은 층은 교제 상대가 없을뿐더러 성 경험도 점점 줄어들고 있다는 조사결과도 있다.

'일본 국립 사회보장·인구문제 연구소'의 출생동향 기본 조사에 따르면 18세~34세의 미혼 남녀 5275명을 조사한 결과 2015년 남성은 42퍼센트가, 여성은 44.2퍼센트가 성 경험이 없는 것으로 나타났다.

흐름을 보면 1987년 남성 43.1퍼센트, 여성 65.3퍼센트로 최고치를 찍었던 성 경험이 없는 이들의 비율은 줄곧 하락해 2006년 남성 31.9퍼센트, 여성 36.3퍼센트까지 떨어졌지만 이후 다시 증가해 2015년 조사에서는 남녀 모두 40퍼센트를 넘어섰다.

교제 상대가 없다는 응답자는 남성 70퍼센트, 여성 59퍼센트로 나타나 2010년 결과와 비교하면 각각 8퍼센트포인트, 10퍼센트포인트 증가했다. 심지어 이성과 교제를 원하지 않는다는 응답도 남성이 30퍼센트, 여성은 26퍼센트에 달했다.

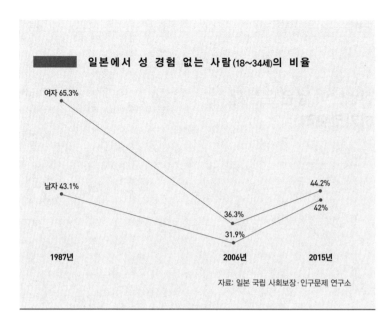

일본에서 성 경험 없는 사람(18~34세)의 비율

여자 65.3%

남자 43.1%

36.3%

31.9%

44.2%

42%

1987년

2006년

2015년

자료: 일본 국립 사회보장·인구문제 연구소

취업난이 낳은 은둔자,
히키코모리

〈김씨 표류기〉(2009)라는 영화가 있었다. 서울을 가로지르는 한강의 한 가운데에 있는 밤섬에 우연히 표류한 한 회사원의 눈물나는 생존기, 그리고 탈출기를 다룬 영화였다. 하지만 또 다른 축으로는 대인관계에 실패해 방에서 나오지 않던 은둔형 외톨이 여성의 자존감과 사랑 찾기가 이 영화를 이끌고 있다.

'은둔형 외톨이', 일본어로 '히키코모리(引(き)籠もり)'라는 단어가 만들어진 곳이 일본이라는 점에서도 알 수 있듯이 각박한 경쟁 사회인 일본의 사회병리적 현상이 반영되었다고 할 수 있다. 특히 이와 관련해 최근 일본에서 주목받는 개념이 '취업 빙하기 세대'다.

취직난이 있었던 1990년대 후반 무렵부터 약 10년간은 '취업 빙하기'라고 불리며 이때 대학 등을 졸업하고 현재 30대 중반~40대 중반인 사람을 '취업 빙하기 세대'라고 한다. 버블경제 붕괴 후 경기 후퇴로 기업이 신규 채용을 잘 하지 않은 탓에, 졸업 후에도 비정규직으로 일할 수밖에 없었던 사람들이 속출했다. 이후 경기가 회복돼 정규직 사원이 된 경우도 있지만, 비정규직 기간이 길어지는 바람에 충분히 경험을 쌓지 못해 안정적인 직업을 얻지 못한 경우가 많다. 최초의 실패에서 자신감을 잃고 '은둔형 외톨이'가 되는 사람도 있다. (《요미우리신문》, 2019년 5월 30일 자)

1990년대 일본 경제의 버블이 사라지면서 제때 취업하지 못한 이른바 '취업 빙하기 세대'는 은둔형 외톨이의 한 원인으로 주목받고 있다. 이들이 사회에 제대로 자리 잡지 못한 채 외부와 단절된 삶을 살아가면서 사회적 문제가 되었기 때문이다. 히키코모리 문제를 단순히 개인적 차원, 가족 단위의 문제로 치부하고 눈을 돌리지 않던 일본 사회도, 이러한 문제의 발생 원인이 잘못된 사회구조 때문임을 이제야 깨닫고 있는 분위기다.

'취업 빙하기 세대'의 탄생 원인

일본에서 취업 빙하기 세대가 탄생한 이유로는 일본만의 특유한, 신입사원 중심의 채용시장 특성을 먼저 들 수 있다. 대졸 취업자 기준으로 볼 때 일본의 채용시장은 대학교 4학년 봄에 시작하는 취업 설명회에서부터 시작한다. 그리고 기업마다 단계별 과정을 거쳐, 대개 9월 안에 채용자가 이미 내정된다. 기업에 따라 따로 '내정식(內定式)'이라는 행사를 갖는 경우도 있다.

경기가 나쁘면 채용 인원수가 줄어들 수는 있지만, 일본 기업들의 신규 사원 채용 패턴은 거의 같다고 볼 수 있다. 대학 재학 중 시작하는 이러한 채용 사이클 시기를 지나면 기업에 채용될 확률이 상당히 낮아진다는 것이 전문가들의 지적이다. 용어 또한 이번 졸업 예정생은 '신졸(新卒)', 이미 졸업했으나 취업한 적이 없는 사람은 '기졸(既卒)'로 차별을 둔다. 즉 취업 재수생은 '신졸'과 같은 일정으로 정기 채용시장이 열리지 않으며 대학에 재학하면서 채용시장의 문을 두드리는 이들보다 기회가 적게 돌아간다는 의미다.

이른바 '현역'과 '졸업예정자'를 우선하는 경향은 대학 입시에서도 나타난다. 도쿄 의대 등 일본 의대들의 부정 입시 사건에서 여성 차별이 주목받기는 했지만 많은 대학이 이른바 재수생, 삼수생에게도 일률적으로 점수를 적게 부여해 탈락시킨 것도 일본 사회의 이 같은 성향을 보여준다. 결국 일본 사회에서는 한번 탈락하면 다시 기회를 얻기 힘들다는 말과 같다.

파견사원을 지원하는 '파견유니온'의 세키네 슈이치로(關根秀一郎) 서기장은 《마이니치신문》과의 인터뷰에서 "젊은 시절 채용해 사내에서 키운다는 기업의 의식이 변하지 않는 한, 비정규직으로 오래 일한 사람이 정규직이 되기는 어렵습니다. 정규직을 희망하더라도 많은 사람이 비정규직에 머물 수밖에 없습니다"라고 지적했다.

이런 일본 채용시장의 편향성 때문에 가장 큰 피해를 입은 사람들이 취업 빙하기 세대다. 일본 경제의 버블 붕괴와 아시아를 덮친 IMF

통화 위기 등으로 취업문이 극히 좁아진 상황에서 직장이 결정되지 않은 채 대학을 졸업한 탓에 아르바이트를 전전하게 되었고, 이후 다시 기업의 문을 두드렸지만 기회가 돌아가지 않은 사회적, 구조적 패자가 되어버린 세대다.

어쩔 수 없이 '은둔형 외톨이'가 된 사람들

일본의 35~44세 인구는 약 1700만 명이며 이 중 비정규직으로 일하는 사람이 317만 명, 구직에 나서지 않는 사람도 약 40만 명으로 추산되는 실정이다. 취업 빙하기 세대는 당시 취업을 못 한 세대와 경제 사정 악화로 직장을 잃고 장기간 재취업을 못 한 세대까지 포함하면 50대까지 확장된다. 그리고 이 세대에서 가장 두드러지게 나타나고 있는 현상이 중장년 은둔형 외톨이, 이른바 '히키코모리'의 출연이다.

취업 빙하기가 시작된 1990년대부터 일본에서 사회문제로 부각된 은둔형 외톨이는 각 가정의 문제로 치부되면서 적절한 해결 방안을 찾지 못했고, 당시 20~30대였던 당사자들은 이후 20여 년이 흘러 이제는 40~50대의 중장년이 됐다. 일하지 않고 부모의 수입 등에 의존해 사는 이들 세대가 앞으로 사회보장비 등에 큰 부담이 될 거라고 판단한 일본 정부는 최근에야 처음으로 은둔형 외톨이에 대한 조사를 실시했다.

'61만 명'. 중장년 은둔형 외톨이로 추정되는 사람의 수로, 이 숫자 자체가 일본 사회에 큰 충격을 안겼다. 더 젊은 나이대인 15~39세 은둔형 외톨이가 54만여 명으로 조사된 만큼, 오히려 높은 연령대에 히키코모리가 많다는 사실을 알 수 있다. 일본 전체에 있는 히키코모리는 120만 명으로 추산되었다.

일본 정부는 예산을 투입해 취업 빙하기 세대의 취업 지원을 강화하기로 하는 등 대책 마련에 나섰다. 이 세대를 대상으로 30만 명의 고용을 늘리고 100만 명에 대해 집중적으로 지원한다는 계획 등을 잇따라 내놓았다. 하지만 이렇듯 밀어내기식 취업 장려책이 이미 사회에서 수없이 상처받은 이 세대에게 어느 정도 통할지는 미지수다. 게다가 신규 채용자 이외의 사원에게 배타적인 일본 기업의 벽도 여전히 존재한다. 취업 빙하기 세대를 하나로 묶어 집단으로만 보고 지원책을 마련했지만, 결국 취업문이라는 것은 한 개인이 통과할 수밖에 없는 현실이기도 하다.

은둔형 외톨이 생활을 한 지 2년을 넘기면 장기화되는 경향이 있는 만큼, 조기에 탈출할 수 있는 방안이 필요하다. 특히 사회에 복귀하려 해도 오랜 기간의 은둔 생활로 건강 문제가 뒤따르기 마련인데 이를 챙겨야 한다는 지적도 곳곳에서 나오고 있다. 제때 정책을 실행하지 않으면 이들을 사회적으로 정상 궤도에 되돌려놓기가 그만큼 쉽지 않다는 뜻이다.

최근 한국의 청년 실업률은 11.5퍼센트(2019년 4월 기준 – 통계청)로 최고치를 기록하고 있다. 실업자 수도 50만 7000명에 이른다. 이러한 상황이 계속될 경우 이 세대가 맞이할 20년 뒤의 미래는 암담할 수밖에 없다. 청년실업이 현재뿐만 아니라 미래의 문제임을 알아야 한다는 사실을 일본 사회가 보여주고 있는지도 모른다.

고령화의 대위기,
2022년이 다가온다

일본 사회가 '함몰 사회'에 이르고 있다는 진단에는 일본 사회가 맞닥뜨린 가장 거대한 위협, 고령화 문제가 큰 배경으로 작용한다. 일본이 초고령사회라고 하는 것은 이제 놀랄 만한 사실도 아니다. 2018년 10월 기준으로 일본의 총인구는 1년 전보다 26만 3000명 감소한 1억 2644만 3000명으로 8년째 줄어들었고, 감소율 0.21퍼센트는 관련 통계를 작성하기 시작한 이후 최고치다. 즉 일본의 인구가 지속적으로 줄고 있고, 속도는 더 빨라지고 있다는 말이다. 전 인구 가운데 70세 이상은 20.7퍼센트를 차지해 처음으로 20퍼센트대를 돌파했다. 5명 중에 1명은 70세 이상이고, 2040년에는 65세 이상 고령자 비율이 35.3퍼센트에 이를 것으로 일본 국립 사회보장 인구문제연구소는 예측했다.

고령화가 가져오는 부작용은 하나하나 열거하기도 힘들 정도다. 그중 고령화가 가장 직접적인 원인이 되어 발생하는 대표적인 부작용으

'노인들의 거리'라고 불리는 도쿄 스가모(巢鴨) 풍경

로는 '간병 문제'를 들 수 있다. 일본 총무성의 취업구조 기본조사를 보면 간병하면서 일하는 사람은 2012년 291만 명이었던 것이 2017년에는 346만 3000명으로 늘어났다. 300만 명이 넘는 사람이 간병이라는 짐을 떠안은 채 일하는 상황이라는 뜻이다. 또 가족이 간병이나 간호를 이유로 이직한 사람도 2017년 9만 9000명에 달했다. 특히 간병 이직자 가운데 55퍼센트는 한참 일해야 할 40~50대여서 경제적으로 마이너스 효과가 두드러진다. 만성적인 일손 부족 상황에 빠진 일본이라면 더욱 그렇다. 이러한 간병 이직이나, 간병으로 인한 퇴직 등의 경제적 손실을 일본 경제산업성이 추산한 결과 약 6,500억 원, 우리 돈으로 약 6조 5,000억 원에 이르는 것으로 집계되기도 했다. 이러한 경제적 손실과 사회적 부담은 결국 정부가 담당해야 할 몫으로 이어진다.

일본 정부는 2019년 예산으로 101조 엔, 우리 돈으로 1,000조 원이 넘는 사상 최대액을 편성해 집행했다. 이렇게 일본의 예산이 늘어난 데는 초고령화가 진행되는 동시에 간병 보험 등 여러 부문에서 사회보장비 지출이 엄청나게 증가한 것도 그 배경으로 자리 잡고 있다. 초고령 인구가 급속하게 늘면서 관련 예산도 증가해 2019년도 일본의 사회보장 관련 예산은 34조 587억 엔(약 345조 원)이 집행됐다. 역시 사상 최대치다.

하지만 일본에서 사회보장 관련 예산이 사상 최대치를 기록한 건 이제 뉴스거리가 아니다. 피할 수 없는 현실이 돼가는 인구의 급속한 고령화와 더불어 해당 예산액이 매년 갱신되고 있기 때문이다.

일본 정부에게도 전체 예산의 30퍼센트를 넘는 사회보장비를 어떻게 관리하느냐가 전체 재정 지출 관리에서 가장 큰 몫을 차지한다. 그래서 아예 매년 사회보장 관련 예산 증가 폭을 5,000억 엔(약 5조 원)에서 억제하겠다는 사실상의 목표치를 설정하고 예산을 짜고 있다.

《산케이(産経)신문》은 이와 관련해 2016년부터 2018년까지 매년 지출 억제액이 1,000억 엔, 우리 돈으로 1조 원을 훌쩍 넘긴다고 분석했다. 2016년 1,700억 엔, 2017년 1,400억 엔, 그리고 2018년에도 1,300억 엔의 사회보장비 증가분이 삭감됐다. 여기서 '삭감'이라 하면 전체 사회보장비가 줄었다는 의미가 아니다. 고령화에 따른 자연 증가분을 그대로 반영했다면 훨씬 더 늘어났을 사회보장 지출분 총액에서 일정 부분은 인위적으로 삭감 노력을 기울여 줄였다는 의미다.

관련 지출을 줄인 방법을 보면 2017년도의 경우 70세 이상의 고액

요코하마의 한 노인 간병 시설에서 입소자들이 휠체어에 앉은 채 체조를 준비하고 있다.

요양비 부담 상한액 인상, 개호(요양)보험 30퍼센트 부담제 도입, 고소득자일수록 개호보험료를 많이 부담하는 제도의 단계적 도입, 의료보험 약가(藥價) 조정 등의 방법을 동원했다. 고령자 관련 사회보장비의 많은 부분에서 부분 억제를 추진하고 있음을 알 수 있다. 2018년도에도 소득이 적은 후기 고령자(75세 이상)의 건강보험비를 경감하는 특례제도를 단계적으로 폐지했다.

최근 5년간 자연증가분에서 줄여온 금액이 1,300~1,700억 엔 수준이었던 데 비해, 2019년도 예산에서는 억제분이 약 1,200억 엔으로 줄었다. 약가 조정을 통해 503억 엔을 줄이고, 수입에 따른 개호보험료 등을 조절하는 방식 등을 통해 614억 엔의 감액분을 마련할 수 있었는데,《산케이신문》은 눈에 띄는 국민 부담의 증가 없이 사회보장비를 줄였다고 전했다.

이는 2019년 참의원 선거와 통일지방선거를 의식한 조치로, 국민 부담을 증가시켜 반발을 일으킬만한 삭감은 피했다는 분석이다. 눈앞의 떡을 위해 살짝 불을 비켜간 것인데, 일본 내에서는 이렇게 눈 가리고 아웅하는 식으로 예산을 짜다가 다가오는 '2022년 사태'를 어떻게 막을 것인지를 우려하는 목소리가 높다.

일본에서는 1947~1949년 베이비붐 시대에 태어난 이른바 '단카이 (團塊)세대'가 본격적으로 75세 이상이 되고, 더 이상 노동시장에 있지 못하는 2022년부터 고령화 문제가 한 단계 더 심각해질 것으로 예측하고 있다. 이른바 '2022년 사태'다. 이에 따라 일본 정부 내에서 사회보장비의 국민 부담 증가를 포함해 사회보장 개혁 논의가 본격적으로 이루어질 거라는 예측이 제기되고 있는 실정이다.

"어떻게 쇼크를 줄일 것인가가 포인트가 될 것이다."

《산케이신문》과의 인터뷰에서 전(前) 각료가 한 말이다. 그런 의미에서 2019년도는 사회보장 예산이 최대치를 기록했음에도 오히려 '무난한' 예산이며, '태풍 전야 같은 고요한 한때'라는 평가가 지배적이었다.

빚지고 당겨쓰고,
2021년 경기 절벽

일본 정부는 불어나는 사회보장비 등의 영향으로 2019년 예산으로 101조 엔, 우리 돈으로 1,000조 원이 넘는 사상 최대액을 편성했다. 하지만 문제는 이 사상 최대의 예산에서 상당 부분이 빚으로 채워져 있다는 점이다. 1년간 국내총생산의 2배가 넘는 세계 최대의 빚을 짊어지고 있는 일본의 재정 적자 문제는 이미 만성을 넘어 '병이 병이 아니며, 비정상화의 정상화'에 이를 정도로 일본 안팎의 수많은 경제학자들의 우려를 자아내고 있는 실정이다.

어마어마한 나라 빚에 신음하다

101조 4,564억 엔(약 1,014조 원)에 달하는 2019년도 예산안 가운데 일본 정부가 세금 수입으로 충당할 수 있는 돈은 62조 4,950억 엔 정도로 총 예산 중 61퍼센트 수준에 불과하다. 그리고 나머지 비용은 또 다른 돈주머니에서 꺼내야 하는데, 그 대부분을 차지하는 것이 '국채' 발행 액이다. 나라의 신용을 믿고 돈을 빌려달라는 국가 채권인 국채는 결국 나라의 빚을 의미하는데, 2019년도 예산을 충당하기 위해 발행한 일본 국채만 32조 6,598억 엔(약 320조 원)에 달한다. 우리나라의 2020년도 전체 예산안이 469조 원 가량이니 우리나라 연간 예산의 약 70퍼센트 규모의 돈을 매년 빚으로 충당하고 있는 나라가 일본인 것이다.

일본의 재정 적자 상황은 선진국 중에서도 단연 최악으로 국내총생산 대비 정부와 지방을 합친 채무 잔고 비율이 200퍼센트를 훌쩍 넘어선 지 이미 오래고, 곧 270퍼센트를 넘어설 것으로 일본 재무성은 전망하고 있다. 만년 재정 적자라는 미국이 100퍼센트 언저리, 프랑스, 영국, 독일 등이 100퍼센트에 조금 못 미치는 국내총생산 대비 재정적자 비율을 보이고 있는 걸 보면 얼마나 심각한 상황인지 알 수 있다. 2018년도까지 일본이 발행한 국채 발행 규모, 즉 나라 빚 규모는 883조 엔, 우리 돈으로 8,830조 원 정도다. 8,000조 원이 넘는 나라 빚. 대관절 어느 정도 금액인지 감도 오지 않는다.

1조 원이라는 돈이 얼마나 큰 돈인지는 이렇게 설명할 수 있다. 1조원은 매일 1,000만 원씩 3백 년간 쓸 돈이다. 하루에 1,000만 원이면 열흘에 1억 원, 그러니까 30일인 한 달이면 3억 원 정도, 1년이면 36억원이라 치고, 10년이면 360억 원, 100년이면 3,600억 원이다. 한마디로 말하면 300년 동안 매일 1,000만 원 정도 쓰면 1조 원이 된다는 뜻이다. 매일 1,000만 원씩 300년 동안 쓸 돈이 1조 원이면, 8,000조 원은 매일 1,000만 원씩 240만 년 동안 쓸 돈이다.

절대액도 상상이 안 될 정도로 크지만, 더 큰 문제는 증가 속도다. 1989년 일본의 국채가 161조 엔이었음을 감안하면 딱 30년 만에 빚이 5.5배 늘었고 증가 속도도 전혀 둔화될 기미가 보이지 않는다. 일본에서 아키히토 전 일왕이 즉위한 시대를 '헤이세이(平成)'라고 부르는데, 이 30년의 기간 동안 일본이라는 나라는 빚더미에 올라앉은 게 맞다. 오죽하면 일본 재무상의 자문 기구인 '재정제도심의회'의 수장이 기자회견에서 "계속 경종을 울려왔지만 이런 재정 상황에 부딪히게 된 것을 반성하지 않을 수 없습니다"라고 공개적으로 말했을까?

누적 채무액이 많은 탓에 매년 지급해야 하는 이자액도 상상을 초월해 2018년 4월 기준으로 세출(歲出, 국가나 지방 자치 단체의 한 회계 연도에 있어서의 모든 지출) 중 이자율은 평균 9.2퍼센트에 달한다. 발행 당시 국

도쿄 시내에 어둠이 내려앉고 있다(도쿄 스미다(墨田)구에 세워진 전파탑 '스카이트리'에서 촬영)

채 규모에 따라 매년 돌아오는 이자와 원금 상환액이 달라지는데 2019년도 예산에서는 23조 5,082억 엔(약 235조 원)이 국채 상환비로 잡혀 있다. 사상 최대라는 내년 일본 방위비가 5조 엔 수준이니 그 4배가 넘는 국채 상환비 자체가 예산에서 얼마나 큰 비중을 차지하는지 알 수 있다.

이렇듯 천문학적인 일본의 재정 적자는 30년 동안 진행된 결과로 IMF 국제 금융위기, 리먼(Lehman) 쇼크 등의 세계 경제불황과 2011년 3.11 대지진 등 각종 재해에 대응하기 위해서였다고는 하지만 급속히 고령화되고 사회보장비 지출이 크게 늘고 있는, 즉 앞으로 쓸 돈이 눈덩이처럼 불어날 게 빤히 보이는 일본이라는 나라의 미래를 생각할 때 심각한 문제가 아닐 수 없다.

과연 증세만이 살길일까

사태의 심각성을 경고하는 경제학자들, 그리고 '균형 재정' 달성이 숙원인 일본 재무성이 생각하는 해결책은 한 가지밖에 없다. 바로 '증세'다. 세금을 더 거둬 조금씩이라도 빚을 지지 않고 나라 살림을 충당해 갈 수밖에 없다는, 아주 간단하지만 어려운 이야기다. 그동안 거듭된 전문가들의 증세 요구에도 시행 시기를 미루던 아베 정권은 결국 2019년 10월 소비세를 8퍼센트 수준에서 10퍼센트로 끌어올렸다.

10월 증세로 일본 가계가 부담해야 할 돈, 즉 늘어난 세금액은 5조 7,000억 엔 정도일 것으로 추산된다. 약 57조 원의 새로운 세수(稅收)를 확보할 수 있는 셈이다. 그런데 2019년도 예산의 특징을 분석하면서 일본 언론이 공통으로 꼽는 특징이 하나 있다. '소비 증세 대응 정책 총동원(《니혼게이자이신문》)'과 '소비 증세 대책 중심(《요미우리신문》)'이 그것이다.

아베 정권은 이미 지난 2014년 소비세를 5퍼센트에서 8퍼센트로 끌어올릴 당시 소비가 급감해 경기가 하강 압력을 받는 경험을 한 적이 있다. 게다가 세금을 올렸을 때 치른 선거에서 패배한 적도 있는 아베 총리는 증세에 극히 부정적이어서 어떤 식으로든 국민에게 '세금이 높아졌다'는 인식이 들지 않게끔 하고 싶어 하는 경향이 강하다. 그래서 아베 정권은 증세를 하더라도 소비가 얼어붙지 않고, 또 높아진 세금을 부담해야 하는 국민들의 조세 반발이 현 정권을 향하지 않도록 각종 대책을 마련한 것이 2019년 예산의 특징이었다.

일단 새로운 재원을 기반으로 보육과 고등교육 무상화 정책을 추진했다. 여기에 투입되는 돈을 제외하고 나면 국민 부담액, 즉 증세한 돈이 2조 엔 가량 남는다고 《니혼게이자이신문》은 분석했다. 그리고 이 2조 엔(약 20조 원)에 이르는 증세분만큼 국민의 부담을 덜어줄 수 있도록 각종 세제 혜택 등을 준다는 것이 바로 언론에서 말하는 '증세 대책'이다.

주택과 자동차 등에 부과된 감세 조치로 3,000억 엔(약 3조 원), 카드 결제 따위로 적립된 포인트 환원(3,000억 엔), 저소득층 상품권 지급(2,000억 엔) 등과 더불어 방재 공공사업에도 1조 3,000억 엔(약 13조 원)을 풀어 조세 저항을 줄이고 경기 하방(下方) 압력을 막겠다는 계산이다. 결국 5조 엔이 넘는 돈을 새로 확보하지만 사실상 이를 다시 다 쓰는 예산안을 짰다는 말이기도 하다.

일본 정부의 이 같은 증세 대응 정책은 2020년 도쿄 올림픽까지 염두에 두고 있다. 증세의 충격을 서서히 완화하면서 2020년 이후에는 세수 확대분만큼 재정의 안정성을 꾀하자는, 이른바 '연착륙론'이라 할 수 있다. 아베 총리가 2021년까지 총리직을 수행하는 만큼 임기 동안은 증세 충격을 받지 않고 정권을 이끌겠다는 뜻으로도 풀이된다.

문제는 그 이후다. 《니혼게이자이신문》은 증세를 통해 어렵게 확보된 예산이 미래가 아닌 증세 충격 완화를 위한 단기적인 '증세 대책' 등에 쓰이면서, 도쿄 올림픽이라는 행사적 수요까지 끝나는 2021년경부터 '경기 절벽'이 올 수도 있다는 지적이 나온다고 전했다. 또 "대책이 많으면 많을수록 증세에 대한 반발을 미루는 것일 뿐, 경기의 진폭은 커질 수밖에 없습니다"라는 전 일본은행 이사인 야마모토 겐조(山本謙三) '오피스 금융경제 이니셔티브' 대표의 말을 실었다. 결국 수요 감축에 대처하기 위해 '재정'을 동원하는 정책이 반복될 가능성이 높다는 것이다.

이래서는 재정 건전화를 위해 기껏 시행한 증세책이 효과를 발휘하기 힘들다. 빚으로 쓰고 당겨서 쓰고, 답도 없이 나락으로 빠져드는 일본의 '돈' 문제다.

정부가 팔고 중앙은행이 산다, 비정상적인 경제구조

일본 재무성에는 '국채기획과'라는 곳이 있다. 이곳의 직원이 모두 30여 명인데, 이 가운데 5명은 시중 은행과 대형 증권사에서 특채된 사람들이라고 한다. 이 사람들의 임무는 뭘까?《요미우리신문》은 이들의 일을 '시장(市場)과의 대화'라고 표현했다. 막대한 국채를 발행한다는 것은 이를 시장에서 소화해야 한다는 뜻이기도 하다. '시장과의 대화'란 일본 정부가 예산안을 기준으로 어느 정도 국채를 발행할지 가늠한 뒤, 이를 시장에서 소화할 수 있을지 대형 금융기관과 협의하는 역할을 의미한다.

일본 재무성이 '국채의 안정적 소화'를 위해 금융기관의 대표자들을 불러 회의를 열면 'PD21(프라이머리 딜러 21)'로 불리는 이들이 모인다. PD21은 대형 은행과 증권회사 21곳을 지칭하는 것으로 이들 대형 금융기관에는 일정액의 국채 구매를 의무화하는 대신, 발행 계획을 세우거나 시장동향 등을 파악할 때 재무성과 의견 교환을 할 수 있는 '특권'을 부여한다. 말이 특권이지 사실상 국채를 소화하기 위해 막강한 힘을 가진 재무성이 짜놓은 '카르텔(cartel)'이라고 할 수 있다. 재무성이 국채를 발행하면 이들 카르텔이 입찰을 통해 국채를 매입하고 시장에 매각하는 구조가 기본이기 때문이다.

그런데 여기에 더 큰 카르텔 구조가 또 하나 존재한다. 즉 'PD21'로 통칭되는 시중은행들이 국채를 받아 시중에 유통시키는데, 국채를 사주는 카르텔, 즉 다른 연결고리가 존재한다. 바로 국채를 가장 큰 규모로 매입하는 중앙은행, 즉 '일본은행'의 존재다. 2017년을 기준으로 일본은행은 일본 국채의 41.1퍼센트를 보유하고 있으며, 은행(19퍼센트), 보험사 등 기타 금융기관(19퍼센트), 해외투자자(11.2퍼센트)가 그 뒤를 따르고 있다. 개인 등 가계가 보유하고 있는 비율은 1.1퍼센트에 불과하다. 정부가 국채를 발행하면 돈을 찍어내는 중앙은행이 상당수를 바로 사들여 시중에 돈을 푸는 구조로 나라빚을 떠받치고 있다고 할 수 있다.

누가 봐도 비정상적인 구조다. 이 비정상이 정상인 상태로 일본은 30년 넘게 나라를 운영해오고 있다. 일본은행이 마이너스 금리정책을 펴면서 국채에 부과되는 이자비용을 억누르고 있지만 전 세계적인 금리 인하 기조가 바뀔 경우 엄청난 금액의 국채에 대한 이자비용도 급격하게 늘어날 가능성이 크다. 더불어 또 다른 금융위기 등으로 시장이 출렁이게 되면 언제까지 일본의 금융기관에서 정부가 발행하는 '국채'를 받아줄 수 있느냐는 점도 문제다. 실제로 일본의 메이저 은행인

'미쓰비시도쿄 UFJ은행'이 지난 2016년 PD21(국채딜러) 자격을 반납하면서 충격을 준 적이 있다. 국채를 발행해도 시중은행이 거부해 시장에 유통할 수 없게 될 가능성을 배제할 수 없다는 뜻이다.

일본 재무성의 숙원인 '적자 국채' 탈피는 1990년~1993년까지 단 4년간 가능했을 뿐, 그 후로 단 한 번도 이루지 못했다. 일본은행은 국채만 사고 있는 게 아니다. 이제는 아예 일본 주식시장에서 큰 손으로 활약하고 있다. 가장 큰 문제로 지적되고 있는 것이 일본은행의 상장지수펀드(특정 주가 지수에 따라 수익률이 결정되는 인덱스 펀드를 주식처럼 사고팔 수 있게 증권 시장에 상장한 펀드), 즉 'ETF(Exchange Traded Fund)' 구매 문제다. ETF는 대표 기업의 주식을 묶어놓은 것이기 때문에 구매할 경우 여러 종목의 주식에 간접 투자하고 주가를 떠받치는 역할을 하게 된다. 일본은행은 2008년 금융위기를 겪은 뒤인 2010년부터 ETF를 구입하기 시작한 것으로 보인다. 2019년 초 기준으로 일본은행의 ETF 보유액은 도쿄 증시 1부 종목 시가총액의 4퍼센트 수준인 24조 엔, 우리 돈으로 약 240조 원 규모에 이른다. 2018년에 매입한 금액만 6조 5,000억 엔, 약 65조 원 어치가 넘는다.

OECD는 2019년 일본 경제 보고서를 통해 이 현상의 문제점을 특별히 따로 지적했다. OECD는 ETF 시장의 4분의 3을 일본은행이 점유하는 수준이 되었고, 이에 따라 일본은행이 간접적으로 상장 기업 주가 총액의 40퍼센트에 달하는 10위권 내 기업의 주요 대주주가 됐다고 적시했다. 이러한 부작용으로 ETF에 포함돼 있는 이른바 유명 대기업들이, 실적이 아닌 이름만으로 주식이 과대평가되는 지경에 이르렀다고 분석했다. OECD는 기업이 새로운 사업전략이나 고배당 등이 아닌 단순히 주요 지수에 포함돼 있다는 이유만으로 평가받게 되는 것인데, 일본은행의 ETF 매입 정책은 시장의 규율을 어기고 있다고까지 표현했다. 도쿄 증시의 오전장이 약세를 보이면 오후장에 일본은행이 개입해 ETF를 사들여 주가를 지탱한다는 것은 이제 일본 금융계에서는 공공연한 사실이다. 중앙은행이 주식을 매입하는 사례는 일본을 제외하고는 세계 어느 나라에도 없는 일이다.

OECD는 특히 대규모 자산 매입의 결과 그 규모가 너무 커져, 일본은행이 이를 매각하기가 곤란한 경우에 직면하리라 보인다고 경고했다. 주가를 유지하기 위해 사들인 ETF를 매각할 경우 시장에 더 이상 주가 하락을 막지 않겠다는 신호를 줄 수 있어 주가 폭락 사태를 부를 수 있다는 말이다. 여기에 엔화 약세 등에 의해 기업 실적이 악화되면, 이에 따른 주가 하락으로 일본은행 자체가 거액의 손실을 볼 위험도 상존한다. 'JP모건 증권'에 따르면 도쿄 주가지수가 일정 수준을 밑돌면 일본은행 보유 ETF 평가액은 마이너스로 돌아서고, 자기자본 잠식 상태에 빠질 위험도 있다.

이렇듯 정부가 재정적자를 메우기 위해 발행한 대량의 국채를 직접 매입하고, 주식시장을 떠받치기 위해 주식까지 사들이면서 일본은행은 전 세계 최대의 자산 보유 중앙은행이라는 타이틀까지 갖게 됐다. 《마이니치신문》에 따르면 2019년 8월 일본은행의 총자산은 527조 7,193억 엔에 달한다. 달러로 환산하면 5조 3,030억 달러인데, 미 중앙은행인 연방준비제도 FRB(3조 7,599억 달러)와 유럽중앙은행 ECB(5조

1,521억 달러)를 넘어선 압도적인 1위다. 일본은행이 이처럼 어느 나라에서도 찾아볼 수 없는 역할을 떠맡게 된 데는 2012년 2차 아베 내각의 출범과 함께 시작된 '아베노믹스(Abenomics)'가 정부 정책의 일환으로 중앙은행을 이용했기 때문이다.

그래도 국민은 가난하다,
아베노믹스의 실체

2차 아베 정권은 2012년 출범하면서 버블 붕괴 후 소위 '잃어버린 20년'이라 일컬어지는 장기간의 경기침체를 끝내겠다는 목표를 내걸었다.

일본 경제는 국내적으로 버블경제가 가져온 부동산 거품이 급격히 꺼지면서 가계 부문이 위축돼 있었다. 기업들 또한 어느 정도 규모를 가진 내수 시장을 우선시해 현상 유지에 급급하다 글로벌 경쟁력을 잃어가는 이른바 '갈라파고스(Galapagos) 증후군'에 시달리고 있었다. 활력을 잃은 경제는 물가하락, 투자와 소비 위축이라는 디플레이션의 악순환에 빠져 헤어나오지 못하는 상황이 계속됐다.

1차 정권 당시 아베 총리는 '아름다운 나라로(美しい国へ)'라는 미묘한 캐치프레이즈를 내걸고 헌법 개정을 통해 보통국가화, 즉 '전쟁 가능한' 나라를 꾀했다. 2차 정권에서는 집권 초기 '정치'보다 '경제'를 최우선 과제로 삼아 방향 전환을 시도했고, 민심을 끌어들이며 정권을

운영해나갔다. 그리고 이러한 그의 경제 정책은 '아베노믹스'로 요약할 수 있다.

아베노믹스의 흐름은 사실 그리 복잡하지 않다. 우선 금리 인하와 통화의 양적 완화를 실시, 무한대에 가까운 돈을 풀어 시장의 유동성을 높이고 그만큼 엔화의 가치를 떨어뜨린다. 엔화 약세로 가격경쟁력을 확보한 기업들은 세계시장에서 막대한 수익을 올린다. 그리고 막대한 이익을 창출한 기업이 이렇게 얻은 수익을 가계 부문으로 전이시켜 가계소득을 자연스럽게 늘리고(이른바 '낙수효과'), 수입이 증가한 가계는 소비에 나서 다시 기업의 실적으로 이어지는 선순환 구조를 만든다. 이런 흐름 속에서 자연스럽게 물가도 올라 디플레이션에서 탈출한다는 것이 아베노믹스의 의도다.

2012년부터 2015년까지 3년간 아베노믹스의 출발점인 기업, 특히 대기업의 순익은 예상대로 폭발적으로 늘었다. 기업들이 사상 최대의 이익을 구가하며 주가가 오르고 일본 경제는 일견 활력을 찾는 듯 보였고, 실제로 높은 취업률 등은 이를 반영했다(물론 일본의 높은 취업률은 기업의 활력 증가보다는 노동인구의 급격한 감소 때문이라는 반론도 존재한다). 이처럼 대기업이 활황을 보이자 아베 총리는 기업들을 상대로 임금 인상을 촉구하며 그 열매를 가계와 나눌 것을 요청했다. '잃어버린 20년' 동안 임금 인상률 0퍼센트를 보였던 일본 대기업들이 춘계 투쟁(노동조합이 매년 봄에, 임금과 노동 시간 따위의 노동 조건을 개선해달라는 요구를 걸고 산업별로 통일적으로 기업과 교섭하는 행동 형태를 이르는 말)에서 기본급 인상에 동의하고 매년 어느 정도 임금 인상에 나선 것도 아베노믹스가 성공의 길을 걷고 있다는 증거로 보였다.

그러나 경기 선순환의 흐름을 만들 수 있을 듯했던 아베노믹스는 가계 부문에서 예상만큼 활력을 이끌어내지 못하면서 성공 여부에 물음표가 따라붙었다. 일본 정부는 2017년《경제재정백서》를 통해 '경기회복이 가계 부문에 미치지 못하고 있다'며 이를 인정하기도 했다. 이 자료에서 일본 정부는 경기회복세가 2012년 말 2차 아베 정권 출범과 함께 시작돼 장기간 이어지고 있다고 자평했다. 그러나 현재의 경기회복국면이 임금 상승과 소비 확대로 연결되지 않고 있으며, 기업의 수익확대를 기점으로 한 선순환이 가계에선 충분히 이루어지지 않고 있다고 분석했다. 실제로 이 기간 가계의 실질임금은 오히려 줄어드는 양상을 보이기도 했다.

일손 부족에도 불구하고 충분히 임금인상이 이뤄지지 않는 부분에 대해서는 "과거 경기회복 시기에, 그리고 지금까지 보이지 않던 현상"이라고 언급했다. 그리고 그 원인의 하나로 임금인상보다는 고용안정을 우선시하는 노사 양쪽의 리스크 회피 성향을 들었다. 또 주택과 설비 투자가 증가하기는 했지만, 소비와 수출은 증가세가 신통치 않아 "성장률을 크게 견인할 항목이 없다"고 지적했다. 즉 저금리로 부동산부문이 활성화된 듯하지만 내수 시장도 제자리걸음이고, 수출도 일부대기업을 제외하고는 그리 재미를 못 봤다는 해석이 가능하다.

그러면서 더욱 부담을 갖게 된 곳이 일본은행이다. 일본은행의 최대 숙원은 디플레이션 탈피. 연간 물가 상승률 2퍼센트를 달성하는 것인데, 이를 위한 경기부양책으로 대규모 국채와 주식 매입 등을 통해 시중에 돈을 뿌려대고 있다. 아베노믹스의 창시자로 일컬어지는 구로다 하루히코(黒田東彦) 일본은행 총재는 금리인하, 그리고 양적완화를 통해 물가상승과 디플레이션 탈출도 이룰 수 있으리라고 봤다. 하지만 이 목표를 달성하지 못하면서 '금융완화' 정책을 끝낼 타이밍마저 잡기 힘들게 됐다는 비판이 제기되고 있다.

인위적인 경기부양이 효과를 내지 못하고 지속될 때 이를 떠안은 중앙은행이 어떤 부담을 지게 될지 지켜봐야 할 대목이다. 그리고 이 정책이 실패로 끝난다면 일본 국민은 돌이킬 수 없는 결말을 맞이할 수도 있다.

통계 조작까지, 아베노믹스는 어디로

2018년 가을, 일본 언론은 한 통계를 놓고 시끄러웠다. 문제가 된 '통계'는 후생노동성이 매월 조사해 발표하는 '근로통계조사'. 임금, 노동시간, 고용동향 등을 보여주는 노동통계로, 기본급과 잔업수당 등을 포함한 1인당 현금급여 총액이 지난해 같은 달과 비교해 어떻게 변했는지 보여주는 수치다. 즉 근로자 한 사람이 가져가는 돈을 보여주는 것이어서 가계의 소득이 어느 정도 증감했는지를 짐작할 수 있는 대표적 통계. 아베노믹스에서 궁극적으로 목표로 삼고 있는 소비 증대, 그리고 이를 뒷받침할 가계 소비 증대의 동향을 보여주는 중요한 통계라 할 수 있는데, 일본이 시끄러워진 이유는 산출방법을 갑자기 바꾸면서 소득이 크게 증가한 것으로 나타났기 때문이다.

원래 조사 대상은 무작위로 추출한, 종업원이 5인 이상인 약 3만 3000개의 전국 사업장이었는데, 그동안엔 조사 대상에서 반 정도를 차지하는 30인 이상 사업소는 2~3년에 1번씩 표본을 교체해왔다. 그러던 것을 3분의 1씩만 바꾸는 쪽으로 조사 기준을 변경했다. 《도쿄신문》은 이러한 조사 대상

기준 변경으로 대기업의 비율이 커지고, 중소기업이 줄어들게 돼 급여 증가율이 크게 높아졌다고 전했다. 기업 규모가 커지면서 대기업의 높은 임금 수준이 반영돼 통계상 급여가 커졌다는 것. 《마이니치신문》은 통계의 연속성을 유지하려면 데이터 보정이 필요하지만 이런 작업도 이루어지지 않았다고 지적했다. 특히 이렇게 통계 기준을 바꾸는 과정에 총리 비서관의 입김이 작용했다는 사실까지 드러나면서 글자 그대로 '통계 부정 스캔들'로까지 번졌다.

바꾼 기준을 적용한 결과 현금 급여 총액이 2017년도의 같은 달과 비교했을 때 5월엔 2.1퍼센트, 6월엔 3.3퍼센트, 7월엔 1.6퍼센트, 8월엔 0.9퍼센트 오른 것으로 나타났다. 과거보다는 크게 높아진 수치였다. 갑자기 예년보다 급격히 높은 급여 증가율을 나타내고, 통계의 신뢰성에 의문이 제기될 판국

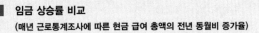

임금 상승률 비교
(매년 근로통계조사에 따른 현금 급여 총액의 전년 동월비 증가율)

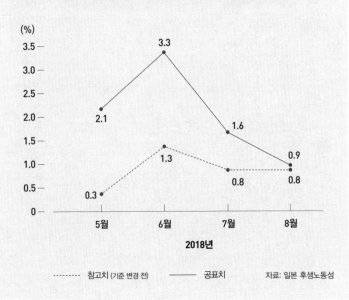

이 되자 일본 정부의 통계를 총괄하는 전문가들의 자문기구인 '통계위원회'가 나섰다. 그리고 결국 바뀐 산출 방법에 따른 통계치와 함께 기존의 기준으로 산출한 통계치를 '참고치'로 함께 공개하라고 결정했다. 그 결과는 5월 0.3퍼센트, 6월 1.3퍼센트, 7월 0.8퍼센트, 8월 0.8퍼센트 상승에 그쳐 새로운 방법으로 산출된 증가율을 크게 밑도는 것으로 드러났다. 6월의 경우 2퍼센트포인트나 차이 날 정도였다.

줘도 싫다,
버려지는 집과 땅

세대와 고령화 문제로 시작해 이를 극복하기 위한 일본 예산구조의 한계와 이로 인한 재정 적자, 그리고 중앙은행을 이용한 아베노믹스 정책의 위험성까지 들여다보았다. 사실 이러한 현상은 점점 현실화되고 있는 구조적 문제들에 일본 사회가 대중적으로 대응하면서 전환점을 찾기가 갈수록 어려워지고 있다. 또 이러한 문제들이 어느 순간 임계점에 다다르면 폭발적으로 괴멸할 수 있는 특성을 가지고 있음을 보여주는 것이기도 하다. 이번엔 부동산 분야에서 그 조짐을 살펴본다.

일본 직장인들의 로망, 야마나시

일본 야마나시(山梨)현은 후지(富士)산이 가운데 자리 잡고 있는 지역으로 유명하다. 후지산 주변엔 가와구치(川口)호, 야마나카(山中)호 등 5개의 호수가 자리 잡고 있어 그야말로 산과 물이 어우러진 경치 좋은 곳

일본 야마나시현에서 바라다보이는 후지산

이 야마나시다. 게다가 도쿄에서 고속도로를 통한 접근성이 좋아서 그
런지 이 지역은 도쿄 사람들의 전원주택지가 많은 곳으로도 유명하다.
주말이면 휙 운전대를 잡고 가서 차가운 공기에 아침잠을 깨고, 또 여
름이면 호수에 풍덩 몸을 던질 수 있는 곳이 야마나시이기도 하다.

　일본의 샐러리맨들이 생각하는 이상적인 집의 모습은 우리나라처
럼 높다랗게 자리 잡은 아파트가 아니다. 마당이 있고, 뭔가 뚝딱거릴
수 있는 창고가 있는 단독주택, 일본말로 '잇코다테(一戶建て)'다. 하지
만 오밀조밀한 도쿄, 좁디 좁으면서 비싼 그 땅에 이런 집을 짓기란 경
제적으로도 쉽지 않은 일이다. 그래서 조금 여유가 있다면 도쿄를 벗
어나 한적한 곳에 전원주택이나 주말주택을 가질 생각을 하게 된다.
전원주택이라고 하면 거창하게 생각할 수 있지만, 앞서 말했듯이 그냥
집 한 칸에 약간의 정원이 있는 곳이면 된다.

야마나시가 산 좋고 물 좋은 것 외에 전원주택지로 각광받는 이유가 또 하나 있다. 바로 넘쳐나는 빈집 때문에 집값이 상상을 초월할 정도로 싸기 때문이다. 야마나시현의 빈집 비율은 2018년 21.3퍼센트에 이른다. 즉 5집 중에 1집은 빈집인 셈이다. 전국적으로도 가장 높은 빈집 비율을 보이고 있는 지역이 야마나시다. 뒤이어 순서대로 와카야마(和歌山)현은 20.3퍼센트, 도쿠시마(德島)현은 19.5퍼센트의 빈집 비율을 보이고 있다.

하지만 야마나시현은 도쿄와 가까운 범(汎) 수도권이라는 점에서 특히 높은 빈집 비율이 눈에 띈다. 이러다 보니 심심치 않게 무상으로 집을 인계하라는 글이 인터넷상에 오르기도 하는 곳이 야마나시이다. 계속 가지고 있자니 세금이 부담되는 상황에서 관리비만 계속 들 바엔 아예 남에게 집을 넘기는 게 낫다는 이야기다.

사회적 재난에 가까운 빈집 문제

이미 일본에서 빈집은 사회적 재난 수준에 가깝다. 일본 총무성의 주택, 토지 통계조사를 보면 전국의 빈집 수는 2018년 848만 9000호로 전체 주택 대비 13.6퍼센트에 이른다. 이미 10집 중 1집 이상이 빈집인 상황에 돌입한 셈이다. 전년도인 2013년과 비교했을 때 5년 만에 29만 3000호나 증가했다. '노무라(野村) 종합연구소'는 이대로 상황을 방치할 경우 그 속도가 점점 빨라져 2033년에는 빈집이 2170만 호에 이르게 되고 전체 주택의 30퍼센트를 넘어설 것으로 예상했다.

빈집 문제가 얼마나 심각했는지 2018년 에히메(愛媛)현의 한 형무소에서는 수형자가 탈옥해 일주일 넘게 수색을 벌였지만 잡히지 않았는데, 검거에 가장 큰 걸림돌로 빈집 문제가 꼽혔을 정도다. 탈주자가 숨었을 것으로 추정된 곳은 인구 2만 3000명 정도의 그리 크지 않은 섬이었지만, 하루에 최대 1200명의 경찰 병력을 투입하고도 그 흔적을 찾기가 쉽지 않았다. 1000채가 넘는 빈집이 경찰을 막아섰기 때문이다. 빈집이라도 그 안을 수색하려면 소유자나 관리자의 허가가 필요했는데, 권리관계가 복잡한 곳이나 소유자가 이미 사망하는 등 관리자가 불명확한 곳도 있어서 수색이 빨리빨리 진척되지 않았던 탓이다.

빈집 문제는 어디 멀리 떨어진 지방만의 문제가 아니다. 앞서 야마나시현의 경우처럼 수도권으로 대상을 좁혀도 상황은 심각하다. 일본 정부는 2018년판《수도권백서》에서 "도시의 활력이 저하되고 주거 환경 악화를 초래한다"며 빈집과 소유자 불명 토지에 대해 문제점을 지적한 바 있다. 일본에서 수도권이라고 할 수 있는 도쿄도를 비롯한 지바, 사이타마, 가나자와 등 7개 현은 이미 주택 수가 세대수를 웃돌고 있다. 2013년 수도권의 빈집은 74만 호로 2003년 52만 호보다 40퍼센트나 늘어났다. 이 가운데 도쿄와 인접한 지바, 사이타마, 가나자와는 증가폭이 51퍼센트, 이바라키(茨城), 도치기(栃木), 군마, 야마나시는 64퍼센트의 증가폭을 보였다. 전국 평균 빈집 증가폭이 50퍼센트인 점을 감안하면 오히려 수도권에서 빈집 증가 속도가 빠름을 알 수 있다.

그래서 일본에서는 2015년부터 지자체가 강제로 빈집을 철거할 수 있게 하는 이른바 '빈집법'도 시행하고 있다. 무너질 위험이라든지 위생상의 문제 때문에 지자체가 소유자에게 철거를 명한 뒤 이를 따르지 않으면 우선 토지에 더 높은 세금을 부과하고, 그래도 이행하지 않으면 강제로 부술 수 있는 법이다. 2017년 10월에 이러한 '특정 빈집'으로 이미 지정된 집이 전국적으로 8750채에 달한다. 비용은 소유자 부담이 원칙인데, 소유자가 불분명해 집을 철거하더라도 상당수는 비용 회수조차 어려운 실정이다. 이 또한 지자체에 부담으로 돌아와 철거 작업도 더디다.

결국 부수는 방법이 여의치 않자, 일본 정부는 이런 집들을 고쳐서 임대주택으로 활용하면 최대 200만 엔, 우리 돈으로 약 2,000만 원을 지원하는 방안을 추진하고 있다. 또 국토교통성은 지방 도시의 빈집과 버려진 점포를 보수해서 보육시설이나 게스트 하우스로 사용할 경우 비용을 융자해주는 '거리 만들기 펀드'를 조성하는 방안도 시행하고 있다.

주인 없는 땅도 문제다, 소유자 불명지 문제

소유자를 알 수 없는 땅 또한 일본에서는 큰 골칫거리다. 2016년을 기준으로 약 410만 헥타르의 땅이 소유자가 불분명한 토지다. 이 넓이는 이미 일본 규슈(九州)의 전체 크기를 넘어서고 있고 이런 추세가 계속된다면 2040년에는 그 넓이가 720만 헥타르까지 늘어날 것으로 추산되고 있다. 이는 홋카이도에 필적할 크기니, 일본에서 이런 땅들이 얼마나 급속하게 늘고 있는지 알 만하다. 수도권 또한 예외는 아니다.

국토교통성이 지적조사를 위해 등기부 상 소유자에게 우편으로 통지서를 보냈지만 제대로 도착하지 않은 경우가 약 20퍼센트였다. 《니

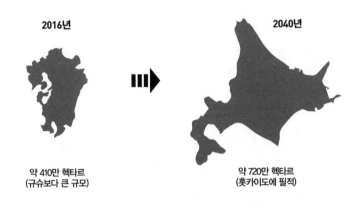

2016년 → 2040년

약 410만 헥타르
(규슈보다 큰 규모)

약 720만 헥타르
(홋카이도에 필적)

자료: 《니혼게이자이신문》, 2018년 6월 26일자

혼게이자이신문》은 이 땅을 그대로 방치하면 세금 등 경제손실만 6조 엔, 우리 돈으로 약 60조 원에 이를 것이라는 계산도 나온다고 전했다.

빈 땅이라는 것이 사실 경제에 그다지 영향을 끼치지 않을 듯하지만, 이를 활용하려고 할 때 여러 문제를 낳는 부분도 있다. 공공사업이나 도심 개발, 농지정리 등을 위해 토지를 이용하려고 해도 모든 소유자에게 동의를 얻어야 하는데, 시간이 흐르면서 점점 상속자가 늘고 그 소재를 파악하기가 힘들어져 동의서를 받기가 쉽지 않기 때문이다.

노무라 종합연구소 고문이자 '소유자불명 토지문제 연구회'를 이끌고 있는 마스다 히로야(增田寬也)에 따르면 공공사업 용지 취득을 위해 사업을 추진했는데, 1920년대에 50명 정도였던 소유자가, 상속에 의해 700명까지 늘어난 것으로 조사된 경우도 있었다. 특히 법무성 조사에서는 마지막 등기에서 50년 이상 지난 토지, 즉 상속 등에 의해 소유자가 바뀌었을 가능성이 있는 토지가 대도시에서도 6.6퍼센트, 그 외 지역에서는 26.6퍼센트에 이르고 있는 것으로 나타나 이 문제가 상당히 심각하다는 사실을 알 수 있다. 그래서 일본에서는 어떻게 해도 소유자에게 부담이 될 경우엔 토지를 포기하거나 기부가 가능한 제도의 필요성이 제기되는 실정이다. 물론 땅을 포기할 때는 그동안 내지 않은 세금 문제가 해결돼야 함을 전제로 한다.

일본에서는 버블기 전 토지를 투기의 대상으로 여겨 광풍이 불더니, 이제는 경제적 가치가 없다는 생각에 소유하고 있다는 사실조차 잊어버리고 방치하기 시작했다. 토지라는 것은 과연 무엇인지, 토지를 소유한다는 것은 과연 어떤 의미를 갖는지 생각해봐야 한다는 목소리가 높아지고 있는 상황이다.

일본엔 보이지 않는
왕국이 있다

《시마 과장(課長島耕作)》이라는 만화가 있다. 일본 대기업의 샐러리맨이 평직원에서 시작해 과장과 부장을 거쳐 임원, 사장까지 성장하는 과정을 그린, 말 그대로 일본 직장인들의 애환을 그린 작품이다. 작가가 만화에서 드러낸 국수적 역사관과는 별개로, 마치 내 이야기처럼 주인공의 성공과 승진을 기뻐하며 우리나라에서도 꽤 두터운 독자층을 형성했던 만화다.

《시마 과장》이 일본의 기업 이야기를 다뤘다면《정치 9단(加治隆介の議)》은《시마 과장》의 정치 버전이라고 생각하면 된다. 카지 모토하루(加治元春)라는 거물 정치가가 자신의 정치 후계자로 지목한 장남과 함께 교통사고로 숨지면서, 기업에서 직장 생활을 하던 차남 카지 류스케(加治隆介)가 졸지에 가업인 정치를 하기 위해 아버지의 지역구 가고시마에서 출마하는 걸로 이야기는 시작된다. 물론 카지 류스케는 시마 과장처럼 차근차근 정치인으로 성장해 일본의 총리가 된다.

"만화는 만화야"라고 말할 수도 있지만, 이 작품에서 가장 위화감이 든 부분은 정치인인 아버지와 후계자인 장남이 함께 숨진 상황에서 주변 사람들이 정치와는 아무런 관련이 없는 차남을 대신 대를 이을 사람으로 지목해 정치의 길로 이끌고, 또 선거에서 승리하는 모습이었다. 이른바 '세습의원'으로, 우리나라에서는 지역구까지 물려받는 이런 상황을 쉽사리 찾아보기 힘들지만 일본에서는 그리 낯선 모습이 아니다.

다케시타, 아오키 왕국의 붕괴

〈다케시타, 아오키 왕국의 붕괴〉. 2019년 4월 8일, 일본의 통일지방선거 다음날인 《산케이신문》 5면의 머리 기사 제목이다. 시마네(島根)현 지사 선거에서 자민당 시마네현 국회의원 5명 전원이 지원한다고 선언한 자민당 추천 후보인 오바 세이지(大庭誠司)가 패배하고, 오히려 시마네 현의회 소속 자민당 광역단체 의원 14명이 중앙당에 반기를 들고 지원한 무소속 마루야마 다쓰야(丸山達也) 후보가 당선된 것과 관련된 기사였다. 현의 지사 선거라면 대개, "○○○ 지사 승리" 혹은 "○○당 승리"라는 제목이 일반적일 우리나라에서는 보기 힘든 타이틀이다. 이어진 《산케이신문》의 기사를 보자.

"시마네, 다케시타 노보루(竹下登) 전 수상과 아오키 미키오(青木幹雄) 전 참의원 회장이 구축한 '다케시타, 아오키 왕국'. 유력한 국회의원을 중심으로 지방의원들이 포진한 왕국의 피라미드 구조가 무너졌다."

선거기간 동안 다케시타파는 당 총무회장과 전 경제산업상이 총출동하는 등 표 단속에 부심했다. 다케시타파는 다케시타 노보루 전 수상의 동생이 직접 이끌고 있는데, 식도암으로 요양 중인 그가 지역 선거 관련 홈페이지에 당원들을 상대로 "지사 선에서 매일 밤낮으로 분투하고 있습니다"라는 글을 올려 결속을 꾀할 정도였다고 《산케이신문》은 전했다.

하지만 결과는 국회의원들이 밀어준 자민당 후보의 패배였다. 과거 선거에서는 국회의원이 후보 결정을 주도했지만 이번엔 지자체 의원들이 "지사는 지역에서 골라야 한다", "젊은 지사를 시작으로 시마네를 활성화해야 한다"는 목소리가 높아졌다고 한다. 《산케이신문》뿐만 아니라 《니혼게이자이신문》도 같은 날 〈시마네, 다케시타 왕국에 타격〉이라는 제목을 썼다. 과거와 같은 톱다운(top-down) 방식의 지역 정치구조가 그동안 얼마나 공고했으면 '왕국'이라는 표현까지 썼을까?

시마네현의 상황을 조금 더 들여다보면 그 이유를 쉽게 알 수 있다. 다케시타 총리는 1951년 시마네현에서 정치에 입문해 1989년 '리쿠르트 사건'으로 총리직에서 물러날 때까지 36년 동안 지역 출신의 초(超)거물 정치인으로 자리매김했다. 지역에서 그를 거스를 사람은 아무도 없었고, 당연히 지역 정가(政街)는 그의 손 안에 있었다. 다케시타파가 지금도 자민당 내 주요 파벌이라는 점까지 감안하면 중앙 정치와 지방 정치 양쪽에서 그의 영향력을 알 만하다. 그리고 다케시타가 지역에 끼친 영향은 뒤를 물려받은 다른 사람에게도 이어졌다.

앞서 '다케시타, 아오키 왕국'으로 표현되면서 또 다른 축으로 언급된 아오키 미키오는 다케시타 전 총리의 비서 출신으로 현의회 의원을 거쳐, 다케시타 총리의 요청과 지원으로 참의원에 출마해 유력 정치인이 된 사람이다. 일본 국회는 중의원과 참의원으로 구성된 양원제인 만큼 양대 축으로서 중의원의 다케시타, 참의원의 아오키가 시마네현의 정치 피라미드를 장악했음을 알 수 있다. 아오키 또한 정부 대변인 격인 관방장관을 거쳐 총리 임시 대리, 자민당 간사장을 지내는 등 거물 정치인으로 성장했다. 총리 출신의 유력 정치인, 그리고 그의 비서 출신인 또 다른 유력 정치인이 중앙 정계에 '파벌'을 만들고, 지역에는 '왕국'을 건설한 모습. 아오키는 이후 아들이 참의원 의원으로 정치에 나섰고, 다케시타 노보루 전 수상의 경우 아들이 없었던 탓에 동생이 그의 뒤를 이었다.

한번 왕국은 영원한 왕국

문제는 이렇듯 한 가문과 관련자들이 수십 년간 지역의 맹주로 자리를 지키는 것을 계속 인정하고 선거 때 표를 던지는 일본 유권자들의 모습이다. 한번 왕국이 자리 잡으면 변화를 기대하기 힘들고 고착화된다. 일본 국민이 변화에 거부감을 보이는 보수적인 성향을 보인다고도 할 수 있는데, 일본의 한 정치평론가는 특히 '자민당'이 자리 잡고 있는 지역과 지역민들에게 이러한 '왕국'의 모습이 강하다고 귀띔했다.

이 같은 사례는 또 어렵지 않게 찾아볼 수 있다. 예를 들어 아소 다로 일본 부총리 겸 재무상을 살펴보자. 다케시타 가문이 시마네의 왕국이라면 아소 가문은 후쿠오카의 왕국이다. 아니, 지역에 뿌리내린 유력 집안이니 '호족'이라는 표현이 맞을 수도 있겠다. 1979년 정계에 입문한 아소 부총리는 잘 알려진 대로 우리나라 강제징용의 아픔이 서린 '아소 탄광'의 소유주인 아소 가문 출신이다. 아소 가문의 근거지인 후쿠오카에서 그는 20년 동안 내리 당선되며 정치를 해오고 있는데, 그의 지역구에 가보면 아소 병원, 아소 마트, 아소 학교 등 그야말로 아소 가문의 지역 왕국임을 알 수 있다.

일본 정치의 폐쇄성이 얼마나 강한지는 숫자로도 나타난다. 2017년 치러진 중의원 선거 당선자 4명 중 1명은 '세습'의원이었다는 조사 결과가 있다. 당시 《마이니치신문》은 부모나 조부모(친가, 처가, 시댁, 외가 포함) 등 3촌 이내 친족이 의원을 역임한 선거구에서 당선된 이로 '세습 범위'를 정의하고, 모두 120명이 이에 해당한다고 보도했다. 이는 이전 국회의 123명보다는 줄어들었지만 여전히 전체 의원의 25퍼센트를 차지하는 숫자다.

소속 정당으로 보면 자민당이 96명으로 압도적으로 많았고, 당시엔 희망의 당 11명, 입헌민주당과 무소속이 각각 6명씩이었다. 공명당은 1명이었다. 세습의원이 당 전체 의원 수에서 차지하는 비율을 봐도 당연히 자민당이 높을 수밖에 없다. 무려 33퍼센트를 넘었기 때문이다. 자민당 의원 3명 중 1명은 물려받은 지역구에 출마했고, 지역민들은 이들을 뽑아줬다는 이야기다. 자민당 세습의원 출마자의 당선율을 보면 103명이 선거에 나서 불과 7명만 낙선하고 96명이 당선됐으니 93퍼센트의 높은 확률로 국회에 입성했음을 알 수 있다. 지역민이 세습의원을 밀어주는 확률도 높다는 뜻이다.

자민당이 이렇게 세습의원들로 채워지니 이 틀을 바탕으로 한번 '파벌'이 성립되면 아버지와 아들로 대를 이어 파벌을 이어가고, 큰 변화를 가져오기란 쉽지 않은 게 당연하다. 거기에 심지어 파벌간 나눠 먹기까지 끼어들면 더욱 그렇다.

누구를 위한 정치인가,
파벌 정치

2018년 6월, 아베 총리의 세 번째 총리직이 걸린 자민당 총재 선거(일본은 집권당 총재가 총리를 맡는다)를 앞두고 아베 총리가 유력 경선 주자인 기시다 후미오(岸田文雄)자민당 정조회장과 아카사카(赤坂)의 한 고급 식당에서 자리를 함께했다. 두 사람만의 자리에서 아베 총리는 "(총재 선거에) 출마하면 처우 못 해줍니다. 나를 응원해주는 다른 파벌들도 있고…"라고 말했다(《요미우리신문》, 2018년 7월 26일 자). 사실상의 최후통첩이었다.

기시다 정조회장은 아무런 답도 하지 못한 채 연거푸 술잔만 들이켰다는 후문이다. 아베 총리가 만든 자리, 두 사람만 따로 회동한 것이 4월 이후 세 번째였다. 회동 후 아베 총리는 "전쟁에서 진 쪽이 전리품을 얻지 못하는 일은 전국시대부터 계속돼온 것"이라고 주변에 말했다고 한다. 총재 선거에 나서서 기시다가 진다면 그 파벌에 배려해줄 것은 없다는 일종의 협박이다.

결국 기시다 정조회장은 마지막 저녁 자리가 있은 뒤 한 달도 채 안 돼 총재 선거에 출마하지 않겠다고 공식 선언했다. 외무상에 이어 당내 주요 직책인 정조회장을 맡을 정도로 촉망받는, 이른바 '포스트(post-) 아베'라고 불리는 기시다 정조회장이지만 깃발 한번 세우지 못하고 아베 총리를 지원하기로 한 것인데, 사실 그 배후에는 철저하게 파벌로 점철된 나눠 먹기식 인사가 자리 잡고 있었다.

기시다 정조회장이 침묵한 배경

2018년 2월 아베 내각의 각 부처를 담당하고 있는 대신(大臣) 20명 가운데, 기시다 정조회장이 이끄는 기시다파 소속 대신은 오노데라 이쓰노리(小野寺五典) 방위상을 비롯해 모두 4명이었다. 기시다 본인도 정조회장을 맡기 직전까지는 외무상이었다. 대상을 더욱 넓혀 정치인이 부처에 임명되는 정무직인 부(副)대신과 정무관까지 합칠 경우 기시다파에서 아베 내각에 참여하고 있는 인물은 모두 8명으로 늘어난다. 기시다파를 48명으로 본다면 8명이라는 숫자는 적지 않은 비율이다. 이러한 파벌에 배분되는 자리 나눠 먹기는 일찌감치 아베 총리 지지를 선언한 다른 파벌을 봐도 쉽게 확인할 수 있다.

아베 총리가 속해 있는 최대 파벌인 호소다파(총원 94명)의 경우 대신 4명에 부대신과 정무관이 14명. 아베 총리를 군건히 떠받치고 있는 2대 파벌인 아소파(59명)는 대신이 3명에 부대신과 정무관은 7명이었다. 아소 부총리와 함께 당에서 아베 총리를 지지하는 쌍두마차 격인 니카이 토시히로(二階俊博) 자민당 간사장의 파벌(44명)에서 대신은 1명뿐이지만 부대신과 정무관이 4명 포함돼 있다. 총재 선거에서 아베 총리를 지원한 파벌인 호소다파, 아소파, 기시다파, 니카이파 모두 아베 내각에서 상당수의 지분을 확보하고 있음을 알 수 있다.

또 자율 투표를 하기로 한 다케시타파(55명)에서도 파벌을 이끄는 다케시타 와타루(竹下亘) 자민당 총무회장이 아베 총리를 지지하고 있고, 또 파벌 내 중의원 소속 34명이 아베 총리 편이어서 결국 아베 총리가 승점을 쌓는 데는 별 무리가 없다고 여겨졌다. 참고로 다케시타파도 각 부처 대신 2명에 부대신과 정무관도 4명 소속돼 있다. 그리고 내각에서의 자리뿐만 아니라 자민당의 주요 보직도 총리의 결정에 따라 각 파벌에 배분된다.

이렇게 자리를 보장받은 파벌들이 속속 지지를 선언하면서 당시 총재 선거는 뚜껑을 열기도 전에 이미 아베 총리의 압승을 누구나 점칠 수 있는 상황이 되어버렸다. 기시다 정조회장의 이야기로 다시 돌아가 보면 그는 나중에 파벌 정례 회합에서 불출마 이유에 대해 "파벌을 위해서 그렇게 했습니다"는 말을 남긴 것으로 알려졌다. 또 의원별 모임에서는 "내가 총재 선거에 출마하면 인사에서 모두 불이익을 받게 됩니다"라고도 말했다.

일본의 파벌정치는 과거 금권(金權)에 의해 움직이는 경우가 많았다. 풍부한 정치자금을 확보한 수장이 이를 소속 의원들에게 나눠주면서 파벌을 유지하는 구도인데, 버블기가 끝나고 정치자금의 흐름이 상대적으로 깨끗해지면서 인사에 미치는 영향력이 파벌을 장악할 수 있는 가장 강력한 수단으로 남게 됐다는 분석이다. 과거 총리가 내각과 당 인사에서 특정 파벌을 제외하면서 해당 파벌의 수장이 급속히 구심력을 잃게 돼 자리를 내놓아야 했던 사례도 상당수 있었다.

그들만의 나눠 먹기식 리그, 파벌 인사

자, 그럼 이렇게 각 파벌의 지지를 받고 승리한 뒤 인사는 어땠을까? 아베 총리가 자민당 총재 3연임에 성공한 얼마 뒤인 2018년 9월, 주요 일간지인《아사히신문》과《마이니치신문》은 이례적으로 같은 날 동시에 '아소 부총리를 계속해서 부총리와 재무상에 임명해서는 안 된다'는 내용의 사설을 내보냈다.

아베 총리의 부인인 아키에(昭惠)가 명예 교장을 맡았던 모리토모(森友) 사학재단에 국유지를 90퍼센트 가까이 싸게 헐값에 넘긴 '모리토모 사학 비리 의혹'과 관련해, 그해 초 재무성이 이를 은폐하기 위해 국회에 서류를 조작해 제출했다는 전대미문의 스캔들이 터졌다. 당시 실무 국장으로 국회 답변을 주도하고 이후 국세청장으로 영전한 장관급 인사가 사임했고, 관련 공무원들에 대해 대규모 징계가 이루어지는 등 일본 정부의 핵심 부처인 재무성에 큰 타격을 입힌 사건이었지만, 정작 부처 책임자인 아소 부총리 겸 재무상은 '자진 급료 삭감'이라는 셀프 징계를 내세우며 버텼었다.

〈이런 토대로 괜찮은가〉라는 《아사히신문》 사설의 제목에 모든 비판이 요약된다. "아베 총리의 마지막 임기. 이제 다음을 생각하지 않고 국가를 위해 새로운 3년을 시작하는 첫 인사에서 장기 정권의 폐해에 대한 우려를 씻어내려는 자세를 보여주어야 하는데 과연 '아소'라는 인물이 부합하느냐"는 것이다. 하지만 이러한 상식이, 일본식 파벌정치에서는 통하지 않는다는 게 곧 드러났다. 의원 59명이 소속된 2대 파벌인 '아소파' 수장으로서 아소 부총리는 일찌감치 총재 선거에서 아베 총리의 손을 들어주며 지지를 표명했었다. 아베 총리가 그런 아소 부총리를 내칠 수 없었던 터, '국민'을 위한 책임정치보다는 '파벌'을 위한 책임정치일 수밖에 없는 구조였던 셈이다. 당시 아베 내각에 새로 입각한 각료는 모두 12명. 하지만 이 숫자만을 두고 새로운 피를 수혈해 면모를 일신했다고 보기는 힘들다는 게 대체적인 평가였다. 그보다는 '이른바 파벌을 위해 배분을 하다 보니…'라는 표현이 더 들어맞을 것이다.

당시 《니혼게이자이신문》은 〈대기조(待機組) 70명, 처우는?〉이라는 기사를 실었는데 '대기조'라는 말도 일본 정치의 특징, 특히 자민당식 파벌정치의 특징을 잘 표현해주는 단어다. '대기조'는 몇 차례 당선돼 선수(選數)가 어느 정도 쌓여서 입각 대상이 될 수 있는 중진 의원들을 일컫는 말로, 대체로 각 파벌 내 각료로서 배려해줘야 하는 인원을 나타내기 위해 기사에서 주로 쓰이는 표현이다.

"각 파는 이러한 의원들을 대우해달라고 요구하고 있지만, 아베 총리는 '적재적소'의 인선(人選)을 강조하고 있다."《니혼게이자이신문》, 2018년 9월 28일 자)

하지만 뚜껑이 열린 조각(組閣) 결과는 결국 적당한 나눠 먹기였다. 일찌감치 지지를 선언하고 아베 총리를 도운 아소파는 4명의 각료를 배출해(이전 내각에서 1명 추가) 가장 많은 몫을 차지했다. 물론 아소 부총리도 자리를 유지했다. 또 의원 수로는 다섯 번째지만 니카이 당내 간사장의 파벌로서 아베 총리를 든든히 지원한 니카이파도 전 내각보다 2명이 늘어난 3명의 각료를 배출했다. 마지막까지 총재 선거 출마를 저울질하다 주저앉은 기시다 전 외상이 이끄는 기시다파의 경우 배출 각료가 4명에서 3명으로 줄었다. 하지만 기시다가 불출마를 택했기에 이 정도에서 선방했다는 평가를 받았다. 무파벌에서는 2명만 입각했다.〈'대기조' 차례차례 입각〉.《아사히신문》의 해설기사 제목이었다.

나눠 먹기 인사에 인사청문회와 같은 공식 검증 과정이 없다 보니, 새 내각의 인물들은 공개됨과 동시에 당시 여러 면에서 우려를 자아냈다. 사쿠라다 요시타카(櫻田義孝) 올림픽 담당상은 "위안부는 직업 매춘부"라는 망언을 거듭한 인물이었고, 유일한 여성 각료인 가타야마 사쓰키(片山さつき) 지방창생상 또한 '위안부 소녀상 철거'를 주장했다. 또 하라다 요시아키(原田義昭) 환경상은 '난징 대학살은 없었다'며 정부 견해를 재검토하라고 주장한 적이 있는 등, 역사 인식을 의심하게 하는 인물이 다수 내각에 포진됐다.

여기에 시바야마 마사히코(柴山昌彦) 문부과학상은 첫날 기자회견에서 "교육칙어(教育勅語, 1890년 10월 30일 메이지 일왕의 명으로 발표된 칙어)를 현대적으로 다시 정리해 학생들에게 가르치려는 움직임이 있습니다"라며 "검토할 만한 가치가 있습니다"라고 말해 큰 반발을 샀다. 일본 야권에서는 "교육칙어는 중대사가 발생할 경우 일왕을 위해 목숨을 던지라는 것이 핵심"이라며 "과거였다면 물러나야 할 발언"이라고 비판했다. 하지만 그가 사퇴하지 않을 것임은 모두가 다 아는 사실이었다. 모두 파벌 '대기조'에서 나온 인물들이다.

자리를 약속하고 지지를 얻는 방식은 능력과는 거리가 먼 나눠 먹기, 심하게 말하면 넓은 의미에서 '매관매직' 행태라고도 할 수 있지만, 일본에서는 정치적 행위로서 면면히 그 전통(?)이 이어져오고 있다. 태평양전쟁이 끝난 이후 짧았던 민주당으로의 정권 교체기 등을 제외하고는 집권당의 지위를 내려놓지 않고 있는 자민당. 혹자는 정체(停滯)될 수밖에 없는 자민당이지만 그 안에서 파벌이 견제와 균형 관계를 이루며 경쟁하기 때문에 정체(政體)의 건전성을 유지할 수 있었다고 말한다. 하지만 그 속내를 조금만 들여다보아도 이러한 주장에 선뜻 동의하기 힘든 것이 사실이다.

자리 나눠 먹기와 기득권 보전에 불과한 그들만의 리그. 하지만 여전히 그 자민당을 지지하고 선거에서 압승을 선사한 주체도 일본 국민들이다.

자질 끝판왕, 어느 대신 이야기

정부의 주요 직책을 파벌에 따라 나눠 먹기식 인사를 하고, 파벌 안에서 당선 횟수만 쌓이면 대신이 되는 탓에 각료의 자질 논란 또한 끊이지 않고 있다. (일본에서는 주요 행정 부처의 장(長)이 '대신'이고 하위 부처의 장은 '장관'이라는 별도의 직책으로 불린다. 예를 들어 법무성의 장은 '법무상', '법무대신'이라고 부르고, '성(省)'보다 하위 부처인 '청(廳)'에 해당하는 관광청에서는 '관광청 장관'이 조직의 장이다.) 그 대표적인 예가 2018년 10월 일본의 올림픽 담당상으로 임명됐다가 불과

6개월 만에 퇴진한 사쿠라다 요시타카(櫻田義孝) 자민당 의원이다.

사쿠라다 대신의 실언은 이루 헤아릴 수 없을 정도다. 도쿄 올림픽에서 메달을 따라고 기대된 여자 국가대표 수영 선수 이케에 리카코(池江璃花子)가 백혈병에 걸렸음을 공개하자 "실망했다"고 밝혀, 선수의 건강은 안중에도 없느냐는 비난을 한 몸에 받았다. 그런가 하면 올림픽 담당 대신이면서도 올림픽헌장에 대해 "이야기를 들은 적은 있지만, 읽은 적은 없다"고 당당히 밝혀 실소를 자아내게 했다.

도쿄 올림픽 대회 예산 중 국가 부담액 '1,500억 엔'을 '1,500엔'이라고 한다거나, 본인이 사이버 시큐리티 기본법 개정안 담당이면서 "내가 컴퓨터를 치는 경우는 없다"고 해맑게 말하는 건 차라리 귀여운 쪽에 속한다. 국회 회의에 지각하는 등 문제를 일으키더니 결국 동료 의원 후원회에 참석해 "대지진 부흥보다 중요한 것이 다카하시 의원입니다. 잘 부탁합니다"라고 한 말이 결정타가 되어 반년 만에 각료직을 내려놓고 말았다.

일본 국민들에게 가장 민감한 부분 중 하나인 3.11 대지진의 아픔을 깎아내리는 듯한 발언이 직접적인 계기가 되어 물러나기는 했지만, 국민의 여론은 그의 퇴진 자체가 때늦은 감이 있다는 쪽이 상당수였다. 하지만 약간의 잘못이 있다고 파벌의 몫으로 자리를 차지한 대신을 내칠 수도 없는 것이 자민당 내각의 특징이기도 하다. 아베 총리가 내각 인사를 할 때마다 함량 미달 논란이 끊이지 않는 것도 이 때문이다.

사쿠라다 대신의 실언과 자민당 인사들의 망언 등이 잇따르자 심지어 자민당은 《실언 방지 매뉴얼》을 만들어 국회의원, 지방조직, 선거 입후보 예정자에게 배포하기도 했다. 주요 내용을 살펴보면,

"발언이 끊겨 전달될 수 있다. 쉼표를 사용해 길게 얘기하지 말고 짧은 문장으로 말하라."

"사적인 회합에서도 스마트폰으로 동영상 등을 촬영해 공개할 수 있다."

"약자와 피해자에 대해 말할 때는 더 배려하고 표현에도 브레이크를 걸어야 한다."

"역사 인식과 관련된 강한 표현은 사죄도 못하고 장기화되는 경향이 있다."

등이다.

특히 표현을 강하게 했을 때 실언으로 이어지기 쉬운 분야로 역사 인식과 정치 신조, 젠더와 성소수자, 사고나 재해, 병과 노인 관련 발언, 잡담하는 말투 등을 꼽았다.

집단적 아부 정치,
손타쿠 정치

어두운 불빛 속, 방 저 끝에 커다란 책상이 놓여 있다. 그 책상 뒤 실루엣으로만 존재를 알 수 있는 조직의 보스는 부하의 말을 듣고만 있다. 누군가 조직에 반한 행동을 하고 있다는 이야기가 이어진다. 모든 보고가 끝나자 조직의 보스는 낮은 목소리로 딱 한마디만 한다.

"알아서 해."

어느덧 시간이 흘러 장면이 바뀐 곳은 법정. 살인을 지시한 혐의로 기소된 조직의 보스가 피고인석에 앉아 있다. 검사의 추궁이 이어진다. 이어서 변론에 나선 보스의 변호사.

"살인을 지시한 적이 있습니까?"

"아니요."

"알아서 하라고 했다는 증언이 있습니다만."

"그렇다고 사람을 죽이라는 말은 아니었습니다."

어디 영화에서나 봄 직한 이런 장면. 결국 보스는 살인 교사 혐의를 비켜가고 조직은 그대로 건재함을 이어가는 마피아 영화에나 나올 법한 스토리. 하지만 이런 이야기가 일본 정치권에서 흔히 벌어지고 있다. 이른바 '손타쿠(忖度) 정치'를 말한다.

도쿄에서 특파원으로 근무할 당시 한 자리에서 기자들끼리 '손타쿠'를 어떻게 한국어로 해석할지를 놓고 설왕설래한 적이 있었다. '아부 정치', '심기 보좌', '알아서 하기', '알아서 기다' 등등 여러 의견이 오갔지만 일본 특유의 어감을 완전히 담아내기엔 여전히 모두가 부족함을 느꼈다.

'손타쿠'의 일본어 표기인 '忖度(촌탁)'은 우리나라에도 있는 한자어다. 국립국어원 표준국어대사전에는 '남의 마음을 미루어서 헤아림'으로 정의돼 있는데, 사실 우리나라에서는 잘 쓰이지 않고 일본, 특히 일본 정치권에서 널리 사용돼 유명해진 말이다. 말 그대로 윗사람이 어떻게 생각할지 미리 헤아려 조치하는 행위를 말하는데, 앞서 언급한 상황에서처럼 손타쿠에는 조직의 최고 보스를 보호할 수 있다는 아주 큰 장점이 있다.

2018년 봄, 일본에서는 전혀 다른 분야지만 아주 닮은 두 가지 사안에 대해 연일 보도가 이어지며 사회적 공분을 낳았다. 대학 미식축구 경기에서 공을 이미 패스한 뒤 무방비 상태에 있던 쿼터백을 태클해 다치게 한 사건과, 총리 부인이 명예 교장으로 있던 학교법인에 국유지를 90퍼센트 가까이 헐값에 넘긴 사건이었다. 서로 전혀 관계가 없어 보이지만 한 사회가 가진 '책임성의 성숙도'라는 측면에서 묘하게 대비되는 두 사건이었는데…

"쿼터백을 부숴버려"

2018년 5월에 열린 일본 대학 미식축구의 양대 명문인 니혼(日本)대학과 간사이가쿠인(關西學院)대학의 정기전. 간사이가쿠인대학의 쿼터백(패스를 하며 공격수들의 공격을 지휘하는 사령탑)이 공을 던진 후, 그러니까 플레이가 이미 끝난 상태에서 상대팀인 니혼대학의 수비수가 수십 미터를 뒤따라 달려가 뒤에서 거친 태클을 가했다. 공개된 영상을 보면 누가 보더라도 경기 진행과 무관하게 선수만을 노린 태클이라는 점이 명백했다. 여론이 들끓었다.

게다가 반칙을 한 선수가 경기 전 코치에게서 "쿼터백을 부숴버려"라는 말을 듣고 그렇게 할 수밖에 없었다고 폭로하면서 파문은 걷잡을 수 없이 커졌다. 이후 감독과 코치는 기자회견을 열고 '명시적'으로 지시한 적이 없다고 해명했다. 특정 선수에게 반칙하라는 말은 없었다는 것. 그 부분은 코치, 감독과 선수의 말이 일치한다.

단지 "부숴버려"라는 말만 있었다는 것인데… 하지만 선수가 경기에 자주 나가지 못해 스트레스를 받아왔고 이를 코치진이 이용한 듯한 언급을 했다는 사실이 더해지면서 '암묵적인 압력'이 있었다는 데 모두 동의하는 분위기에 이르렀다. 결국 해당 미식축구팀 감독은 감독직을 사임했고, 대학의 상임이사직에서도 물러났다. 선수가 일종의 '손타쿠'를 했는지는 알 수 없으나, 들끓는 여론에 감독은 책임을 질 수밖에 없었다.

거물이라면 매머드급 스캔들도 피해 간다

2017년 제기돼 아베 정권의 도덕성에 근본적인 문제를 제기했던 '사학 스캔들'. 그 한 축인 '모리토모학원 스캔들'은 아베 총리의 부인인 아키에(昭惠)가 명예 교장으로 있던 학교법인이 국유지를 90퍼센트 가까이 싸게 불하(拂下)받았다는 내용이 핵심이다. 학교 측이 땅을 매입하기 위해 협상하는 과정에서 정치권이 연루되었다는 사실이 해당 학교법인 이사장의 직접 증언으로 대두된 것이다.

2018년에 들어서서는 재무성이 당시 학교법인과의 토지 가격 협상 과정을 담은 문서를 국회에 보고하는 과정에서, 총리 부인과 관련된 내용을 조작하고 일부러 폐기하는 방법 등으로 아베 총리의 개입 증거를 은폐하려 했다는 사실이 새롭게 드러났다. 일본 재무성은 자체 조사를 통해 당시 담당 국장이 이를 주도했다며 정직 3개월에 해당하는 퇴직금 감액 처분을 결정했다. 관련 공무원 20명이 징계를 받은 매머드급 스캔들이었다.

특히 조사 결과 2017년 2월 아베 총리가 국회 답변에서 "본인과 아내가 토지 거래에 관련됐다면 사임할 것"이라며 정치적 명운을 건 뒤부터 재무성의 문서 조작 등 일련의 부정행위가 시작됐다는 점도 밝혀졌다. 총리를 보호하기 위해 재무성이 나선 것이다. 하지만 딱 거기까지였다. 부서를 총괄하는 부총리에게 보고는 없었다고 면죄부를 줬고, 재무성을 총괄하고 있는 아소 부총리는 급여 1년 치를 자진 반납할 뜻은 밝혔지만 물러날 의사가 없음을 분명히 했다. 아랫사람이 알아서 한 행위라는 깊은 이해가 깔린 덕이다.

아베 총리 또한 퇴근길 총리 관저에서 "행정부의 수반으로서 책임을 통감합니다"라면서도 "재발 방지책 마련에 아소 부총리 겸 재무상이 선두에 서서 책임을 다해주길 바랍니다"라며 아소 부총리를 재신임할 것임을 기자들 앞에서 밝혔다. 그리고 한 기자가 "총리, 정치적 책임은 어디에 있습니까?"라는 질문에 아베 총리는 마지 못해 다시 돌아와 "정치적 책임은 이러한 일이 두 번 다시 발생하지 않도록 철저한 대책을 마련하는 데 있습니다"라며 위기를 비켜갔다. 이 정도면 '보스여, 영원하소서'가 따로 없다. 아니, 이와는 다르다. 대학 스포츠팀의 감독은 물러났지만 총리나 부총리는 물러나지 않는다는 데 큰 차이가 있다. 급이 다른 까닭이다.

일본에서 손타쿠 정치가 만연하기 시작한 시기는 2차 아베 정권의 기틀이 공고해지고 자민당이 선거에서 연승을 이어간 2016년 무렵부터다. 일본의 관료들은 상대적으로 독립성이 강하다고 여겨졌다. 하지만 어느새 이들이 장기집권의 길을 걷는 막강한 권력자가 된 아베 총리의 눈치를 보면서, '손타쿠'를 일본 사회에서 하나의 관습처럼 만들어버렸다.

정권 교체의 룰, 아오키 법칙

특파원으로 근무하면서 '아베 총리 위기'라는 기사를 몇 번이나 작성했는지 모르겠다. 사학 스캔들이 터지고, 지지율이 하락하고… 우리나라 같으면 몇 차례나 검찰이 수사에 나서고 정치적으로 큰 타격을 받아야 할 상황들이 연이어 지나갔지만, 아베 총리는 '위기'라는 한국 언론의 기사 제목들이 무색할 만큼 50퍼센트대 전후의 지지율로 늘 건재함을 과시했다.

그는 북한의 핵실험과 미사일 발사의 덕을 보기도 하고, 야당이 제대로 준비하지 못하는 기가 막힌 타이밍에 중의원을 해산했다. 그러고는 정국을 선거 모드로 전환해 다시 대승을 거둔 뒤 또 정권을 이어간다… 그렇게 아베 정권은 장기집권의 틀을 공고히 해갔다.

사실 일본에서 장기집권은 낯선 말이다. 법률 제정권이 있는 중의원이 평균 3년 이상 지속되지 않고 해산한 뒤 선거를 치르는 데다, 그러는 동안 총리들도 정치적 책임을 지고 물러나는 경우가 허다하다. 1970년대 이후 우리나라 대통령의 현재 임기인 5년 이상 총리를 맡은 정치인은 1982~1987년 수상을 지낸 나카소네 야스히로(中曽根康弘), 2001~2006년 수상이었던 고이즈미 준이치로(小泉純一郎) 전 총리 정도밖에 없다. 그리고 아베의 2기 집권이 2012년부터 시작됐다.

《요미우리신문》 조사 기준으로 나카소네 전 총리가 재임 시절 평균 48퍼센트의 높은 지지율을 이어갔고, 고이즈미 전 총리는 이보다 더 높은 56퍼센트의 지지를 받았으니 역시 장기정권의 초석은 높은 지지율인 듯하다. 참

▇▇▇ 총리 3인의 내각 평균 지지율 비교

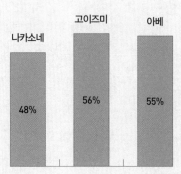

자료: 《요미우리신문》, 2018년 8월 22일 자

고로 《요미우리신문》에 따르면 2018년 8월 기준으로 아베 총리의 2차 내각 평균 지지율은 55퍼센트로 상당히 높은 수준을 유지하고 있다.

반면 2006년 9월 수립돼 딱 1년을 이어간 아베 1차 내각의 경우 처음엔 70퍼센트의 높은 지지율에서 시작했지만 지지율이 27퍼센트까지 떨어지자 더 이상 정권을 지키지 못하고 막을 내린 바 있다. 그럼 임기가 정해져 있지 않은 일본의 총리가 자리에서 물러나는 기준은 무엇일까? 흔히 이야기되는 것이 이른바 '아오키 룰'이다.

내각 지지율, 그러니까 총리 지지율과 자민당 지지율을 합해 총 지지율이 50퍼센트를 밑돌 경우 정권을 유지하기 힘들어지고, 퇴진 위기에 몰리게 된다는 경험칙이다. 즉 아베 총리의 지지율이 아무리 떨어지더라도 자민당 지지율이 떨어지지 않으면 총리 퇴임까지는 거론되지 않는다는 뜻이기도 하다. 총리와 내각에 대한 지지율도 중요하지만 의원내각제의 특성상 당 지지율이 떨어지면 선거에서 패할 가능성이 높고, 정권 자체를 내줄 위험성이 커지므로 현 총리가 물러나고 새로운 얼굴을 내세울 수 밖에 없게 되기 때문이다.

1천 명의 슈퍼 엘리트,
아베 천하를 떠받들다

사실 일본에서 관료 집단은 정치가 어떻게 바뀌어도 사회를 떠받치는 하나의 기둥처럼 여겨져왔다. 일본의 정치가 불안정해 거의 매년 총리가 바뀌던 시절, 그런 혼란기에도 일본은 국가 최고의 엘리트들로 이루어진 관료 집단이 있었기에 꾸준히 나라의 방향을 잡고 유지해간다는 평을 받았다.

하지만 그러던 관료 집단이 아베 총리의 집권 기간이 길어지면서 오히려 정권을 보위하는 집단으로 급격히 변모하고 있다는 평가다. 특히 아베 정권에서 '총리 관저', 우리로 치자면 청와대 부속실이 가장 막강한 권력기관으로 떠오르면서 이 집단은 단순한 조정자가 아니라 모든 정부기관의 정책을 좌우하는 실질적인 구심점이 되고 있다. 그래서 총리 관저를 들여다보는 것은 일본의 권력구조를 이해하는 데 가장 중요한 포인트가 될 수 있다.

일본에서 강한 지진이나 태풍으로 대규모 피해가 발생할 경우 관련 뉴스에 빠지지 않고 따라붙는 문장이 총리실 산하 위기관리센터에 '정보 연락실을 설치하고 대책 마련에 나섰다'는 것이다. 대규모의 자연 재해가 자주 일어나는 일본의 특성상 총력 대응 태세로 나가야 하는 게 맞지만, 우리라면 행정안전부의 '중앙재난안전상황실'이 가동되어야 할 상황에서 그 기능을 전적으로 총리실이 수행하는 셈이다.

일본을 이끄는 사실상의 콘트롤타워, 총리실

일본의 총리실은 총리 직속의 관방장관이 총괄한다. 2017년도 기준으로 인원만 1100명, 예산 996억 엔, 우리 돈으로 1,000억 원 가량을 집행하는 거대 조직이다. 현재의 조직을 만든 핵심적인 변화는 2001년

일본 총리 관저의 외관

중앙 성청(省庁) 개편으로부터 시작됐다. 이러한 변화에 따라 당시 총리실은 '내각 기능 강화'를 목적으로 수상을 직접 보좌하는 '내각 관방'과, 이곳의 지시를 받아 추진하는 '총합 조정' 기능의 두 축으로 구성되었다.

여기서 '관방(官房)'은 독일 군주제에서 측근 중신들이 근무한 회의실이라는 의미의 독일어 '캄머(kammer)'에서 유래했다. 기업으로 따지면 경영기획실의 기능을 가진 곳으로, 수상의 의중을 내각 관방이라는 보좌 기구가 정책화해 각 정부 기관에 지시한다고 보면 된다. 내각 관방 안에는 국가안전보장국, 내각위기관리감, 내각정보통신정책감, 내각정보조사실, 내각인사국 등이 모여 있다. 그 가운데 각 행정 부처에 대해 사실상 감독 기구 역할을 하는 곳이 내각 관방부(副)장관보 산하의 '분실(分室)'이다.

2019년 9월 기준으로 아베 정권이 추진하는 각 프로젝트별로 39개의 '국(局)'과 '실(室)'이 각 정책을 추진하고 있다. '도쿄올림픽 추진본부 사무국'부터 일본의 미래를 좌우할 '사회보장개혁 담당실', '일억 총활약 추진실', '일하는방법 개혁실현 추진실' 등이 자리 잡고 있다. '영토·주권대책 기획조정실'처럼 우리로선 극히 불편한 곳도 있고, '취업빙하기세대 지원추진실'처럼 최근 사회문제로 떠오른 중년 히키코모리 문제를 해결하기 위해 새롭게 만들어진 곳도 있다. 내각 관방부장관보 산하에 어떤 '분실'이 설치돼 있는가만 보아도 일본 정부가 현재 어디에 중점을 두고 일하는지 알 수 있을 정도다.

아베 총리와 스가 요시히데(菅義偉) 관방장관, 3명의 내각관방부장관은 매일처럼 얼굴을 맞대고 중요 정책을 결정하고 이는 곧바로 위기 관리, 내정, 외교 등을 담당하는 각 부장관보에게 전달된다. 그리고 각 행정 부처에서 파견된 약 30명이 과장급 에이스 관료가 모인 '관방부장관보실'에서 이를 검토해, 각 부처에 공유하는 체계를 갖춘다고《니혼게이자이신문》은 분석했다.

답은 이미 정해져 있다, '관저 주도'

이렇듯 총리실에 권한이 집중된 결과 각 행정 부처가 독립적으로 정책을 결정하고 정권의 변동과 관계없이 일을 추진하던 시스템으로 움직이는 과거 관료 기구의 모습이 이제는 총리 관저만 쳐다보고 있는 상황에 이르렀다. 아베 총리가 별안간 '조건 없는 북한과의 대화'를 들고 나오자 이 내막을 취재하기 위해 정보 담당자와 접촉을 해도, 수출 규제 내막을 알기 위해 경제산업성 관계자와 이야기를 나눠도 마치 정해진 것처럼 '관저 주도'라고 하는 답변만을 듣게 되는 상황이 현재 일본의 행정 부처를 지배하는 분위기다.

2012년 민주당 정권이 '정치 중심'을 외치며 관료 사회의 장악을 꿈꿨지만 이루지 못했던 것을 보아온 아베 정권은, 정권을 되찾자마자 '총리 관저 중심'이라는 틀을 만들어 관철했다고 볼 수 있다. 그리고 그 중심에는 스가 관방장관이 있다는 게 대체적인 평가다. 스가 관방 장관은 2012년 2차 아베 내각이 출범 후 계속해서 일본 정부의 대변인인 관방장관을 맡고 있다. 그의 가장 큰 장점은 '실용적 인사'라는 점이다. 관방장관을 담당해 취재하는 기자들의 모임인 이른바 '스가 반(班)'

에서 스가 관방장관의 숫자에 대한 집착은 유명하다고 한다. 구체적인 근거를 가지고 이야기하지 않으면 좀처럼 설득되지 않고, 일을 추진할 때도 숫자로 확실하게 이야기하는 스타일이다. 그런 까닭에 우익 성향을 띤 아베 정권에서는 오히려 '실용적'이라는 평을 듣는 쪽이다. 그런 그가 관료들을 휘어잡기 위해 만든 장치가 '인사(人事)'다.

2014년 내각 관방에 '내각 인사국'을 만들어 각 행정 부처의 심의관급 이상 인사 600여 명에 대한 인사 관리를 시작하면서, 각각의 부처가 독립적으로 행하는 인사와 내각 인사국을 통해 이루어지는 인사 관리라는 이중 구조가 형성됐다. 그 전엔 대신과 차관 정도까지 총리 관저가 인사에 개입했다면, 이제는 국장급까지 내각 관방이 인사권을 쥐고 결정하는 구조다. 이와 더불어 각 부처에서 행하던 인사 관례를 깨고 내각 인사국에서 파격적인 인사를 단행해 관료들을 길들여나간다.

예를 들어 국토교통성 차관 인사의 경우를 보면, 2001년 구(舊) 건설성과 운수성을 통합해 국토교통성을 만든 이후 건설성의 기술 분야 차관과 사무 분야 차관, 그리고 운수성의 차관이 순번대로 번갈아 국토교통성 차관을 맡아오고 있었다. 이러한 관례에 따르면 2016년엔 건설성 간부 출신이 차관이 될 차례였지만, 뚜껑을 열자 정작 차관이 된 인물은 운수성 출신이었다고 한다. 국토교통성이 통합 조직의 안정을 꾀하기 위해 유지해오고 있었던 관례를, 정권의 정책 수행을 우선한 스가 관방장관이 깨뜨린 것이다.

움직이지 않는 관료 체제에 변화를 줬다고도 할 수 있지만, 이러한 충격 요법은 아무도 총리 관저를 거스르지 않으려고 하는 또 다른 복지부동(伏地不動)의 자세를 만들어내기도 했다는 평가다.《니혼게이자이신문》은 이에 대해 자민당 중진 의원의 말을 다음과 같이 전했다. "관저가 인사를 장악하게 된 이후부터, 입에 쓴 정보나 조언은 관저에 올라가지 않는 것 같습니다."

각 부처가 통계나 소관 업계의 동향 등을 객관적으로 보고해야 하지만, 총리 관저 입맛에 맞는 것만 취사선택하는 경향이 생겼다는 의미다. 아베노믹스의 성과를 부풀리기 위한 '통계 부정' 같은 사례도 이 같은 구조의 대표적 부작용이라고 볼 수 있다. 도쿄대의 마키하라 이즈루(牧原出) 교수는 "국민의 위임을 받은 정권이 관료조직을 장악하는 것은 당연하지만 관료가 현 정권의 입맛에 맞는 정책만 생각해 '과잉 손타쿠'가 생겨나는 것은 위험합니다. 장기적인 미래를 고려했을 때 관저는 과잉 컨트롤을 하지 않는 태도를 취하지 않으면 안 됩니다"라고 지적했다.

일본 정치에
야당은 없다

2019년 10월 기준으로 일본 중의원의 각 회파, 우리로 치자면 의원 교섭단체라고 할 수 있는 국회 내 의사 통일체의 구성을 보면 자민당과 무소속 일부 의원이 함께하는 자민당과 무소속회가 285명이고, 연립 여당을 이루고 있는 공명당이 29명으로 여권(與圈)은 모두 314명이라 볼 수 있다. 67.5퍼센트로 전체 의원 수의 3분의 2를 넘어서 개헌을 할 수 있는 숫자의 의원을 연립 여당이 확보했다. 사실상 개헌에 뜻을 같이하는 일본유신회 11명을 합치면 325명까지 불어난다. 입헌민주당, 국민당, 사회당, 무소속 포럼이 함께하는 회파는 120명으로 대표적인 야권(野圈)이다. 여기에 일본공산당(12명), 희망의 당(2명), 무소속(6명)이 추가된다.

일본 정치의 현재를 진단하는 몇 가지 표현이 있는데, 그 가운데 가장 대표적인 것이 '아베 1강'이다. 아베 총리가 장기집권을 이어가고 있음에도 불구하고 그에게 대적할 만한 정치인이 딱히 보이지 않는다는 말이다. 자민당 내에서도 그렇고 정치권 전체에서도 마찬가지다.

2017년 일본의 총선 격인 중의원 선거를 앞두고 제1야당이었던 민진당이 스스로 해체를 결정하고 고이케 도쿄 도지사가 이끌던 신생 정당인 희망의 당에 합류한 배경에도 아베에 대항할 수 있는 인물은 고이케 도쿄도지사 뿐이라는 당시 야당의 고민이 자리 잡고 있었다. 물론 고이케 지사의 '배제' 발언으로 촉발된 민심의 이반(離叛) 때문에 선거에 대패했지만, 어쨌든 당시 선거는 야권에 대표 정치인이 필요하다는 숙제를 다시 한번 남긴 셈이 됐다.

2017년 여름, 선거 분위기가 무르익을 당시 오키나와에 강제징용 관련 취재를 간 적이 있었다. 오키나와에서 한반도 출신 일본군 군무원 관련 연구를 계속해오던 시민 활동가와 동행 취재를 하던 중 화제는 자연스럽게 정치 이야기로 옮겨갔다. 반(反) 자민당 정서가 강한 오키나와인데다 일본군의 과거 잘못을 캐고 있던 진보 성향의 인사이니 아베 정권을 지지하지 않는 것까지는 너무나 당연해 보였다. 그런데 이 사람이 하는 이야기가 선거에서 찍을 사람이 없단다. 자민당이 싫지만, 그렇다고 해서 야권엔 믿음이 가지 않는다는 이야기다.

1955년 자유민주당(자민당)과 사회당의 양대 정당 체제가 틀을 갖춘 이른바 '55년 체제' 이후, 야권은 사회당의 몰락 등 여러 부침을 겪었지만 자민당은 그 틀을 그대로 이어가고 있다. 특히 선거를 통해 자민당이 과거의 자유당과 일본 민주당이 차지한 의석수의 합인 60~70 퍼센트 선을 계속 확보하는 한편, 야권은 개헌을 저지하는 수준에서만 의석수를 유지하는 현상이 고착화되면서 보수와 혁신의 의석 비율이 2대 1 언저리에서 형성되는 양상을 보여왔다. 이 때문에 1993년에 비(非) 자민 내각이, 2009년에 민주당 정권이 출범한 단 2차례를 제외하고는 자민당은 단독이든 연립 형태든 60년 넘게 계속 정권을 지키고 있는 실정이다.

이렇게 고착된 구조엔 사실 자민당이 어떻게 하든 지역에서 계속 같은 사람을 밀고, 심지어 세습까지 시켜주는 일본 유권자들의 선택도 분명 작용한다. 이런 구조에선 정치 지형의 획기적인 변화를 꾀하기가 쉽지 않다. 여기에 2009년 성립해 2012년 막을 내린 민주당 정권이 2011년 3.11 대지진을 처리하는 과정에서 국민들의 신뢰를 잃으면서 가뜩이나 운신의 폭이 좁은 현 야당 측에 수권(受權) 능력이 있느냐는 물음표까지 붙여버렸다. 일본 내에서는 사건 당시 정권을 잡고 있던 당이 자민당이었어도 정부 대처는 마찬가지였을 거라며, 우연히 민주당이 정권을 가지고 있던 탓에 모든 비난을 다 뒤집어 썼다는 자조 섞인 이야기도 나오곤 한다.

일본의 정치 지형에서 야당의 존재감이 미약한 것은 이처럼 일본 국민의 보수적 성향과 일련의 사건이 맞물리면서 생긴, 전 세계적으로 찾아보기 힘든 민주주의의 형식을 갖춘 일당 국가적 속성 때문이다.

아베는 절대 변하지 않는다

일본의 지성이라 불리는 와다 하루키(和田春樹) 도쿄대 명예교수를 만나 인터뷰를 하던 중 화제는 자연스럽게 아베 총리로 옮겨갔다. 그리고 20여 년 전 아베 총리가 정치를 막 시작하던 즈음을 떠올리며 와다 교수는 이렇게 말했다.

"'난 이 사람이 총리되는 걸 포기했구나'라고 생각했어요."

1995년, 정치에 입문한 지 4년밖에 안 된 아베 총리는 '종전(終戰) 50주년 국회의원연맹'에 참여해, 사무국장 대리를 맡는 등 중심적인 역할을 한다. 이름만으로는 단체의 성격을 알기가 쉽지 않은데, 이 의원 모임의 설립 취지를 보면 일본이 일으킨 태평양전쟁이 "일본의 자존과 자위, 그리고 아시아 평화를 위한 것"이라고 적혀 있다. 한마디로 말하면 일본이 일으킨 전쟁의 정당성을 강변하는 의원 모임이다.

"고이즈미, 하시모토(하시모토 류타로(橋本龍太郎)), 모리(모리 요시로(森喜朗)) 등 당시 총리급 기성 정치인들에게 아베 의원 등이 말하고 주장하는 바는 받아들일 수 없는, 주류 의견이 될 수 없는 것들이었어요. 일본 사회에서 용납되지 않는 말들이었던 거죠."

우익 색채가 강하게 풍기는 이 모임에서 아베 총리가 중심적인 역할을 하는 것을 보고, 저렇게 상식에 벗어나는 일을 하니 총리 자리는 아예 생각하지

도쿄대 명예교수 와다 하루키

않는 것이라고 여겼다는 거다.

아베 의원은 여기서 그치지 않고 1997년엔 '일본의 앞길과 역사교육을 생각하는 의원 모임'의 사무국장을 맡는다. 아베 총리가 보여주는 일본의 과거를 부정하는 역사 수정주의적 관점은 어느 날 갑자기 생겨난 것이 아니라 과거에서부터 뿌리 깊게 자리 잡아왔음을 알 수 있다. 그리고 아베 총리의 현재는 어떤 모습인지, 우리는 너무도 잘 알고 있다.

2012년 2기 아베 내각 집권 후 일본 정부는 역사 문제, 영토 문제 등에서 전방위적으로 온건적 보수에서 급진적 우익의 방향으로 일본을 몰아갔다.

"1997년 당시 아베 의원과 함께했던 사람들이 현재 아베 총리 주변에 포진해 있습니다. 그들이 주류가 된 것이죠."

어떤 자료에 따르면 2012년 2차 아베 내각에 참여한 19명의 대신 가운데 9명(47퍼센트)이 아베 총리와 젊은 시절을 함께 보낸 '일본의 앞길과 역사교육을 생각하는 의원 모임' 소속이다.

와다 교수는 일제 강점기에 강제 노역을 해야 했던 징용자들에게 일본 기업이 배상해야 한다는 우리 대법원의 판결을 둘러싼 아베 내각의 강한 반발은 '위안부 합의'에 대한 반작용일 수 있다고 분석했다.

"한국에서 반발이 있지만 2015년 위안부 합의는 어떻게 보면 박근혜 정권이 3년 넘게 밀어붙인 것을 아베 총리가 수용하면서 이루어졌다고 할 수 있습니다. 미국의 오바마 정권까지 한국의 입장에 서면서 아베 총리가 굴복한 것이죠."

당시까지만 해도 정부 예산으로 위안부 피해자들에게 배상하겠다고 합의한 자체가 일본 측이 절대 수용하지 않던 것인 만큼, 큰 진전을 이룬 부분이라 평가할 수 있다는 설명이다. (일본 정부는 위안부 문제에 국가가 개입했다는 불법성을 인정할 수 없는 만큼 국가 예산으로 위로금 등을 지급할 수 없다는 입장이었고, 이에 따라 민간기금을 만들어 배상하는 방안 등을 추진하기도 했지만 한국 측 반발로 무산됐었다.)

"당시 일본의 평화 세력은 너무도 당연한 합의였기 때문에 합의에 박수만 치느라 미처 생각을 못 했는데, 지금 돌이켜보면 아베는 자신의 주변 보수

세력에게 엄청난 비판을 받았을 거예요. 그 후 합의가 무력화되고 또 징용 판결이 나온 것이죠."

아베 총리의 정치 이력에서 봤을 때 가장 큰(자신의 정치적 신념에서 벗어난) '굴복'이 2015년 위안부 합의라고 볼 수 있고, 이제는 이를 만회할 계기를 징용 판결로 보고 있다고 분석할 수 있다. 자신의 지지 세력인 주변의 극우 보수 세력에게도 충분히 정체성을 다시 확인시켜 줄 수 있는 부분임은 더 말할 나위도 없다.

"아베는 변하지 않습니다. 같은 보수라도 차기 총리로 거론되는 기시다 전 외상이나, 이시바 전 방위상과는 결이 다릅니다. 아베가 총리로 있는 한 방법이 없을 수도 있어요."

일본에 과연 촛불은 켜질 것인가

2018년 4월, 도쿄의 국회의사당 앞에서 대규모 집회가 열린 적이 있다. 이른바 '사학 스캔들'로 일컬어지는 모리토모학원(아베 총리 부인이 명예 교장을 지냄)에 대한 국유지 헐값 매각 의혹, 가케학원 수의학부 신설 허가 의혹(아베 총리의 친구가 이사장으로 있는 대학에 50여 년 동안 어느 대학도 허가를 받지 못했던 수의학부 설립이 가능해짐)을 놓고 의문이 풀려가기는커녕 정권의 개입 정황이 갈수록 수면 위로 떠오르면서 시민들의 분노가 폭발한 상황이었다.

주최 측은 이날 참가자가 3만 명에 달한다고 밝혔고, 일본 집회로서는 보기 드물게 국회의사당 앞 대로 전체를 시위대가 점거하면서 아베 정권에 대한 분노를 드러냈다. 시위대를 막기 위해 경찰 버스를 동원한 차벽이 등장하는가 하면, 저녁 무렵에는 오렌지 라이트를 든 사람 수백 명이 나타났는데, 이를 가리켜 《아사히신문》은 한국의 '촛불 집회'를 참고해 기획된 것이라고 보도하기도 했다.

총리 주변인에게 특혜를 준 증거들, 예를 들어 수의학부를 설치할 전략 특구를 담당하는 총리 비서관이 해당 부처의 인허가 담당자들에게 공공연히 '총리 안건'이라고 이야기할 정도로 정권의 개입이 명백해 보였지만, 아베 총리는 국회에서 "나의 비서관을 신뢰한다"며 버티기로 일관하는 상황이 벌어지고 있었다.

그럼 당시 상황를 바라보는 일본 내의 진짜 기류는 무엇이었을까? 시민들이 분노하고, 아베 총리의 지지율이 뚝뚝 떨어지고 있지만, 이 흐름이 아베 총리의 퇴진까지 이어질까? 누구도 이를 확언하기는 커녕 기대감마저 갖지 못하는 것이 일본의 분위기였다.

일본 사회 자체는 1960년대에 일어난 격렬한 학생운동 이래로 대규모 시위에 익숙치 않다. 그러다가 시민들이 거리에 나서게 된 계기가 2011년 3.11 대지진 이후의 탈원전 시위였다. 원전 정책을 반대하는 수만 명의 시민이 원전 폐기를 외치며 시위를 벌였고, 원전 정책을 유지하려는 자민당과 아베 정권이 그 대상이 됐다.

2015년에도 아베 정권이 안보법을 통과시키면서 자위대의 역할 확대, 그리고 아베 총리가 꿈꾸는 '전쟁 가능한 나라'에 대한 우려로 많은 시민이 거리로 쏟아져 나와 반대를 외쳤다. 하지만 겉으로 드러나는 민심과는 달리 안보법이 시행된 뒤 치러진 2016년 참의원 선거에서 아베 총리의 자민당은 대승을 거두며 국회에서 개헌이 가능한 수준의 의석을 확보하기에 이른다.

또 2017년 봄, 사학 스캔들이 처음 터져 나오면서 일본 정계를 강타

했을 때도 모리토모와 가케 학원을 둘러싼 의혹이 연이어 제기되고 아베 총리 지지율이 한때 20퍼센트대까지 떨어지는 등 퇴진 분위기가 무르익는 듯했지만, 같은 해 10월에 열린 중의원 선거 역시 결과는 자민당의 압승이었다.

"그렇게 시위를 해서 바뀐 게 뭐야? 그때 시위를 하던 사람들은 모두 어디로 간 거지?"라는 일종의 패배 의식이 일본 사회에 팽배해 있다고 한 일본 언론인은 말했다.

일본 사회 밑바닥에 깔린 보수적 분위기가 선거에서는 늘 다른 결과를 낳는다는 분석도 있다. 즉 전후 짧은 정권 교체기를 제외하고는 사실상 자민당 집권 체제가 계속 이어져왔고, 그 시스템에 익숙해져 있는 일본 사회가 정치적 변화에 매우 수동적이라는 것이다. 그러다 보니 현재 정치를 주도하는 세력에 대한 변화보다는 현상 유지에 익숙하고 정권이 부패해도 어떻게, 무엇을 해야 할지 몰라 방향감각을 상실한 모습을 보이는 게 일본 사회의 현주소라 할 수 있다. 그리고 일본인들에게 찾아오는 감정은 어떻게 해도 바뀌는 게 없다는 무력감이다. 오죽하면 일본에서의 정권 교체는 '당에서 당으로의' 교체가 아닌, 자민당 내 '파벌에서 파벌로' 총리가 바뀌는 '당내 교체'라는 말이 나올지경일까?

장기집권을 이어가고 있는 아베 정권에 대해 국민들이 피로감을 느끼고 견제받지 않은 권력에 대한 우려가 제기되고 있지만, 이러한 흐름이 아베 총리의 퇴진으로 이어지기까지는 결국 일본 국민들이 진정한 변화를 얼마나 바라는지, 특히 이를 표심으로 얼마나 나타내는지에 달려 있다.

"정치를 하려면 일본처럼 해야 하는데…"식사 자리에서 농담 반 진담 반으로 말하던 한국의 어느 유력 정치인의 말이 생각난다. 정권을 수십 년간 유지하는 자민당이 부러워 보였던 모양이지만 옆에서 지켜본 일본의 정치는 그릇된 집권자에게는 천국, 선량한 국민에게는 악몽인 후진 정치일 뿐이다.

일본인에게 덴노란 누구인가

지요다(千代田)구. 도쿄의 한복판. 위성사진으로 도쿄를 내려다보면 도쿄에서도 가장 땅값이 비싸다는 그곳 일대는 푸른 녹지로 상당 부분 채워져 있다. 일왕이 거주하는 왕궁, 고쿄(皇宮)다.

우뚝우뚝 솟아 있는 도쿄역 앞 마루노우치(丸の内)의 빌딩들 앞에 자리 잡은 드넓은 녹지공간이 이질적이면서도 또 다른 풍경을 만들어내는 곳이다. 도쿄역 쪽에서 걸어가면 왕궁 앞 광장의 넓은 잔디밭이 모두 하나하나가 거대한 분재라고 해도 될 만큼 멋진 소나무 수백 그루로 채워져 있는 걸 볼 수 있다. 그 잔디밭에서부터 뭔가 바깥세상과는 다른 구역으로 들어간다는 분위기를 낸다는 느낌이다. 그리고 다가선 왕궁은 커다란 해자와 성벽으로 존재감을 한껏 뽐낸다.

사실 왕궁이라고 하지만 그 내부에 들어가 봐도 고색창연한 옛 건물을 기대하기는 힘들다. 외부에 보이는 성곽과 망루 형태의 구조물만

일왕의 거처인 고쿄로 들어서는 문 중 하나인 기쿄(桔梗)문

몇 개 있을 뿐, 건물 대부분은 2차 세계대전 당시 폭격을 맞아 소실됐다. 드넓은 녹지공간 속에 자리 잡은 몇 개의 건물, 불과 18명뿐인 일왕가를 위한 건물이다. 그곳에 실제로 거주하는 사람은 일왕 직계 부부 정도다.

2016년 7월 14일 모든 일본 신문의 1면은 한 가지 소식으로 채워졌다. 아키히토 일왕, 지금은 전왕(前王)이 된 그의 퇴위 의사 표명이 신문 전체를 뒤덮었다. 그냥 1면도 아니다. 평소 정말 중요한 주목도 높은 일이 아니면 사용하지 않는 아주 굵은 활자체로 〈생전에 양위 의향〉을 제목으로 뽑았고, 1면뿐 아니라 2면, 3면까지 많은 지면을 할애해 관련 소식과 분석, 전망, 반응 등을 담았다. 사회면의 두 면은 각계의 반응으로 채워졌다. 물론 방송에서도 톱뉴스였다.

당시 도쿄 특파원으로 부임한지 한 달 정도 지난 시점에서 자민당 등 연립 여당의 총선 압승도 이 정도로 취급되지 않았던 탓에, 기사의 가치를 넘어 '호들갑'이라는 표현이 자연스레 떠오를 정도였다. 전날인 13일 저녁 처음으로 NHK의 관련 보도가 나갔을 때만 해도 그 내용으로 볼 때 '왕위 이양'의 시기를 특정한 것도 아니었고, '건강이 나쁘니 역할을 충실히 수행할 수 없어 물려주는 게 낫겠다'는 뜻을 주변에 밝혔다는 수준이어서, 이 뉴스의 중요도를 감히 한국인으로서는 가늠하기 힘들었다. 하지만 '일왕'에 대한 일본 사회의 반응은 늘 우리의 판단과 예상을 뛰어넘는다.

그리고 이러한 일본 사회의 반응에는 일본인의 정신세계에 뿌리 깊게 박혀 있는 '신적 존재'였던 일왕의 모습이 투영돼 있다. 일본 사회의 성격을 생각할 때 꼭 알아야 하는 일왕의 존재는, 변하는 듯하지만 기저는 변하지 않는 일본과 너무도 흡사함을 알 수 있다.

2012년 도쿄대에 연구원으로 있을 당시 학교 인터내셔널센터의 주선으로 정기적으로 만나 대화를 나누던 자원봉사자가 있었다. 70대의 노신사로 일본의 대기업인 히타치(日立)를 정년 퇴임한 뒤 도쿄대에 유학하는 외국인 학생과 연구원들을 상대로 일본어로 대화를 나누며 이것저것 일본에 대해 이야기해주던 분이다. 다른 부분에서는 곧잘 말도 통하고 서로 이해할 만한 부분도 있었지만 유독 '덴노(天皇, 천황)'와 관련된 화두가 나올 때면 분위기가 묘해지던 기억이 난다.

'천황제'의 문제점이나 과거 태평양전쟁에 대한 책임 등을 이야기할라치면, 과민하게 혹은 '너는 외국인이니까 신경 쓸 것 없어'라는 식으로, 어찌 보면 '신경질적'으로 반응했던 게 떠오른다. 일본 내에서 일왕가에 대해 보도할 때 '비판적인 논조'가 거의 없다는 부분에 대해서도 기자로서 의문이었지만, "당연한 것 아니냐"는 당당한 태도에 '아, 기본적인 인식 자체가 다르구나' 하고 느꼈었다.

일본은 절대군주제를 사실상 겪지 않은, 겪었다 하더라도 아주 짧게 겪은 나라다. 서구적 관점에서 보면 국가 체제의 발전 단계를 제대로 밟지 않은 나라라고도 볼 수 있다. 군웅이 할거하는 전국시대를 거쳐, 도요토미 히데요시(豊臣秀吉)와 도쿠가와 이에야스(德川家康)라는 쇼군(將軍)이 지배하는 막부(幕府) 체제를 지나 근대로 넘어왔지만, 당시 막부 체제는 중앙집권 국가가 아닌 지역의 지배권을 인정하는 국가 연합체인 '봉건제' 사회였다. 일본이 왕 중심의 절대군주제가 된 것은 1868년 왕정복고 선언을 통해서였으니, 세계사적으로 가장 늦었다고 할 수 있다.

일본에서 고향을 물을 때, "어느 '쿠니(國, 나라)' 출신인가" 하는 표현을 사용하는 경우가 있다. 즉 중앙에는 막강한 실력을 가진 '쇼군'이 존재하지만, 지역에선 자립체인 '번(藩)'을 중심으로 독립성을 상당 부분 유지하고 있었다는 걸 보여준다.

일본의 봉건제와 유럽의 봉건제를 비교해보면, 봉건 영주를 통합하기 위한 수단으로서 지배자의 정통성을 인정받을 수 있는 존재를 각각 두고 있는데 유럽에서는 그 존재가 '교황(敎皇)'이었고, 일본에서는 '천황'이라 할 수 있다. 유럽의 왕들이 종교적으로 절대적인 존재였던 교황에게 정통성을 인정받고 군림할 수 있었던 것처럼, 일본에서도 열도

도쿄 고엔지(高円寺) 아와오도리(阿波おどり) 축제. 도쿠시마현의 전통 춤 축제인 아와오도리를 도쿄에서 재현하는 축제다. 일본은 각 지역별 독립성이 강해 일본어로 '축제'를 의미하는 '마츠리'도 독특한 개성을 띠고 발전한 경우가 많다.

일본의 마지막 막부를 세운 도쿠가와 이에야스의 주(主) 신사인 닛코(日光)의 도쇼구(東照宮). 덴노는 정치·군사적 지배자인 쇼군의 정당성을 인정해주는 존재로 자리매김했다.

의 패자를 원하던 도전자들은 모두 덴노 일가의 인정 속에서 안정을
도모할 수 있었다.

일본에서는 교황도 교황이 아니다

일본은 곧잘 한국 언론 등이 일왕을 '천황'이라고 부르지 않는다며 시비를
건다. 우익 성향인 《산케이신문》의 2019년 4월 30일 자 〈위도 경도(緯度 經
度)〉라는 칼럼에서 한국을 오래 취재한 것으로 유명한 구로다 가쓰히로(黑
田勝弘) 객원논설위원은 한국만이 '천황'을 '일왕'으로 부르고 있다고 비판하
며 "'황(皇)'과 '왕(王)'의 상하관계는 그 옛날 중국에 유일한 황제가 있고 그
밑에 각지의 왕이 존재한다고 간주한 중화문명권의 '화이질서(華夷秩序)'에
서 비롯되었다. 21세기가 되어도 한국 미디어는 그런 감각에서 일본의 '천
황'이라는 호칭을 거부하고 '일왕'으로 격하해…"라고 주장했다. 일본의 보수
우익층이 한국의 역사를 깔볼 때 '한국은 중국의 속국이었다'는 주장을 은
근히 내세우며 중국에만 황제라는 칭호를 쓰는 것이고, 아직도 그러한 의식
에서 벗어나지 못하는 것 아니냐고 비꼬는 말이다.

그런데 다른 시각에서 보면 이 '皇(황)'이라는 단어에 오히려 일본이 집착하
고 있음을 곧 알 수 있다. 예를 들어 가톨릭계의 수장인 교황의 경우 일본
에서는 '법왕(法王)'이라는 말로 낮춰 부르고 있다. 로만 가톨릭이 전해질 당
시 단어가 생성되는 과정에서 '皇(황)'자를 쓰지 않고 '王(왕)'자를 사용하면
서 그 격을 낮춘 것이다.

일본의 TV 프로그램에서는 지금도 곧잘 "일본 천황가(家)는 역사적으로 한
번도 바뀐 적 없이 계승되고 있는 세계 유일한 가문인 만큼 외교적으로 의
전 서열이 그 어느 나라의 왕보다 높으며, 영국의 엘리자베스 2세(Elizabeth
II) 여왕도 다만 '왕'일 뿐 '천황'에는 미치지 못한다"는 식의 억지 해석을 늘
어놓는다.

21세기 일본의 제사장, 덴노

교황과 덴노, 이 둘의 공통점은 정치적이라기보다는 종교적 존재라는 점이다. 현재도 일본에서는 덴노를 일본 신도(神道)의 제1제사장으로 해석하는 주장이 지배적이다. 이는 덴노가 군림하는 왕보다는 종교적 존재라는 의미가 더 강함을 보여준다.

일왕가는 왕이 바뀌는 것을 하늘에 고하는 의식으로 '다이조사이(大嘗祭)'라는 의식을 행한다. 다이조사이는 새로운 왕이 하늘에 평화를 비는 제사 의식으로, 일본의 전통 종교라 할 수 있는 신도에 기반을 둔 종교 행위라 할 수 있다. 심지어 이 행사에 쓰이는 쌀을 어느 지역에서 가져올지 거북 껍데기를 태워서 결정할 정도로 종교 의식의 성격이 강하다. 궁중 제사를 담당하는 제관들이 1300년 전부터 전해 내려온 옷차림을 하고 왕궁 안에 마련된 모처에서 비밀 의식을 치러 해당 지역을 정한다. 거북 껍데기를 태운 뒤 생긴 금에 따라 2019년엔 교토와 도

신왕 즉위를 일제히 1면 머릿기사로 실은 일본 신문들

치기현의 쌀이 결정됐다.

이외에도 일본의 왕궁 내에서 신도의 종교의식은 때에 따라 빈번히 치러진다. 예를 들어 나루히토 일왕이 즉위 첫날 첫 번째로 행한 행사는 '검·곡옥 등 승계 의식(劍璽等承継の儀)'이었다. 일왕가의 조상신인 아마테라스 오미카미(天照大神)가 내려줬다는 청동검과 청동거울, 굽은 구슬인 곡옥을 넘겨받는 의식으로 왕보다는 '제관'의 지위를 물려받는다 해도 무방한 의식이다. 《도쿄신문》 등에 따르면 새 일왕 즉위와 관련해 진행된 약 30개의 의식에서 신도의 색채가 짙은 행사는 모두 23개에 이른다. 왕 교체 행사라기보다는 종교의식에 가깝다고 할 수 있다.

일본이 흔히 자아도취적으로 하는 말 중 하나인 "'신의 나라'에서 태어났다"의 의미는, 늘 잠재적으로 사회의 정신적 배경이 되는 '덴노'라는 존재 때문이기도 하다. 일본 사회에서 덴노가 단순히 '왕'을 넘어 좀 더 복잡한 의미를 가지는 이유는, 이 존재에 종교적 의미가 복합되어 있기 때문이다.

일왕가도 인기를
먹고 산다

종교적 경외의 대상이지만 현대 일본에서 일왕가(家)는 모든 면에서 세속적 관심의 대상이기도 하다. 현재 일본 왕실의 구성원은 모두 18명으로 나루히토 일왕을 포함해 남성은 5명뿐이고 여성이 13명을 차지한다. 여성 일왕에 대한 논의가 심심치 않게 제기되는 것도 이 때문이다. 왕실에 대한 일본 사회의 높은 관심은 많은 매체에서 주요 왕실 구성원의 움직임을 시시콜콜 보도하는 것을 봐도 알 수 있다.

NHK만 하더라도 "○○ 공주가 처음으로 해외순방에 나섰다", "○○ 왕자의 생일이었다" 등의 뉴스를 일일이 전한다. 그중에서도 2017년과 2018년 왕가에서 가장 뜨거웠던 뉴스는 역시 아키히토 전 일왕의 둘째 아들 아키시노노미야 후미히토(秋篠宮文仁) 왕자의 큰 딸로, 아키히토의 손자와 손녀 4명 중 첫째인 마코(眞子) 공주의 결혼 소식이었을 것이다.

2005년 이후 10여 년 만에 전해진 왕실의 결혼 소식에 일본의 각 신문은 해당 기사를 연일 톱 혹은 주요 뉴스로 다뤘고, 결혼 상대 분석에 열을 올렸다. 결혼 상대가 공주가 다니던 국제기독교대학 동창이라는 소박한 로맨스, 여기에 도쿄 근교 관광지인 쇼난 에노시마(湘南江の島)에서 과거 '바다의 왕자'라는 홍보대사를 지낸 경력까지 끄집어내 '왕자와 공주'의 결혼이라며 의미를 부여하기에 바빴다.

심지어 일본 언론에서는 왕실 결혼으로 일본에 웨딩 붐이 일어 경제 효과가 약 1,000억 원에 이르리라는 분석이 등장했고, 당시 《산케이신문》과 인터뷰한 어느 경제 평론가는 "과거 로열 웨딩 사례를 보면 혼인 건수가 1~2만 건 늘어납니다"라고 추산하기도 했다. 과거 일왕이 결혼할 때는 당시 왕세자비가 결혼 전에 타던 자동차에 관심이 모아졌고, 일왕의 딸이 결혼할 당시 진주 목걸이를 착용하면서 진주가 주목받는다는 기사도 나왔다.

이렇듯 세기의 결혼이었지만, 전개는 이상하게 흘러갔다. 2018년 2월 일본 궁내청은 당초 11월로 예정됐던 결혼식을 2020년까지 연기하겠다고 갑자기 발표했고, 연기 발표가 나온 4개월 뒤에는 공주의 약혼자가 3년 예정으로 미국의 로스쿨로 유학을 간다는 소식이 전해졌다. 당시 NHK는 "관계자에 따르면 장학금과 사무실의 지원을 받아 올여름부터 미국으로 건너가 3년 예정으로 현지 대학의 로스쿨에 다니게 됐다"며 "두 사람의 결혼 의사엔 변화가 없다"고 전했다.

공주의 결혼 상대자 어머니에게 금전 문제가 있다는 주간지 보도가 나왔고, 또 인터넷에서는 모계가 '한국계'라는 풍문이 확산되던 때였던 만큼 여러 억측이 제기됐지만, 이 또한 왕실의 이야기라 그 깊은 내막은 공개되지 않았다. 감히 누가 더 알아볼 생각도 못 하는 분위기다. 공주의 결혼을 둘러싼 해프닝은 일본 사회가 왕가에 얼마나 깊은 관심을 가지고 있는지, 또 일왕가에 이른바 '신성성'의 견지에서 유럽 등 다른 국가와 구별되는 독특한 자격을 요구하고 있는지 간접적으로나마 알 수 있게 한다.

NHK의 정기조사를 보면 1970~1980년대 20퍼센트 초반대에 머물던 일왕에 대한 호감도는 아키히토 전 일왕의 즉위를 계기로 급격하게 높아져 40퍼센트를 넘나들었고, 일왕에게 존경을 표한다는 수치도 2013년에는 35퍼센트에 육박했다. 반면 '관심 없다'라는 응답률은 40~50퍼센트를 넘나들다가 2013년 조사에서는 30퍼센트 이하로 떨어졌다. 태평양전쟁을 일으킨 책임으로부터 자유로울 수 없었던 일왕가였던 만큼 전후 인기가 떨어졌지만 아키히토 전 일왕의 취임 후 왕실이 '정치적 존재'가 아닌 '전통적으로 국민과 고락을 함께하는 정신적 지주'로 자리매김하면서 인기가 올라갔다고 할 수 있다.

왕실 전문 연구자인 나고야대학의 가와니시 히데야(河西秀哉) 교수는 전후 왕실의 인기가 떨어지면서 일왕의 존재에 많은 의문이 제기되던 시점에서 제시된 해법이 이른바 '백성과 함께 한다'는 '역사적 일왕상'에 기반을 둔 '공적 행위'를 늘려 국민 사이의 반감을 줄이고, 일왕가의 정당성을 다시 찾아가는 것이었다고 분석했다. 일왕가가 생존의 해법을 찾은 셈이다. 일본 헌법에 명시하고 있는 '상징'이라는 의미 또한 일본 국민에게 어떻게 비춰질 것인가를 신경쓰는, 즉 사회적 요구에 부응하는 존재로 '일왕'을 정의했다고 볼 수 있다.

하지만 이는 거꾸로 일부의 요구에 따라 정신적 지배자인 일왕이 움직이면 일본 국민도 다시금 큰 영향을 받을 수 있다는 말이기도 하다. 태평양전쟁 후 일왕가에 대한 비판적 의식이 크게 늘었을 때와는 달리 70퍼센트 이상의 일본 국민이 지지를 보내는 현재의 분위기라면, 과거 일왕을 앞장 세워 전쟁의 광기로 치달았던 치명적인 역사의 역류(逆流)가 다시 나타나지 않으리란 법이 없다.

일왕이 휴일을
지배하다

일본 정부가 발표한 2020년도 국경일을 한번 보자. 역시 가장 눈에 띄는 건 일왕이 바뀌면서 휴일인 일왕 탄생일이 전왕의 생일이었던 12월 23일에서 2월 23일로 변경된 사안이다. 그리고 또 하루, 4월 29일은 '쇼와(昭和)의 날'이다. 미루어 짐작할 수 있지만 태평양전쟁 발발에 책임이 있는 히로히토(裕仁) 일왕 관련 기념일로 그가 태어난 날이다. 우리 입장에서는 전쟁 원흉인 그의 생일이 일본의 국경일이라는 점이 그리 마음에 들지 않지만, 일본의 관련 법령을 보면 그 취지를 "격동의 나날을 거쳐 부흥을 이룬 쇼와 시대를 되돌아보고, 나라의 장래를 생각한다"로 적고 있다.

  표면적으로 보면 2020년 국가 휴일로 지정된 16일 가운데 이틀 정도가 일왕가와 직접 관련이 있어 보이지만 사실 조금 더 들여다보면 여러 재미있는 사실을 알 수 있다. 예를 들어 2월 11일인 건국기념일은 기원전 660년 초대(初代) 일왕이 즉위한 날이라며 기념하고 있고, 3월 20일 '춘분의 날'과 9월 22일 '추분의 날'은 봄과 가을, 왕궁에서 진행되는 일왕가의 제사 의식을 치르는 날이다. 또 11월 23일 '근로감사의 날'은 2차 세계대전이 일어나기 전 '신죠사이(新嘗祭)'라는 이름으로 정해져 있던 휴일인데, 일본 신도의 행사 중 하나로 1년의 수확을 감사하는 날이었다. 정체를 알 수 없는 11월 3일 '문화의 날'은 메이지(明治) 일왕의 생일이고, 심지어 7월 셋째 주 월요일인 '바다의 날'은 메이지 일왕이 동북지방으로 행차했다가 배를 타고 요코하마로 돌아온 날을 기념해 만든 휴일이다.

사실상 국경일인 총 16일 가운데 절반인 8일이 일왕가와 직간접적으로 관련이 있는 것을 보면 일왕이 일본인의 생활 속에 얼마나 뿌리 깊게 자리 잡고 있는지 알 수 있다. 그리고 2019년 새 일왕 즉위에 맞

메이지 일왕을 신으로 모시고 있는 메이지 신궁(도쿄 시부야구)

춰서 일본 정부는 아키히토 일왕의 퇴위일과 나루히토 일왕의 즉위일까지 임시 공휴일로 지정해, 원래 있었던 5월 초 골든위크('헌법기념일', '녹색의 날', '어린이날' 등 3일 연휴가 끼어 있는 5월 초의 연휴)와 더불어 최장 10일의 황금연휴를 만들기도 했다.

불편해도 연호를
쓰는 게 낫다

도쿄 특파원 생활을 시작한 지 얼마 되지 않아 은행에 통장을 개설하러 갔을 때의 일이다. 생년월일을 적어야 하는데, 1973년이라고 적었더니 담당 직원이 곤란한 표정을 지으며 '쇼와 몇 년'인지 모르냐고 물어왔다. '쇼와 몇 년'? 그리고 그 직원이 들고 온 것이 일본에서 표기하는 연호 중심의 연도 표시와 일반적인 서기(西紀) 중심의 연도 표시를 비교한 대조표였다. 그 표에서 1973년에 맞는 쇼와 기준 연도를 찾고 나서야 태어난 해를 적어 넣을 수 있었던 기억이 난다.

'연호(年號, 일본식으로는 '원호(元號)')'. 사실 요즘엔 잘 쓰이는 않는 단어다. 사전적 의미를 살펴보면 "중국에서 비롯되어 한자(漢字)를 사용하는 아시아의 군주국가에서 쓰던 기년법(紀年法)"이라고 정의돼 있다. 조금 알기 쉽게 이야기하자면 어느 왕이 즉위한 해부터 시작해 연수를 세는 법을 말한다. 우리나라에서는 고구려 광개토대왕이 즉위한 391

년, 최초로 '영락(永樂)'이라는 연호를 사용했다고 한다. 영락 1년이면 391년, 영락 2년이면 392년이다. 근대 이후 거의 대부분의 나라가 상징적 군왕제로 바뀐 데다, 무엇보다 왕이 즉위할 때마다 연(年)을 셈하는 방식이 달라지는 불편함을 감수하면서까지 연호를 쓰는 나라는 사실 없다. 하지만 아직도 이 연호에 천착하는 나라가 있다. 일본이다.

2019년은 '헤이세이 31년'이었다. 아키히토 현 일왕이 지난 1989년 왕위를 계승하면서 연호 '헤이세이(平成)'를 발표했고, 그 해부터 1년씩 더해가며 연도를 표시하면서 헤이세이 31년이 된 것. 하지만 새 일왕이 즉위하고 새 연호를 '레이와(令和)'로 정하면서 2019년은 도중에 '레이와 1년'으로 변경됐다. 4월 30일까지는 헤이세이 31년이고, 5월 1일부터는 레이와 1년이다.

외국인으로서는 참 불편한 노릇이다. 앞서 보았듯 심지어 은행에서 서류를 작성할 때나, 차 계약을 할 때도 연호를 쓴다. 헤이세이 몇 년이 서기 몇 년인지 알기 위해서는 '헤이세이 ○년-12 = 서기 ○년'이라는 공식을 머리에 담고 있어야 한다. 책을 읽다 '헤이세이 17년'이라고 나오면 '17-12 = 5', 그러니까 '2005년'이라고 생각해야 한다.

그나마 현 아키히토 일왕의 즉위 이후인 헤이세이는 괜찮다 치자. 1989년 이전에 쓰였던 연호는 '쇼와(昭和)'였다. 1970년대나 1980년대로 넘어가면 연호를 서기로 바꿔서 이해하기 위해 인터넷 검색이 필요한 지경에 이른다. 1989년 당시 히로히토 일왕이 숨진 날이 1월 7일이었다. 무슨 이야기냐 하면 그해 달력을 비롯해 연도를 표시한 모든 곳에 히로히토 일왕의 연호인 '쇼와'가 인쇄되어 있다가 얼마 써보지도 못하고 갑자기 '헤이세이'로 연호를 바꿔야 하는 일이 발생한 것이다.

사실 연호는 운전면허증 같은 일본의 많은 공문서와 식품 유통기한 등을 표기할 때 폭넓게 사용되고 있어서 왕이 바뀔 때마다 이를 교체하는 비용은 상당하다. 대부분의 분야에서 디지털화가 이루어지는 현대 사회에서 연호를 고집하는 건, 모든 면에서 득보다는 실이 많아 보인다. 하지만 일본 국민들은 연호 대신 세계 공통인 서기력을 전면적으로 사용하자는 말조차 잘 꺼내지 않는다.

우익 성향의 《산케이신문》은 2019년 4월 29일 자 기사에서 〈연호 사용 거부라고 하는 병〉이라는 제목으로 연호에 반대하는 측을 몰아세웠다. 이 기사의 제목을 보면 일본 사회에서도 연호 사용을 불편해하고, 거부감을 느끼는 사람들이 있다는 사실을 새삼 깨닫게 해주기는 했지만, 개인적인 생각에 그칠 뿐이어서인지 주변 어디에서도 이에 대한 문제 제기나 바꾸자는 논의가 이루어지는 걸 본 적이 없다. 이 부분에 대해서는 모든 언론이 마찬가지다. 마치 연호에 대한 이야기를 꺼내면 덴노의 존재 자체를 거부하는 것으로 비춰져 불경시하는 듯하다.

연호를 폐기하지 않고 존속시키면서 각종 문서 등 공적영역에서 전면적으로 서양력을 사용하는 방법도 있지만 이조차 고려 대상이 아닌 것처럼 보인다. 다만 회사의 선택에 따라 서양력을 사용할 수 있는데, 조용히 알아서 할 뿐 사회 전반에서 논의의 대상은 될 수 없는 분위기다.

그래도 일왕의 방한은
필요하다

〈롱 리브 더 킹〉이라는 우리 만화가 있다. 사실 만화보다는 영화가 더 유명하다. 김래원이 주연을 맡아 2019년 6월 개봉한 〈롱 리브 더 킹: 목포 영웅〉이라는 영화의 원작이 바로 이 웹툰이다. 줄거리는 목포의 어떤 조폭 두목이 이러저러한 인연과 필연으로 정치에 뛰어들게 되고 대통령에 도전한다는, 어떻게 보면 얼토당토않은 스토리다. 황당한 이 야기지만 흡인력 있고 정감 넘치는 캐릭터와 함께 꽤 설득력 있게 그 려진다.

영화에는 나오지 않지만, 이 만화에는 일본과 관련된 스토리가 꽤 길게 다루어진다. 조폭 출신인 주인공이 야쿠자 출신인 일본 정치계 거물의 관심을 끌면서 국회의원단의 일원으로 일본에 초청되고, 여러 사건 사고를 거쳐 극적으로 일왕까지 만나게 되는데… 여기에 흥미로 운 포인트가 하나 추가된다.

주인공이 일본에 가게 됐다는 걸 알게 된 위안부 피해자 할머니가 그를 찾아 마음의 한을 풀어달라고 부탁하고, 주인공이 왕궁에서 일왕을 만나 이를 요구하는 모습이 그려진다. 그리고 아키히토 전 일왕을 똑 닮은 만화 속 인물이 제안한 것이 '비공식적 사과'였다. 일왕이 가족과 함께 나란히 서서 피해자에게 사과하고 위로의 말을 전하는 모습을 주인공이 휴대전화로 촬영해 위안부 피해자 할머니한테 보이는 방식이었다. 물론 만화 속에서 할머니는 영상을 보며 일왕의 사과에 감격의 눈물을 흘린다. 그저 만화라고 치부해 버릴 수도 있지만 도쿄 특파원으로 3년간, 일본에서 공부한 기간까지 포함하면 2011년부터 한일 관계의 격한 흐름, 온갖 다사다난을 보아온 필자로서는 '신선하다'는 느낌도 강하게 다가오는 한 장면이었다.

2016년 도쿄 특파원으로 부임한 직후 아키히토 일왕이 퇴위 의사를 밝혔을 당시 〈일왕 퇴위 소식, 열도가 경악〉이라는 기사에서 다음과 같이 쓴 적이 있다.

한일 관계를 고려할 때 일왕의 방한 문제는 다시 한번 생각해 볼 만한 부분이다. 아키히토 일왕은 "일왕가는 백제계의 후손"이라는 말을 공개적으로 천명했던 인물이고 최근에는 〈한일 반가사유상〉전(展)을 따로 찾아 관람하는 모습을 보이기도 했다. 태평양전쟁 당시 전장으로 내몰렸던 남태평양의 섬을 찾아 사과의 뜻을 표하기도 한만큼 한국을 방문한다면 과거사 문제에 대한 하나의 분기점이 마련될 수도 있다.

외교는 딱딱하고 형식적으로도 이뤄지지만, 부드럽게 접근하는 방법도 있다. 우리의 국민감정을 어떻게 다독이고 어떤 식으로 한일 관계를 미래지향적으로 이끌어갈 것인가. 위정자들에게 남은 숙제다.

이후 우리 정치권에서 일왕의 방한이 몇 차례 화두로 올랐지만, 사실 우리 측의 의사와 상관없이 일본 측의 반응은 그다지 좋지 않았던 것이 사실이다. 왜 그랬을까. 필자는 〈[특파원리포트] "지일파 국회의장의 천황 사죄 요구"— 일본이 당황하는 이유는?〉라는 기사에서 다음과 같이 일본 사회의 반응을 분석했다.

　문희상 국회의장의 일왕 사과 발언에 대해 일본 사회는 "왜?"라는 부분에서 이유를 찾지 못하고 있는 듯하다. 이는 문 의장이 밝혔듯이 일왕이나 무게 있는 지도자가 위안부 할머니의 손을 붙잡고 진정으로 사과하면 양국이 과거사의 앙금을 풀어낼 수 있다는, 우리 입장에서 보면 상식에 가까운 이야기를 일본 사회에서는 덜 공감하기 때문이다.

종전 이후 일왕이 정치엔 일절 관여할 수 없게 됐지만 앞서 살펴보았듯 일본 국민의 마음을 보듬는 종교적 지도자로서 일왕의 근본적인 영향력은 지속되는 듯하다. 그러한 일왕이기에 그가 어떻게 움직이느냐는 일본 사회에서 우리가 생각하는 것 이상의 상징성을 갖게 된다. 일본의 한 정부 관계자는 필자를 만나, "한국에서 오라고 해서 갈 수 있는 게 아닙니다. 순서가 바뀌었어요. 한국은 일왕이 옴으로써 과거사 문제를 풀어갈 수 있는 시작점으로 보는 것 같지만, 덴노가 한국에 갈 수 있는 날은 한일 관계가 가장 좋아지고, 자연스럽게 한국에 가도 아무런 부담이 되지 않는 때일 겁니다"라고 말했다.

우리는 한일 관계를 풀어갈 하나의 방편으로 일왕의 방한을 이야기한다. 하지만 일본의 관점에서 보면 한국과 일본 사이에 극히 우호적인 분위기가 조성돼 모든 역사적 과제를 푸는 대단원의 막이 내리는 시기가 되어야 일왕이 한국에 올 수 있다는 이야기다. 앞서 〈롱 리브 더 킹〉이라는 만화에서처럼 현 일왕의 공식적인 방문이 아니라도 왕위에서 물러난 아키히토 전왕이 비공식적으로라도 한국을 찾는다면 한일 관계에 큰 역사적 사건이 될 수 있다.

군국주의 향수에 젖어 있는 아베 총리에게는 전왕의 한국 방문 자체가 싫을 테지만 이를 대놓고 막을 명분 자체를 주어서는 안 된다. 일본 정부가 치졸하다면 우리는 더 대승적으로, 아베 내각이 한일 관계를 국내 정치와 개헌 등에 이용하려고만 한다면 우리는 더 평화적으로, 일본 국민과 아베 내각을 분리해 메시지를 전할 수 있는 여러 방안을 생각해야 한다.

우리나라 헌법 1장은 총강(總綱)으로 하위 조항인 1조 1항은 "대한민국은 민주공화국이다", 2항은 "대한민국의 주권은 국민에게 있고, 모든 권력은 국민으로부터 나온다"고 규정하고 있다. 그럼 일본의 헌법은 어떨까. 일본 헌법 1장은 '천황'이다. 그리고 '국체(國體, 주권이 누구에게 있느냐에 따라 나누는 나라의 형태)'를 설명하는 1조에 "천황은 일본국의 상징이자 일본 국민 통합의 상징이며, 이 지위는 주권을 지닌 일본 국민의 총의(總意)에 근거한다"고 밝히고 있다.

일본의 헌법에서 1장 1조부터 8조까지 천황의 지위와 역할 등을 논한 뒤 나오는 것이 '전쟁의 포기'를 적은 2장이다. 우리에게도 유명한 평화헌법 9조 1항 "일본 국민은 정의와 질서를 기조로 하는 국제 평화를 성실히 희구하며, 국제 분쟁을 해결할 수단으로서 국권을 발동하는 전쟁과 무력에 의한 위협 또는 무력의 행사를 영구히 포기한다"는 조항은 천황에 대한 이야기가 모두 끝난 뒤 나온다. 일본 헌법의 지향점이 무엇에서부터 시작하고 있는지 알 수 있다.

일본에서 '일왕'은 우리가 생각하는 것보다 훨씬 뿌리 깊게 사회 구성원들의 의식 속에 자리 잡고 있음을 알 수 있다. 전 일왕인 아키히토 일왕은 평화주의자로 인식되면서 아베 총리가 바라는 전쟁 가능 국가론의 반대편에 서 있는 것으로 보였고, 그러한 자세가 우리에게 안도감을 주었던 것도 사실이다. 그러나 왕이 교체되는 변혁기와 변화기에, 그 어느 때보다 강력한 우익 성향에다 장기집권 중인 총리가 재임 중인 현재의 상황을 본다면 일본 사회의 흐름이 어떻게 바뀔지 쉽사리 짐작하기 어렵다.

문제 제기가 활발히 이루어지고 많은 부분이 논의되는 사회라면 좋겠지만 특히 '일왕'에 한해서는 사실상 무비판적인 자세를 보이고 있는 만큼, 일본 사회의 분위기가 일왕 개인의 의견에 따라 한쪽으로 다시 쏠릴 가능성도 다분하다. 우리가 늘 경계해야 하는 부분이기도 하다.

일본은 어쩌다
조작 왕국이 됐나

도요타(豊田), 닛산(日産), 혼다(本田), 스바루(SUBARU), 마쓰다(松田), 미쓰비시(三菱) 자동차의 공통점은? 여기에 미국의 제너럴모터스(General Motors, GM)와 포드(Ford)까지 더한다면? 모두 데이터 조작으로 기준 미달 제품을 출하한 고베제강으로부터 납품받은 기업들이다. 자동차 회사만 해당되는 게 아니다. 항공 관련 회사로는 미쓰비시중공업, IHI 에 미국의 보잉(Boeing), 그리고 일본 방위성이 납품처에 올라 있고, 철도 회사로는 JR히가시니혼(東日本), JR도카이(東海), JR니시니혼(西日本) 등 주요 신칸센(新幹線) 회사들이 고베제강의 재료 부품을 받아 신칸센 제작에 사용했다. 전기 회사로는 히타치, 파나소닉(Panasonic), 다이킨(大金)공업, 미쓰비시전기 등이었다… 그리고 하이라이트는 도쿄전력이 원전 관련 부품을 고베제강에서 납품받았다는 사실이었다.

일본 3위 철강 메이커의 도덕불감증

2017년 가을, 일본은 한 제강 회사의 조작 문제로 발칵 뒤집혔다. 이 회사로부터 기준 미달 제품을 납품받은 기업들의 면모가 그랬다. 자동차, 항공, 방산, 원전 등 재료의 완성도가 제품 전체의 안전도와 지극히 관련성이 높은 분야들이었다. 납품받은 회사들이 급하게 진행한 자체 검사에서 안전성에 영향을 미칠 수준은 아니라는 결론이 나왔지만, 모든 불안감을 지울 정도는 아니었다.

고베제강은 1905년에 창업한 일본 3위의 철강 메이커이다. 철강 사업뿐 아니라 알루미늄, 동제품, 건설기계, 전력 사업까지 벌이고 있다. 2017년 3월 기준 그룹 매출이 10조 7,000억 원에 이를 정도로 큰 회사다. 그런데 이렇게 큰 회사치고는 조작 행태가 너무 노골적이었다. 처음엔 조작 대상이 알루미늄과 동제품이었고 조작 기간도 문제가 된 1년뿐인 줄 알았는데, 조사가 진행될수록 부정 사례가 점점 늘어났다. 그 결과 일본 본사뿐만 아니라 중국과 타이, 말레이시아 등의 국외 자회사까지 9개 회사가 데이터를 조작한 것으로 드러났다. 부정 출하 기간은 2007년 4월 이후 무려 10년에 달한다. 부정 출하 제품도 알루미늄과 동제품뿐만 아니라 특수강, 스테인레스강까지 확대됐다.

고베제강이 애초에 왜 이런 부정행위에 빠져들었는지는 명확하게 알려지지 않았다. 고베제강의 가와사키 히로야(川崎博也) 회장이 기자회견에서 "납기를 맞추기 위해, 또 기준 미달 제품을 다시 만들기 위해서는 비용이 들기 때문입니까?"라는 질문에, 마지못해 "그렇지 않다고는 말할 수 없습니다"라는 답을 내놓았을 뿐이다.

문제는 회사 전체에 퍼져 있는 도덕불감증이었다. 기준에 미치지 못하는 제품에 대해 데이터를 고쳤을 뿐만 아니라, 검사도 하지 않고 데이터를 날조해 납품하기도 했다. 또 이사회가 이를 알고도 넘어가는 등 밑에서부터 위에까지 심각한 모럴해저드(moral hazard, 법과 제도의 허점을 이용하여 자신의 책임을 소홀히 하거나 집단적인 이기주의를 나타내는 상태나 행위)가 만연했음이 속속 드러났다. 한두 개 사업장뿐만 아니라 해외의 자회사까지 비슷한 조작을 하는, 즉 '조작'과 '대충대충'이 일종의 기업 문화로 자리 잡은 분위기였다.

닛산자동차의 연비 및 배기가스량 조작

그런데 이런 '대충대충' 분위기는 한 회사만의 문제가 아니었다는 사실이 곧 밝혀진다. 2018년 7월 10일 자 《아사히신문》은 〈데이터 조작 전체의 50퍼센트〉라는 제목의 기사를 실었다. 2017년 발각돼 문제가 된 '닛산자동차의 연비 및 배기가스량 조작' 관련 기사였다. 조사 결과 2013년부터 도치기와 가나가와(神奈川), 후쿠오카 등 일본 내 5개 닛산 공장에서 만들어진 차량에 대해 연비와 배기가스량 측정 결과가 조작된 사실이 발견됐다. 대상만 19개 차종으로, '노트'와 '스카이라인' 등 닛산자동차의 대표 모델이 총망라됐다.

출고 전 닛산에서 자체적으로 연비와 배기가스량이 기준치에 적합한지 최종 확인하기 위해 대상을 무작위로 선정해 검사하는데, 검사가 끝난 뒤 데이터를 조작하거나 속도가 검사 기준에 이르지 못한 상태에서 재측정하는 방법 등으로 기준 미달 차량을 속여 판매했다. 더 큰 문제는 조작의 정도와 고의성이 심각한 수준이었다는 점이다.《아사히신문》은 검사 대상 차량 2187대 가운데 53.5퍼센트인 1171대에서 데이터 조작이 발견됐다며 전체 차량의 절반이 합격 기준에 못 미치는 데이터 조작 출고 대상 차량으로 볼 수 있다고 설명했다.

게다가 닛산은 이미 이전 해에 국가자격증이 없는 무자격 종업원이 공장에서 출고차 최종 검사를 한 사실이 드러나 차량 100만 대 이상을 리콜한 적이 있었다. 그런데 문제점이 발각된 후에도 현장에서는 1년 가까이 데이터 조작이 계속됐다. 스바루자동차의 연비 조작 문제가 불거져 이 사안이 계속 보도됐는데도 그 기간 동안 닛산은 버젓이 검사 차량 절반에 손을 대 데이터를 조작했다.

그런데 닛산 측 답변이 가관이다. 기자회견에서 "법령 준수 의식이 좀 희박한 부분이 있었습니다"라고 말했기 때문이다. 문제의 심각성에 대한 인식조차 부족했던 것이다.

조작 시리즈의 정점을 찍은 미쓰비시전기

조작 시리즈의 화룡정점은 미쓰비시전기가 찍었다. 가장 오랜 기간, 가장 많은 계열사 조작이라는 기록을 세웠다. 미쓰비시전기의 자회사인 '도칸'은 각종 전기제품이나 철도 등 폭넓은 분야에 쓰이는 고무 부품을 생산하는 회사다. 그런데 2008년 이후 이 회사가 생산한 고무 부품 253종에 느슨한 검사기준을 적용하거나 아예 검사를 생략하기도 하고, 데이터를 조작하는 등 부정한 방식으로 제품을 출하해왔다고 2018년 말에 드러났다. 부정 출하 비율도 전체 제품의 20퍼센트, 5개 중 1

개에 달했다.

기록은 2008년부터 남아 있지만 사실상 부정행위는 2000년 무렵부터 시작된 것으로 추정돼 20년 가까이 문제가 지속된 셈이었다. 문제가 있는 제품이 납품된 회사만 25개인데 모(母)회사인 미쓰비시전기의 전자제품을 비롯해 PC 등에 쓰이는 전자기기용 방열·절연 고무, 신칸센, 그리고 철도 브레이크 관련 장치에도 사용되는 등 안전에 직결되는 분야도 상당수 있는 것으로 알려졌다. 일본 기업의 부정 처리 양상이 모두 포함된 종합 세트였던 셈이다.

이미 연초에 부정 출하 사실을 밝혀내고 내부 조사에 착수했지만, 그럼에도 부정행위는 계속됐고 외부 공개도 이루어지지 않았다. 부정행위 자체가 품질보증, 제조, 기술 등 각 부처에서 폭넓게 이루어지고 있었고 부장급 등 회사 간부들까지 관련되면서 어디서부터 손을 써야 할지 모를 지경이었다. 도칸의 한 사원은 《아사히신문》에 "잘못됐다고는 생각했지만, 발설할 수 없었어요"라고 말했다. 일본 기업의 뿌리 깊은 폐쇄성과 암묵적으로 부정행위를 요구하는 분위기에, 잘못을 알아도 문제를 제기할 수 없는 일본 특유의 조직문화가 작용하면서 20년 가까이 '비정상'이 '정상'인 상태로 회사를 움직이게끔 했다는 지적이다.

미쓰비시 계열사들은 '부정(不正)의 대명사'가 됐는데, 미쓰비시자동차가 지난 2016년 연비를 조작해 신뢰를 잃으면서 르노(Renault) - 닛산에 편입됐고, 2017년에는 미쓰비시전선과 미쓰비시알루미늄 등 미쓰비시머티리얼의 자회사 3곳이 기준 미달 제품을 출하했다가 발각되기도 했다. 특히 미쓰비시머티리얼의 자회사 3곳은 품질이나 규격이 계약한 수준에 못 미치더라도 고객의 이의 제기가 없으면 출하에 문제가 없는 '도쿠사이(特採)' 관행을 악용한 것으로 드러나, 고객을 철저히 기만하는 행태가 여실히 드러났다. 즉 자동차 업체 등은 소재 업체를 대상으로 처음 거래하는 제품은 검사하지만, 이후엔 서면 등으로만 확인한다는 점을 이용했다. '고객의 클레임이 없으면 문제가 안 된다'는 식으로 자의적 기준에 따라 규격에 못 미치는 부정품(不正品)을 정규품으로 출하한 것이다. 완성품에서 어떤 부품이 어떤 문제를 일으켰는지 파악하기 어려운 점을 악용해, 고객의 신뢰를 배반한 경우라 할 수 있다.

미쓰비시전선의 제품은 자위대 항공기나 함정(艦艇) 등에도 사용됐다. 거기에 미쓰비시전기까지, 일본 제국주의 시대부터 존속해온 일본 제일의 재벌 기업이라는 미쓰비시가 어떤 기업문화를 가지고 지금까지 생존해왔는지 드러났다고 봐야 할까?

안전 국가 일본에 만연한 대충주의

일본 기업의 '대충대충 넘어가자'식 일 처리는 안전과 직결되는 분야라고 해서 예외는 아니었다. 일본에서 지진은 무슨 일과도 타협할 수 없는, 최고의 안전이 요구되는 최후의 보루로 여겨진다. 지진에 대비하기 위해 엄격한 건축 규정을 두고, 건물의 크기와 종류, 높이에 따라 철저하게 대비하도록 하고 있다.

지진 보강을 위한 장치는 크게 '내진(耐震) 장치'와 '면진(免震) 장치'로 나뉜다. '내진 장치'라고 하면 잘 알려진 것처럼 지진이 났을 때 건물에 미치는 진동을 어느 정도 흡수해 건물을 보호하는 장치를 말한다. '면진 장치'는 지진이 났을 때 진동 자체가 아예 건물에 전달되지 않도록 설계하는 것으로, 쉽게 이야기하면 지상에서 일정 높이로 건물을 띄우는 효과를 내는 장치라고 보면 된다.

문제가 된 기업은 일명 '댐퍼(damper)'라고 하는 유압식 진동 흡수 장치를 만드는 회사 KYB. 지진을 견딘다는 '내진' 설비를 넘어 '면진' 수준의 안전성을 확보해주는 장치지만 무려 18년간 데이터를 조작해가며 통과 기준에 미달하는 장치를 납품한 것으로 드러났다. 2018년의 일이다.

2011년 3.11 대지진으로 지진에 대한 경각심이 어느 때보다 높아진 후에도 이 회사는 통과 기준에 미달하는 장치가 있으면 분해해 다시 만들지 않고, 데이터만 바꿔 기준에 맞는 것처럼 꾸민 뒤 그대로 설치해온 것으로 밝혀졌다. 기준 미달 제품이 설치된 곳은 관공서가 많았는데 일본 정부 중앙 청사를 비롯해, 도쿄 청사 등 각 현과 시의 청사, 소방서, 병원 등이 포함됐다. 이에 따라 강한 지진이 발생할 경우 대응에 중심적으로 나서야 할 공공기관들의 건물이 오히려 지진에 취약하다는 아연실색한 상황이 벌어졌다. 도대체 어디까지 부정이 끼어 있는가 하는 탄식이 일본에서 새어 나왔다.

일본의 '모노즈쿠리'는 어디에

이렇듯 최근 몇 년간 일본 사회에서 발생하고 있는 '기준 무시', 그리고 임의적인 숫자 대입과 데이터 조작은 헤아릴 수 없을 정도다. 앞서 살폈듯이 고베제강을 시작으로 닛산, 스바루, 스즈키(鈴木), 마쓰다(松田)

등의 대형 완성차 업체들은 무자격자 검사와 연비와 배기가스량 측정 등에서 데이터 조작이 발각됐고, 첨단 섬유업체인 도레이(東レ), 대기업 산하 기업인 히타치카세이(日立化成) 등 소재 회사의 부정행위도 잇따라 드러났다. 또 요코하마의 지역 은행은 고객 데이터를 조작해 대규모 부정 대출을 저지르기도 했다. 일본 사회에서 이처럼 한꺼번에 조작 문제가 터져 나오는 현상은 일본 사회의 변화상과 무관하지 않다는 분석이다.

1980년대까지 이어지는 고도 성장기, 빠른 속도로 성장을 구가하던 일본 기업들은 1990년대에 들어 버블이 붕괴되면서 혹독한 쇠퇴기를 겪게 된다. 성장기에는 생각할 필요조차 없었던 '생존'해야 한다는 현실은 회사 조직 자체를 폐쇄적으로 몰아갔고, 어느 정도 부정이 있더라도 조직에 해를 끼쳐서는 안된다는 논리 속에 눈 감고 넘어가는 문화를 만들었다는 지적이다. 특히 문제가 되고 있는 검사 단계에서 일어나는 부정행위는 제품 제조보다는 완성 후 검사 단계의 규모를 우선해 비용을 줄이다 보니 발생할 수밖에 없었다는 설명도 나온다.

이렇게 한번 부정에 눈 감는 조직문화에 길들여지면 일본 경제가 다시 기지개를 켜더라도 그 습성을 다시 바로잡기가 쉽지 않다. 연비 조작을 저지른 미쓰비시자동차의 경우도 사내에서 공개적으로 문제가 제기됐는데도 이를 무시하고 대응에 나서지 않았다. 관례라는 이름이었다. 또 발견되고 나서도 부정 출하를 계속한 사례가 연이어 보고되는 것은 잘못을 알면서도 이를 바로잡을 인력을 투입하는 등의 조치가 곧바로 이루어질 수 없는 구조적 한계를 안고 있기 때문이라는 지적이다.

철저한 준법 의식과 장인정신이 깃든 '모노즈쿠리' 정신을 자랑해온 일본 기업, 그리고 일본 사회. 어쩌면 우리가 모르는 사이 더 깊은 곳까지 썩어 있는지도 모른다.

재팬 스트라이크존의
소멸

〈일본, 액정 산업 소멸〉. 2019년 4월 13일 자 《도쿄신문》의 1면 기사 제목이다. 실적 부진을 겪던 중소형 액정 패널 업체 'JDI(재팬디스플레이)'가 중국과 대만 기업 연합으로부터 800억 엔, 우리 돈으로 약 8,000억 원의 자금 지원을 받아 그 산하로 편입됐다는 기사다.

JDI는 2012년 히타치와 도시바(東芝), 소니(SONY)의 디스플레이 사업 부문을 통합해 일본의 민관 펀드가 2,000억 엔, 우리 돈으로 약 2조 원이라는 거액을 투입하며 출범한 회사였다. 하지만 이 회사는 불과 10년을 버티지 못하고 결국 매각의 길을 걷게 됐다. 2019년까지 5년 연속 적자를 기록하는 등 경영 실적이 악화 일로였던데다 패널 부문에서의 사업 변신도 늦어 전망도 밝지 않은 상황이었다. 결국 '히노마루(日の丸, 일장기) 액정'이라는 깃발을 치켜들었던 일본 정부도 손을 든 셈이다.

1990년대 후반 전 세계 LCD 시장을 80퍼센트까지 차지하며 절대 강자로 군림했던 일본 전자업계. 하지만 2016년 '샤프(Sharp)'가 대만 업체에 넘어가고, JDI까지 사실상 매각되면서 불과 20년 만에 일본의 독자적인 디스플레이 회사는 더 이상 존재하지 않게 되었다. 돗토리(鳥取)현과 이시카와(石川)현에 위치한 JDI 공장도 통폐합에 내몰리는 상황. 이제 디스플레이도, 반도체도 없는 일본 전자업계의 몰락은 어디서 비롯됐을까?

JDI 경영 부진의 가장 큰 원인으로는 늦은 사업 변신이 꼽힌다. 휴대전화 등에 쓰이는 소형 디스플레이 시장이 삼성 등이 주도하는 OLED로 빠르게 재편되고 있었지만, JDI는 그러한 흐름 속에서도 LCD를 고수했다. 결국 주 고객이었던 애플까지 LCD 대신 OLED 사용을 늘리면서 실적에 직격탄을 맞았고, 지분 매각에까지 이르게 됐다. '결정의 지연', '선제적 투자의 결여'라는, 변화에 능동적이지 못한 일본 업체 특유의 단점이 고스란히 드러난 과정이었다.

일본 전자업계 전문가인 도쿄이과(東京理科)대학 와카바야시 히데키 (若林秀樹) 교수는 2018년 《요미우리신문》을 통해 소니와 히타치 등 일본의 주요 8개 전자 회사와 여기서 분리된 사업체의 이익을 모두 합한 총액이 30년 전인 1998년과 거의 변하지 않았다고 밝혔다.

'재팬 스트라이크존'. 와카바야시 교수가 일본 전자업계의 부진을 설명하기 위해 내놓은 개념이다. 시장 규모가 생산 대수 기준 1억 대를 넘지 않고, 제품 교체 사이클이 5년 이상 되는 상품으로 범위를 설정할 경우 이 같은 '재팬 스트라이크존' 내에서는 일본 기업이 강점을 보인다는 설명이다. 그러나 시장 규모가 확대되고 제품 교체 사이클이 짧아지면 일본 기업은 부진을 금치 못한다는 분석이다. 거액의 투자자금을 신속하게 투자하는 등 톱다운 형태의 빠른 의사결정과 경영이 안되기 때문인데, 휴대전화, 컴퓨터 등이 모두 1억 대 이상의 시장 규모를 넘어서자 일본 기업들의 존재감이 급속하게 약화됐다.

결국 일본 전자업계는 2000년대 들어 사업 재편에 직면하게 됐고, 2009년 산요(三洋)의 파나소닉으로의 편입, 2011년 NEC의 컴퓨터 사업 부문 중국 매각, 2012년 히타치와 NEC의 반도체 사업 부문을 합쳐 세운 엘피다(ELPIDA)의 파산, 그리고 2016년 샤프가 대만 기업 홍하이(鴻海)에 매각되는 등 축소 일로를 걷게 됐다. 도시바 또한 회계 분식이 적발되는 등 경영 어려움에 봉착한 끝에 우리나라의 SK 등이 참여한 펀드에 대규모 지분 매각을 단행해야만 했다.

《요미우리신문》은 1990년대 전반까지 메모리 반도체의 최전성기를 구가했던 히타치에서 반도체 분야를 담당했던 한 이사의 말을 실었다.

"경영회의에서 위로부터 이런 지시를 받았습니다. '안정적인 것을 목표로 해라. 매출 확대만을 염두에 두지 마라.'"

매출 확대와 기술개발, 메모리 반도체에 계속 집중 투자한 삼성전자에 일본 업체들이 패한 것은 당연한 귀결이었다. 첨단기술을 자랑하던 일본 기업이지만 급격한 매출 확대를 바탕으로 개발에 올인한 삼성에 기술면에서도 뒤처지는 결과를 맞이한 것이다. 가전에서 통신, 전력 인프라까지 일본 가전업체들이 문어발식으로 확장해놓은 사업 영역은 안정적인 성장엔 도움이 됐지만, 반도체 분야에서 혁명적인 변화를 따라잡을 의사결정을 내리기엔 적합하지 않았다는 평가다.

1990년 반도체 세계시장 점유율 10위 기업 가운데 6개 이름을 올렸던 일본 전자업계는 최근 몇 년 사이 단 한 곳도 10위 안에 들지 못했다.

일본 실패의 패턴,
도시바의 몰락

잘 기억하지 못하는 사람이 많지만, 일본 전자업계에서 도시바의 위상은 소니에 버금가는 것이었다. 소니가 워크맨(Walkman, 휴대용 카세트 테이프 플레이어)과 '바이오(VAIO)'라는 노트북, 소니 TV로 글로벌 시장에서 고급 가전의 대명사로 한때 군림했다면, 도시바는 탄탄한 기술력을 바탕으로 한 강자였다. 1955년 일본에서 최초로 전기밥솥을 만들어낸 곳도, 1960년 일본 최초로 컬러 TV를 출시한 곳도 사실 도시바였다. 그리고 1991년에는 세계 최초로 낸드 플래시 메모리(NAND Flash Memory, 전원이 끊겨도 데이터를 보존하는 비휘발성 메모리의 일종)를 개발해내기에 이른다. 이미 D램(Dynamic Random Access Memory(DRAM), 저장된 정보가 시간에 따라 소멸되기 때문에 주기적으로 재생시켜야 하는 기억 장치)의 강자였던 도시바가 낸드 플래시까지 개발하면서 반도체 업계는 이제 도시바의 세상이 되는 듯했다.

하지만 2017년 기준으로 낸드 플래시 메모리 분야는 삼성이 38.7퍼센트, SK하이닉스가 11퍼센트를 점유하며 세계시장을 이끌었고, 결국 경영난을 타개하지 못한 도시바는 2018년 SK하이닉스가 포함된 한·미·일 연합에 도시바메모리를 매각하면서 반도체 분야에서는 사실상 문을 닫게 됐다. 최고의 기술력을 자랑하던 일본 도시바의 몰락, 1980년대 도시바의 반도체 사업을 이끌었던 가와니시 쓰요시(川西剛) 부사장은 이에 대해 다음과 같이 지적했다.

"투자를 할 것인가 말 것인가? 도시바 임원 회의에서 우물쭈물하고 있을 때 삼성에선 이 분야가 성장하리라는 믿음을 가지고 투자했습니다. 스피드에서 차이가 있었죠." 사내에서 과연 낸드 플래시가 성공할 것이냐는 회의적인 분위기가 있었다는 말이다.

도시바는 플래시메모리를 입체적으로 쌓아 기억용량을 확장하는 기술을 차례로 개발해갔지만 수요에 유연하게 대응하지 못했다. 그래서 기술 개발자라는 선행 기업의 이점을 살리지 못한 채 삼성을 뒤따라가는 데 급급했다. 적절한 투자를 하지 못한 도시바는 1990년대에 가장 높은 점유율을 자랑하던 D램 부문에서도 삼성에 뒤처져, 결국 2001년에 해당 사업 부문에서도 철수했다. 도시바의 판단이 늦었던 이유엔 전자업체 중심의 일본 대기업 집단이 겪은 양상과 비슷한 면이 있다. 당시 도시바도 가전부터 원자력발전 분야까지 다양한 분야에 발을 뻗고 있어 투자의 균형을 따져야 하는 상황에서 의사결정이 늦을 수밖에 없었고, 반대로 한 계열사의 위기는 다른 계열사로 쉽게 전이됐다.

이와 더불어 오사나이 아츠시(長內厚) 와세다대 교수는 《마이니치신문》과의 인터뷰에서 경영전략의 부재를 지적하기도 했다.

"도시바만 그런 것이 아니라 일본의 많은 거대 기업은 우월한 기술만 있다면 비즈니스에서도 우위에 설 수 있다는 생각에 빠져, 같은 실패를 반복하고 있습니다. 스스로 개발한 기술이 그대로 제품의 가치로 이어지던 1970~1980년대의 성공에서 벗어나지 못한 것이죠. 경영 과제를 모두 기술의 문제로만 보고 해결하려고 하는 문제가 있습니다."

역설적으로 기술 제일주의에만 천착하다 시장을 파악하지 못하고 타이밍을 놓쳐 뒤처지는 결과를 낳았다는 설명이다.

오사나이 교수는 삼성의 경우 대량으로 저렴하게 생산해 판매하는 전략으로 수익을 내고, 이 수익을 다음 사업에 투자하는 사이클을 반복하면서 성장하고 있다고 분석했다. 그러는 동시에 기술력을 선도할 수 있는 능력까지 갖춰갔음은 물론이다.

메이드 카페 천국, 아키하바라

'아키하바라(秋葉原)'. 일본에 조금이라도 관심 있는 사람에게는 '전자 거리', '게임팩의 천국'으로 이름 높은 곳이다. 태평양전쟁 이후 암시장이 생긴 뒤 전기상들이 도쿄의 한 거리에 하나둘 모여들었다. 당시 최고의 전자제품이었던 '라디오'를 살 수 있는 곳으로 이름을 떨치면서 아키하바라의 명성은 시작됐다.

근처에 전기공업 전문학교가 자리 잡고 있어, 산학 협력이 자연스럽게 이루어졌다는 분석도 있다. 아르바이트 삼아 학생들이 진공관 같은 부품을 구입한 뒤 고가의 오디오 기기로 만들어 팔 수 있었던 곳도 아키하바라였다. 일본 가전업계에 세계적 명성을 안긴 TV, 세탁기, 냉장고로 이어지는 '3종 신화'를 거쳐 에어컨, 비디오, 워드프로세서, 그리고 컴퓨터까지… 아키하바라는 가전의 거리로 명성을 이어왔다.

하지만 일본 경제의 버블이 꺼지고 일본 전자산업의 활기도 조금씩 사그라들자 이곳에도 그늘이 드리우기 시작했다. 그늘 속에 처음 생겨나기 시작한 것은 게임 캐릭터 상품 등을 파는 가게였다. 본인이 좋아하는 분야에 깊이 빠져드는, 이른바 '오타쿠(御宅)'라고 하는 일본 젊은이들의 성향이 더해지면서 아키하바라의 가게를 찾아다니며 자기가 좋아하는 애니메이션 캐릭터 상품을 찾는 이들의 발걸음이 이어졌다.

그리고 2001년 즈음 아키하바라에 등장한 것이 '메이드 카페(メイトカフェ)'다. 저녁에 아키하바라를 찾으면 서양식 시녀, 즉 '메이드(made)' 복장을 한 소녀들을 10미터를 걷기가 무섭게 만날 수 있다. 거리에서 전단지를 나눠주며 손님을 끄는 어린 소녀들. 이제는 아키하바라에서 메이드 카페가 없는 건물은 찾아보기 힘들 정도다. 이처럼 메이드 카페의 천국이 바로 아키하바

도쿄 아키하바라에서 메이드 카페 전단지를 돌리고 있는 여성

아키하바라 건물마다 자리 잡은 메이드 카페

라다.

그리고 2005년 아이돌 그룹 'AKB48'의 연습생 공연장이 생기면서 아키하바라는 이제 전자 거리보다는 '서브컬처(subculture)'를 대변하는 곳으로 바뀌었다. 그 사이 '아키하바라 전기거리 진흥회' 가맹 회사는 1백 수십 여 개에서 40여 개로, 과거 회사 수의 절반 이하로 줄어들었다. 일본 전자산업의 흥망처럼, 아키하바라도 그렇게 변해왔다.

일렉트로닉 강자에서 보험회사로, 소니의 역변신

일본의 대표기업 '소니'가 일본 내에서 TV 광고를 제일 많이 내보내는 분야는 뭘까? TV? 휴대전화? 일본에서 특파원 생활을 하며 가장 많이 본 소니 광고는 '보험'과 관련된 것인 듯하다. TV에서 '소니'라는 이름은 '소니 손해보험'의 자동차보험 광고에서 가장 자주 울려 퍼지기 때문이다. 그리고 실제 소니의 사업 부문 가운데 제일 높은 수익을 내고 있는 분야가 바로 금융이다.

일본 100대 기업의 20퍼센트가 10년 이내에 주력사업을 바꿨다는 자료가 발표된 적 있다. 시가총액 상위 100개 제조업체를 대상으로 계열 사업 중 돈을 가장 많이 버는 분야를 《니혼게이자이신문》이 조사한 결과, 2007년과 비교했을 때 모두 21개 기업에서 실질적인 '캐시 카우(cash cow, 수익 창출원)'가 바뀌었던 것.

대표적인 예가 소니다. 2007년까지만 해도 일렉트로닉 분야의 수익이 가장 컸지만, 2017년도에는 금융 분야에 그 자리를 내줬다. 워크맨 신화를 이뤘지만 이제는 세계 각국의 전자 IT 혁신 기업에 밀린 소니의 현주소를 그대로 보여주는 결과라 할 수 있다. 일본 대형 소매점의 대표주자라 할 수 있는 '이온(AEON)'의 경우도 주력사업은 어느새 '종합 소매'에서 '종합 금융'으로 바뀌었다. 기업의 변신은 무죄라는 듯, 원래 가지고 있던 이름과는 완전히 다른 분야에서 큰돈을 버는 기업들이 속출했다.

'다이닛폰(大日本)인쇄'는 10년간 변신을 거듭, 반도체 관련 부품 등 일렉트로닉스 사업이 부상해 회사 이름만 들어서는 주력사업 분야를 짐작하기 어려울 정도다. 이 기간에 영업이익이 70퍼센트 늘었다고 신문은 전했다. 또 '쇼와덴코(昭和電工)'는 전자, 정보에서 석유화학 분야로 돈줄이 바뀌었다. '도레이'는 원래 정보통신 재료 등이 주전공이었지만, 기능성 소재 섬유 개발에 힘입어 사양산업이라는 '섬유 회사'로 역변신에 성공하기도 했다. 특히 변신에 성공한 기업이 수익률에서도 좋은 성과를 보였다고 《니혼게이자이신문》은 분석했다.

주요 이익 창출 분야가 바뀐 21개 기업의 2017년도 영업이익은 2007년도에 비해 38퍼센트 증가했지만, 10년간 주요 사업 분야를 그대로 끌고 간 79개 기업은 21퍼센트 증가에 그쳤다. 또 변신에 성공한 기업들은 시장에서도 좋은 평가를 받아, 주가 상승률도 높은 경우가 많았다. 미래에 대한 판단, 변화에 대한 대응력 등이 결국 기업의 변신과 수익 창출로 이어졌다는 평가다. 신문은 "국내외의 경영환경과 산업구조의 변화에 대응해 이를 분석하고, 자사의 강점을 기반으로 기민하게 경영 판단을 내릴 필요가 있다"는 전문가의 조언을 덧붙였다.

100년 기업, 전통을 지키는 이미지가 강한 일본이라지만 급변하는 세계 경제 속에서 생존하기 위해 변신을 요구받고 있기는 마찬가지다.

40퍼센트 쪼그라든 일본,
갈라파고스의 현실

2019년 일본은 새 일왕 즉위에 맞춰, 새로운 시대의 도래를 축하하는 분위기에 들떠 있었다. 하지만 혁신은 찾아보기 힘들고 침체된 기업문화가 만연하는 등 사실 그 속을 들여다보면 경제에서 활로를 찾기가 만만치 않음을 알 수 있다. 장인정신은 역사 속에 묻어두고, 적당주의와 부정에 물들어 기업가정신을 상실한 일본 기업들의 행태를 보면 더욱 그러하다.

헤이세이 원년인 1989년, 닛케이 평균 주가는 3만 8915로 막을 내렸다. 버블경제의 전성기를 구가하며 당시 글로벌기업 시가총액 상위 50개 기업 중 32개가 일본 기업이었다. 부동산 가격도 최고치를 기록해 도쿄 중앙에 위치한 지요다구의 땅을 팔면, 미국 캘리포니아를 살 수 있다는 말이 나올 정도였다.

하지만 바로 이듬해인 1990년부터 버블 붕괴를 시작으로 '잃어버린

도쿄 시부야의 밤거리

20년'이 지속됐고, 2010년대 후반 들어 경제가 활성화되면서 어느 정도 회복되었다고는 하나, 헤이세이 시대의 마지막 거래일인 2019년 4월 26일 평균주가는 2만 2258로 마무리됐다. 30년 전의 57퍼센트 수준이다.

일본 경제가 총체적으로 어려움에 직면하면서 '평생 고용'으로 일컬어지는 일본식 기업문화도 쇠퇴했다. 단적인 예가 비정규직 노동자의 급증이다. 지난 1989년 800만 명 가량이었던 비정규직 노동자 수는 리먼 쇼크 당시 1800만 명에 이르더니, 현재는 2100만 명을 넘어선 것으로 추산된다. 이 과정에서 두드러진 현상이 앞서 잠시 살핀 '취업 빙하기'다. 2002~2003년에 5퍼센트 중반까지 치솟았던 일본의 실업률은 '취업 빙하기'라는 개념을 낳았고, 당시 제대로 된 직장을 구하지 못해 아르바이트로만 생계를 이어가는 '후리타(フリ-タ-, 프리터(fritter))족'이

라는 새로운 용어가 태어나기도 했다.

일본 기업이 경쟁력을 잃어가고 있다는 지적은 어제오늘 나온 게 아니다. 과거 세계 최강으로 메이드 인 재팬의 선두에 섰던 일본 전자업계는 경쟁에서 이미 뒤처진 지 오래고, 도요타를 중심으로 한 자동차 산업만이 경쟁력 있다고 판단되는 실정이다. 그나마 대기업들이 경쟁력을 잃어갔음에도 일본이 아직도 GDP 기준 세계 3위 규모의 경제력을 유지하고 있는 것은 탄탄한 내수 시장과 함께 기술력을 갖춘 강한 중소기업들이 지역별로 산재해 있기 때문이라고 평가된다. 실제로 일본 언론은 소행성 착륙에 성공한 일본의 우주 탐사선 '하야부사(隼)'에 시골 소규모 기업들의 기술이 들어갔다며 소개하기도 했다.

하지만 문제는 지속성이다. 일본 경제산업성은 2015년까지 일본 기업의 3분의 1에 해당하는 127만 개 회사가 후계자 문제에 직면하게 됐다고 추산했다. 굳이 어렵게 회사를 이어받아 아득바득 끌고 갈 이유가 없다는 거다. 여기에 2018년 출생한 신생아 수가 92만 1000명으로 헤이세이 원년인 1989년의 75퍼센트 수준에 불과할 정도로 인구 감소와 노령화 문제가 심각해져 사회적, 경제적 경쟁력을 약화시키는 원인으로 지적되고 있다.

일본의 마지막 버팀목인 내수(內需)가 점점 죽어간다는 신호는 곳곳에서 감지된다. 경제산업성의 '피복비 등 의류 소비 통계'를 보면 1991년 30만 2,000엔으로 정점을 찍은 1인당 피복비는 2016년 13만 9,000엔(약 139만 원)까지 줄어들었다. 내수 시장이 커지기는커녕 절반 이하로 줄어든 것인데, 일본 경제가 탄탄한 내수 시장을 기반으로 유지될 수

피복비 등 소비 지출액 추이

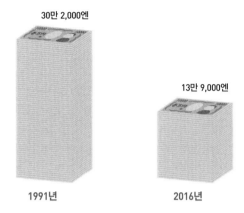

30만 2,000엔

13만 9,000엔

1991년   2016년

자료: 일본 경제산업성

있었다는 점에서 소비 침체 문제가 심각하다는 사실을 엿볼 수 있다.

1996년 225만 엔 수준이었던 세대 1인당 소득 또한 2016년 219만 엔까지 감소했다고 《아사히신문》은 전했다. 일본 정부가 전후 가장 긴 경기 확대기에 있다고 강조하고 있지만 실제 이를 체감하는 일본 국민은 많지 않다. 결국 기업은 이득을 내고 있을지도 모르지만, 개인은 그 혜택을 보지 못하고 있다는 말이다.

주변 세계와 단절된 채 독특한 진화를 거듭한 '갈라파고스섬'은 내수에만 의존해 세계적 추세에 발맞추지 못하고 뒤처진 일본 경제의 문제점을 진단할 때 자주 등장하는 단어다. 하지만 일본 경제는 이제 그 내부에서조차 심각한 문제에 직면하고 있다.

헤이세이 30년 동안 후퇴기를 겪은 일본 경제. 레이와 시대에 대한 전망도 그리 밝지 않은 이유다.

사람은 안중에도 없는
인질 사법

2018년 11월 19일 오후, 당시 무서운 성장세로 세계 1위 자동차 그룹을 노리고 있던 르노-닛산-미쓰비시의 최고경영자를 태운 전용 비행기가 도쿄 하네다(羽田)공항에 착륙했다. 오후 4시 반, 계류장에 비행기가 완전히 멈추고 문이 열렸다. 탑승 계단이 내려오자마자 갑자기 활주로 끝에서 흰색 승합차가 쏜살같이 달려와 비행기 옆에 서더니, 검은색 양복을 입은 도쿄 지검 특수부 수사관들이 비행기에 들이닥쳤다. 이들의 목표는 르노-닛산-미쓰비시의 카를로스 곤(Carlos Ghosn) 회장. 회장의 신병 확보에 성공하자 검찰은 곧바로 회사와 자택에 대한 압수수색에 들어갔다.

회장의 체포, 그리고 회사에 대한 압수수색이 진행되는 긴박한 상황. 여느 회사라면 상황 파악에 허둥지둥할 테지만, 닛산은 당일 오후 6시 압수수색을 당하는 와중에 "곤 회장에게 여러 건의 중대한 부정행위가 발견됐다"는 입장문을 발표했다. 그리고 밤 10시, 닛산의 일본인 사장 사이카와 히로토(西川廣人)는 기자회견을 갖고 "권좌에 오래 앉아 있어 폐해가 나타났다"며 곤 회장을 직접 겨냥해 15분간 비판의 날을 세웠다. 마치 영화처럼 잘 짜인 시나리오를 보는 듯했던 '곤 회장 체포 작전'이었다.

2017년 도요타를 제치고 세계 2위의 자동차 제국으로 올라선 르노-닛산-미쓰비시 회장의 추락. 급여 축소 신고가 직접적인 방아쇠가 됐지만 결국 그 이면에는 프랑스인 대표와 일본인 자동차 회사 임원 간의 갈등, 그리고 르노의 틀에서 벗어나 일본의 닛산으로 돌아가려는 큰 힘이 작용했다는 목소리도 흘러나왔다. 거기에 폐쇄적인 사법 시스템이 작용하면서 일본의 배타적인 문화를 다시 한번 극명하게 드러냈다는 평가다.

〈닛산, 수 개월간 '톱(회장)'을 조사〉. 《산케이신문》이 곤 회장 체포 다음날 내보낸 기사 제목이다. 기자회견을 자청한 닛산의 사이카와 사장은 "내부 고발을 기반으로 닛산 감사역이 문제를 제기하고, 사내 조사를 진행하는 한편 검찰 당국에도 통보했습니다"라고 수사를 받게 된 과정을 밝혔다. 르노와 닛산, 그리고 미쓰비시 자동차까지 통합해 사실상 3개 회사의 대표 역할을 해온 곤 회장. 해외 체류가 잦은 만큼 조사한다는 사실을 알면 일본에 들어오지 않을 수도 있어 '회장'에 대한 조사는 수 개월간 철저히 물밑에서, 그리고 비밀리에 진행됐다.

닛산의 내부 조사에 발맞춰 곤 회장을 체포하기 위해 일본 검찰도 은밀히 움직였다. 영어가 가능한 검사를 확충하고 일본에 오는 시간을 확보하는 등 그를 현장에서 체포하기 위한 모든 계획을 주도면밀하게 세워 실행에 옮겼다. 흥미로운 점은 자사 회장의 체포에 대해 기자회견을 자청해 목소리를 높인 일본인 사장이다.

"결코 용인할 수 있는 내용이 아닙니다", "우려를 훨씬 넘어 강한 분노를 느낍니다", "한 사람에게 권한이 너무 집중됐습니다", "장기간에 걸친 곤 통치의 업보입니다"라는 말 따위를 쏟아냈다. 약 15분 동안 이루어진 기자회견은 사실상 곤 회장 개인에 대한 비판의 장이었다고 전한 일본 언론. 그리고 회사의 장래에 대해 "특정 개인에게 극단적으로 의존하는 경영을 탈피해 지속 가능한 체제를 목표로 할 좋은 기회입니다"라고 말했다.

보수 성향의 《요미우리신문》은 이 사건의 배경을 분석한 흥미로운 기사를 내보냈다.

"불협화음이 있어 왔다. 닛산이 전 세계에서 판매량을 늘려가고 있는 한편, 르노의 판매량은 늘지 않는 상황이었다. 르노-닛산-미쓰비시의 3사 연합은 닛산이 주도하고 있음에도 곤 회장은 해외 경영진을 매년 초빙해 집행 임원을 늘려갔다. (곤 회장과 함께 체포된) 용의자 게리 샤피로(Gary Shapiro)는 변호사로서 1988년 북미 닛산 법무 부문에 입사, 2008년에 닛산 본사 집행 임원으로 취임했다. (회장의 해임을 결정할) 집행임원회는 일본인 임원 5명에 곤 본인을 포함한 외부 인사 4명으로 미묘한 균형 상태였다"고 전했다. 이 부분에 대해 사이카와 사장은 기자회견에서 "게리 사장은 곤 회장의 측근으로 곤 씨의 권력을 등에 업고 사내를 컨트롤해왔습니다"라고 비판했다.

이에 대한 《요미우리신문》의 분석은 다음과 같다. "갈등이 깊어진 것은 지난 2015년 닛산과 르노의 자본 관계를 재편하려는 계획이 무산되면서부터다. 프랑스 정부의 뜻을 받아들여 르노와 닛산이 완전히 통합하려는 움직임을 현 사이카와 사장(기자회견에서 곤 사장을 강력히 비판) 등 일본 경영진이 강하게 견제했고, 이후 곤 회장의 움직임을 경계하기에 이르렀다"며 닛산 내부의 기류를 설명했다.

결국 닛산이라는 회사 내에서 곤으로 대표되는 프랑스 등지의 외국 출신 경영진과 사이카와 사장을 필두로 한 일본인 임원 간의 알력 싸움이 지속돼 왔다는 이야기다. 특히 일본 사회는 닛산이 르노에 편입돼 르노의 자회사가 됐지만 '르노-닛산'이라고 절대 부르지 않을 정도로 일본의 닛산임을 강조하는 기류가 강한 것도 사실이다.

지난 1999년 위기의 닛산에 대표로 취임해 2만 명에 가까운 직원을 해고하고 주력 공장을 매각하는 등 철저한 비용 삭감으로 회사를 살린 곤 회장이지만, 카리스마를 앞세운 경영방식 자체가 임원 회의 중심의 일본에서는 받아들 수 있는 것이 아니었다는 이야기도 있다. 즉 회사가 살아난 만큼 일본 회사의 원래 모습으로 돌아가야 하는 것 아니냐는 흐름이 엄연히 존재했다는 의미다. 처음부터 일본의 국수주의적인 면모가 많이 노출된 수사였던 것이다.

오래지 않아 카를로스 곤 회장에 대한 일본 검찰의 수사는 안팎에서 '무리한' 수사라는 비판에 직면하게 된다. 한 번도 적용해보지 않은 죄목으로 세계적 그룹의 회장을 구속한 데다, 구속을 위한 구속을 거듭하면서 일단 잡아놓고 죄를 털어내는, 그야말로 '인질 사법'이라는 말까지 듣게 되었기 때문이다. 곤 전 회장의 혐의는 '금융상품거래법상 유가증권보고서 허위 기재'였다. 각 회사는 기업의 실적 등 '중요 사항'을 유가증권보고서를 통해 공개해야 하는데, 곤 회장이 본인의 보수를 축소해 기재했다는 것이 주요 혐의였다.

　도쿄 지방검찰청 특수부는 곤 회장을 하네다공항에서 체포한 뒤 20일간 조사를 벌여, 2011년부터 2015년까지 48억 7,000만 엔의 보수를 기재하지 않은 혐의로 일단 기소했다. 논란이 된 지점은 과연 임원의 보수가 '중요 사항'이느냐는 것. 《니혼게이자이신문》은 '중요 사항'을 규정한 구체적인 내용이 없어 정의가 애매하다고 전했다. 과거 대부분의 허위 기재 사건이 실적이나 이익 등을 부풀리는 분식회계 사건으로, '가네보(カネボウ)'와 '라이브도어(Livedoor)' 등의 기업이 이 때문에 처벌받은 적이 있다. 하지만 임원의 보수는 재무재표와 관계없는 분야인데다, 기소는커녕 행정처분조차 내려지지 않았던 탓에 도쿄 지검이 '새로운 길'을 개척했다는 말이 나왔다. 허위 기재 사실 자체에 대해서도 곤 측은 "퇴직 후 수령할 금액으로 아직 받지 않아 신고하지 않았다", "기재하지 않아도 된다는 법률 자문을 받았다"며 반발했다.

　《도쿄신문》은 곤 회장의 변호인 측이 "아직 손에 넣지 않은 이익, 서류상의 문제일 뿐인 '형식범'"으로 주장하고 있다고 전했다. 그런 사안에 대해 특수부가 나서서 세계적인 그룹의 회장을 구속까지 하는 게 타당하느냐는 것이다. "특수부에서 사건의 시나리오를 만들어 용의자를 추궁하고, 변호사가 없는 상황에서 자백을 강요한다는 비판도 있다." 곤 사건에 대한 검찰의 1차 기자회견에서 《요미우리신문》의 기자가 던진 질문이다.

당시엔 닛산의 일본 측 경영진들이 르노와 닛산의 합병을 막으려 곤 회장을 축출하기 위한 '쿠데타'를 일으켰다는 분석이 농후했다. 일본 검찰이 닛산과 거래해 국익을 위한다며 총대를 메고 무리하게 법률을 확대해석하고는 곤 회장을 체포, 구속한 뒤 두 회사의 합병을 저지하려 했다는 시나리오다.

여기다 해외 언론에서 가장 비판적인 시선을 받은 부분이 '변호사'가 조사 과정에 참여하지 못하는 일본의 형사 사법 시스템이다. 우리나라를 비롯해 완성된 법체계를 갖춘 대부분의 나라에서는 수사기관의 조사를 받을 때 '변호인'의 도움을 받을 수 있도록 하고 있다. 그러나 일본에서는 이를 인정하지 않고 있어, 곤 회장은 단독으로 검찰 수사에 대응했다.

일본 검찰이 곤 회장을 압박한 수단은 또 있다. 일본 검찰은 곤 회장을 처음 기소하면서 2011~2015년의 허위 기재 사항만 적용하고, 2016~2018년에 대해서는 더 조사해야 한다며 곤 회장을 '재체포'했다. '재체포(再逮捕)'는 일본에만 있는 독특한 제도로, 이미 구속된 피의자에 대해 더 조사할 사항이 있다며 별건(別件) 혐의로 구속기간을 연장하는 것이다. 재체포는 2번까지 가능한데, 그럴 경우 최대 60일간 용의자를 구속할 수 있다. 기소돼 재판 단계로 넘어가기 전까지는 보석도 이루어지지 않는다.

곤 회장의 재체포 혐의는 첫 번째 체포와 비교했을 때 기간만 다르고 내용은 같았다. 재체포를 통해 구속기간을 20일간 연장하는 것에 대해 일본 법조계에서조차 "국제적 이해를 얻기 힘들다"는 비판이 나올 정도였다. 특히 닛산 내부자와의 사법 거래를 통해 검찰이 수사 자료를 충분히 확보한 상태임에도 기간을 나눠 재체포하는 방식의 수사는 일본 검찰의 의도가 엿보이는 부분이다. 도쿄 지검의 기자회견에서도 해외 언론을 중심으로 "같은 허위 기재 혐의라면 재체포하지 않고 한번에 기소하면 되지 않느냐, 계속 구속할 필요가 있느냐"는 등의 질문이 이어지기도 했다.

곤 회장의 기소와 재체포에 르노 본사가 있는 프랑스는 즉각 반응했다. 프랑스 통신사인 AFP는 "재체포로 구속기간이 연장돼, 크리스마스 이후에도 구속 상태에 있게 된다"고 비판했다. 또 프랑스 경제지 《레 제코(Les Echos)》 등은 "일본 법률에서는 별건으로 3번 체포할 수 있다"며 변호인의 도움을 받지 못하는 상황, 일본 구치소의 생활환경까지 자세히 전했다. 일본에 대한 프랑스 내의 인식도 크게 나빠질 수밖에 없었다.

주일 프랑스 대사를 지낸 한 인사는 《마이니치신문》과의 인터뷰를 통해 유가증권 보고서의 기재 내용에 대해선 통상 기업과 감사법인이 책임지는 것이라며, "곤 회장이 왜 체포됐는지 지금도 수수께끼입니다"라고 말했다. 또 "민주주의 국가에서 이렇게 취급하는 일은 없습니다. 지금 일본에서 일어나는 일은 마치 사우디아라비아에서 일어나는 일과 같습니다. 만약 곤 회장의 죄가 비교적 가벼울 경우 일본은 앞으로 신뢰를 잃게 될 것입니다"라고 목소리를 높였다.

하지만 어떻게든 인신 구속 상태에서 수사를 계속하겠다는 일본 검찰의 행태는 계속됐다. 재체포 기간이 만료돼 법원이 구속 연장을 불허하자 또 다른 혐의를 적용해 다시 체포하는가 하면 10억 엔, 우리 돈으로 약 100억 원의 보석금을 내고 석방된 곤 회장을 한 달도 채 안 돼 특별 배임 혐의로 재체포했다. 그가 체포된 횟수는 총 4번으로, 보석으로 풀려난 피고인을 또 다시 체포하는 것은 아주 이례적인 일로 받아들여졌다.

특히 석방된 뒤 곤 회장이 트위터 계정을 통해 "무슨 일이 일어나고 있는지 진실을 말할 준비를 하고 있다"며 기자회견을 열겠다고 한 날을 불과 1주일 앞두고 검찰이 다시 그를 체포하면서, 검찰이 곤 회장의 입을 막으려 한 것 아니냐는 비판이 나오지 않을 수 없는 상황이 벌어졌다. 곤 회장은 이후 대리인을 통해 발표한 성명에서 "재체포는 닛산의 일부 개인이 검찰을 오도, 나를 침묵하게 하려는 새로운 시도"라며 "나는 억울합니다. 검찰의 재체포는 상도를 벗어난 것으로 자의적"이라며 항의했다. 이와 함께 "잘못된 108일간의 구속 이후 나의 가장 큰 희망은 공정한 재판으로, 내주 기자회견에서 내 주장을 표명할 예정이었습니다. 검찰은 재체포로 그 기회를 막았습니다"라고 항변했다.

그렇게 체포된 곤 회장은 그 후 20여 일 만에 5억 엔의 보석금을 내고 다시 석방됐다. 하지만 정상적인 법정 판결로 가려질 줄만 알았던 곤 회장에 대한 재판은 2019년 12월 해외 탈출이라는 전대미문의 결론으로 막을 내렸다. 대형 음향 장비 박스에 들어가 공항 검색대를 통과했다는 이야기가 나오는 등 도피극은 한 편의 영화처럼 이루어졌다. 일본 내에서는 비판의 목소리가 높지만, 처음부터 그 과정을 들여다보면 곤 회장이 법정에서 판단받을 수 있는 기회를 박차고 예상되는 비난을 감수해 가며 레바논으로 향했는지 이해가 가는 측면이 없지 않다.

레바논으로 탈출 후 기자회견에 나선 곤 회장은 "자백만 하면 끝내겠다고 했습니다. 자백하지 않으면 나와 가족을 추궁하겠다는 말까지 했습니다"라며 일본 검찰의 수사 방식을 강하게 비판했다. 물론 변호사 조력도 받을 수 없는 상황에서다. 얼기설기 짜맞춰진 퍼즐의 마지막 조각으로 '자백'이라는 구시대적 수사 수단을 강요한 일본 검찰이다.

곤 회장의 사건 수사 과정은 이처럼 일본이라는 사회가 폐쇄성을 넘어, 난폭하다고 할 정도로 배타적인 면모를 가지고 있음을 여실히 보여주고 있다. 곤 회장의 사법적 판단에 대한 결말이 어떻게 나든 매 과정에서 드러난 '인질 사법'의 모습은 이 사회가 전근대성을 아직도 상당 부분 가지고 있고, 심지어 이를 개선할 여지도 많지 않음을 증명했다.

외국인 회장을 몰아내기 위한 회사 내 일본 임원들의 움직임과, 일본 회사로서의 옛 이름을 되찾아야 한다는 듯 이에 맞춰 움직인 일본 검찰. 도쿄 지검 특수부의 속성상 곤 회장의 체포가 법무성을 통해 총리실에 보고됐을 것이라는 분석도 나오면서 일본 정부 전체가 '프랑스'의 닛산이 아닌 '일본'의 닛산을 위해 움직였다는 의심이 짙어졌다. 이런 총체적인 흐름은 일본 사회의 본질에 대해서 서방의 미디어가 새삼 깨닫게 되는 단초를 제공했음은 물론이다.

자신들의 형사 사법 시스템에 대해 한 번도 의문을 가져보지 않았던 일본으로서는 곤 회장 수사를 통해 해외 언론의 비판을 받고서야 얼마나 불합리한 부분이 많은지 알게 됐다. 하지만 그럼에도 '변호사 조력'

등 기본적인 인권 보호를 위한 장치를 마련해야 한다는 목소리는 신기할 정도로 나오지 않는다.

여기서 한 가지 덧붙일 이야기가 있다. 곤 회장의 축출에 앞장 섰던 닛산 자동차의 사이카와 사장은 본인 또한 수억 원의 보수를 부당하게 챙긴 사실이 드러나 1년도 안 돼 사장 자리에서 물러났다. 물론 그를 향한 검찰의 체포나 수사는 없었다.

핵무기는 없어도
핵에 집착하다

일본이 스스로 내리막길을 걷는 상황으로 언급할 때 빼놓을 수 없는 것이 '핵'에 대응하는 일본의 태도다. 세계 유일의 핵폭탄 피폭국이면서도 핵에 대한 미련을 버리지 않고 있는 일본의 모습은, "일본은 왜 그럴까?"라는 질문을 하지 않을 수 없는 중요한 포인트다.

후쿠시마 원전 사고의 여파가 계속되고 있던 일본에서 한 권의 책이 발간됐다. 《원자력발전 화이트아웃(原發ホワイトアウト)》(2015). 전력회사와 정부, 정치권이 서로의 이익을 위해 어떻게 움직이는지, 제목 그대로 전력 마피아와 의회의 전력족(族)과의 유착 관계와 그 내막을 상세히 파헤친 책이었다.

작가의 이름은 '와카스기 레쓰(若杉冽)'라고 알려졌지만 이는 필명으로, 도쿄대 법대를 나온 현역 관료라는 사실만 공개됐다. 책엔 당사자가 아니면 알 수 없는 자세한 부분까지 묘사되면서 일본 사회에 상당

원자력발전의 흑막을 파헤친 책, 《원자력발전 화이트아웃》. 우리나라에선 《원전 화이트아웃》이라는 제목으로 번역 출간됐다.

한 충격을 안겼다. 전력회사가 하청 공사 등을 통해 비자금을 마련하고는 유력한 정치인 혹은 전도유망한 신인 정치인에게 접근해 후원금 등을 건넨 뒤 미리 회사의 편으로 만드는 작업은 일상화된 수준이었다. 원전 건설 추진에 유리한 환경을 조성하는 내용도 나오는데, 정치권과 전력업계의 유착 시스템에 대한 묘사가 현실에 기반을 둔 내용이라며 필자는 당시 신원을 감춘 채 비공개 언론 인터뷰에서 이를 소개하기도 했다.

　한때 세계 최고 수준의 경쟁력을 자랑했으나, 후쿠시마 원전 사고 등을 계기로 점점 쇠퇴해 몰락의 길을 걷고 있는 일본의 원자력 업계. NHK는 그 쇠퇴의 길에 이 같은 유착 관계와 폐쇄성이 있다고 당시 관계자들의 증언을 전했다.

무참히 깨진 '안전한' 원전 신화

일본 원전이 후쿠시마 원전 사고 이전 승승장구할 때 일본에서는 이른바 안전한 '원전 신화'가 대세를 이루고 있었다. 하지만 그 속을 들여다보면 위험성을 경고하는 사고들이 이어져왔음을 알 수 있다. 1995년 차세대 원전 시스템으로 주목받던 '몬주(もんじゅ)'에서 일어난 화재 사고. 하지만 당시 전력회사는 사고의 심각성을 감추기 위해 현장 녹화 화면을 의도적으로 단축해 편집 공개한 것이 드러나 공개 사과하는 등 불신을 초래했다.

이후 1999년 도카이무라(東海村)에 있는 핵연료 가공시설에서 우라늄 용액이 연쇄반응을 일으켜 임계 상태에 이르는 사고가 발생했다. 당시 사고로 방사능에 피폭된 작업자 2명이 숨졌다. 또 2004년 원전에서의 증기 분출 사고, 2007년 지진에 의한 원전 화재 등 그저 안전하다고만 하기엔 눈에 띄는 사고가 이어졌지만 일본 정부와 사업자는 "안전성은 충분하다"는 주장만 반복했다고 NHK는 전했다.

사고 당시 몬주의 소장이었던 무카이 가즈오(向和夫)는 NHK와의 인터뷰에서 '원전을 멈추는 사태는 피하고 싶다'는 분위기가 업계에 팽배했다고 말했다.

"되도록 빨리 다음 단계로 넘어가고 싶다고 해야 할까, 그런 분위기가 굉장히 강했죠. 민간은 경영이라고 하는 부분이 중요하니까요. 위험성이 사회와 제대로 공유됐는가 하는 부분을 생각하면, 너무나 부족했다고 하는 반성이…"

40년 이상 원전 일에 종사한 기타무라 토시로(北村俊郎)는 사고가 이어질 당시 원전 건설을 추진하던 '일본 원자력산업 협회'에 간 적이 있다고 회상한다. 해외 시찰 등을 시행한 결과 일본에서도 안전대책을 더욱 튼실히 해야 한다고 하면 질책이 날아왔다고 한다.

"추가 안전대책을 세우자고 하죠. 그렇게 하면 말이죠, '뭐라고요? 이전에 안전하다고 말하지 않았습니까', '뭐야, 추가할 필요가 있다는 거네', '자, 그럼 앞서 이야기한 것은 거짓말이군!' 같은 이야기를 듣게 되는 거죠. 안전성에 대해 의문을 제기한다는 건… 사실상 불가능했어요."

이 같은 분위기는 깨끗한 에너지로 주목받으며 성장을 거듭해 이른 바 '원전 르네상스'를 구가했던 세계적 추세에 맞춰, 일본 정부가 '국책사업'으로 원전 수출을 장려하면서 더욱 심해졌다. '일본 원자력 위원회'의 곤도 슌스케(近藤駿介) 전 위원장은 세계에 원전을 팔자는 분위기에 찬물을 끼얹어선 안 되는 분위기였다고 말했다.

후쿠시마 원전 부지 내 방사능 오염수 저장탱크

"어디까지 리스크를 공유했어야 하는가, 충분히 리스크를 공유했는가 하는 관점에서 보면 결과적으로 그렇지 못했다고 반성할 수밖에 없습니다."

후쿠시마 원전 폭발 사고에서도 여실히 드러났듯이 정보를 독점하고 있는 전력회사의 폐쇄성은 문제를 더욱 곪게 했다. 원전에서 이른바 '노심용해(원자로의 냉각장치가 정지해 노(爐) 안의 열이 비정상적으로 올라가 원료인 우라늄을 용해하고 이때 발생하는 열로 원자로의 밑바닥을 녹이는 일)'가 일어났지만, 도쿄전력은 2개월간 이를 인정하지 않았고, 그것이 사장의 지시였다는 사실도 5년이 다 되도록 공개하지 않았다. 곤도 전 위원장은 이렇게 말했다.

"국민이 정보 공개를 원한다고 간주되지 않는 한, 그렇게 여겨지지 않는 한 정보는 나오지 않고, 또 묻지도 않죠. 사람들이 관심을 두지 않는 부분에, 관심을 갖도록 하지 않는 겁니다."

후쿠시마 원전 사고가 난 지 8년이 지나서야 사고 원전에서 핵연료 반출 작업이 시작됐다. 후쿠시마 앞바다에서 잡히는 물고기의 안전성에는 여전히 물음표가 붙어 있고, 오염토는 후쿠시마 곳곳에 산처럼 쌓여 있다. 이 같은 사태를 불러온 이들이 누구인지, 왜 그런 일이 일어났는지 일본은 되씹고, 또 되씹고 있다.

'그럼에도 불구하고' 원전을 고집하다

자국 내 상황이 이랬지만, 일본 정부는 원전을 포기할 수 없었다. 포기는커녕 어떻게든 원자력산업의 불씨를 살리려고 정책을 세워갔지만,

일은 일본 정부의 뜻대로 풀리지 않았다. 지난 2011년 3.11 대지진 이후 일본 내 신규 원전 건설이 사실상 막힌 상태에서 정부까지 나서 해외 진출을 시도했음에도 이마저 실패의 연속이다.

'핵'에 욕심이 있는 일본으로선 절대 포기할 수 없는 원자력 기술. 하지만 실상은 녹록지 않았다. 2018년 말 일본 정부와 미쓰비시중공업은 공동으로 추진하던 터키 원전 계획에서 사실상 철수하기로 방침을 정한다. 2013년 10월 아베 총리가 터키에서 열린 정상회담을 통해 '터키 원자력에너지 협력 공동선언'을 이끌어낸 이후 5년을 매달려온 프로젝트였다. 당시 2조 엔, 우리 돈으로 약 20조 원 규모의 사업을 일본이 따냈고 아베 총리의 정상(頂上) 세일즈가 높이 평가받았지만, 불과 5년 만에 환희에 찼던 일본 정부와 원자력 업계는 어떻게든 발을 빼기 위해 터키를 설득하는 예상치 못한 상황에 직면하게 됐다.

문제는 2018년 들어 불거지기 시작했다. 사업화를 위해 미쓰비시중공업이 현장 조사를 실시한 결과 사업비가 예상액의 2배가 넘는 4조 엔(약 40조 원)에 이를 것으로 추산됐던 것이다. 참여기업이 일단 사업비를 부담하고, 이후 발전(發電) 사업으로 이익을 회수하는 구조에서, 사업비 증가는 전기료를 인상하지 않으면 채산성을 맞출 수 없는 상황으로 이어진다고 《아사히신문》은 설명했다. 즉 터키 측에서 전기료 인상을 수락하지 않을 경우 사업성을 담보할 수 없고, 결국 사업을 포기할 수밖에 없는 상황에 이르게 된다는 것이다.

터키 측은 분노를 감추지 않았다는 표현이 맞을 정도의 반응을 보였다. 터키의 에너지 자급률은 26퍼센트로, 사용하는 천연가스의 99퍼센트와 석유의 90퍼센트 이상을 수입에 의존하고 있다. 그래서 추진하고 있는 정책이 에너지 공급원의 분산이고, 그 핵심이 원자력발전이다. 국내 전력의 10퍼센트 가량을 원전에서 충당하겠다는 것인데, 그 첫걸음이 일본과의 원전 사업이었지만 일본이 두 손을 들면서 터키 내 여론이 급속히 얼어붙어 버렸다. 비슷한 시기에 터키 원전을 수주한 러시아 국영기업의 경우 비슷한 사업비(200억 달러, 2조 2,600억 엔)로 이미 공사까지 들어가 2023년 가동을 목표로 하고 있었던 탓에, 일본의 입장을 더욱 난처하게 했다.

일본 정부는 2011년 3.11 대지진 이후 자국 내에 사실상 원전을 지을 수 없게 되면서 민관합동으로 해외 원전 사업을 적극적으로 추진해왔다. 하지만 결과는 그리 좋지 못하다. 2012년에는 리투아니아에서 국민투표 끝에 히타치가 추진하던 원전 건설 수출이 좌절됐고, 2010년 합의한 베트남 원전 건설 계획도 2016년 백지화됐다. 히타치와 도시바, 미쓰비시중공업 등 일본 굴지의 원전 업체들이 참여한 대만 원전 사업도 2014년 사실상 중단됐다.

특히 원전 사업 확대를 위해 '미국 웨스팅하우스(Westinghouse)'를 인수했던 도시바가 도리어 웨스팅하우스의 경영 파탄으로 해외 원전 건설 사업에서 완전히 철수하게 되는 등 원전 사업자들이 생존의 기로에 내몰리는 상황이 이어졌다. 히타치가 영국 서부에 원전 2기 건설을 추진하는 사업도 건설비가 크게 오르면서 영국 정부에 자금 지원을 요청하는 등 난항을 겪었다.

1990년대까지 세계 원자력발전소 건설 시장은 일본이 주도했다.

1990년대에 지어진 원전 56기 가운데 16기가 일본 기술로 만들어진 것으로 프랑스와 캐나다가 원전 8기를 건설해 그 뒤를 이었다. 우리나라는 4기를 건설하는 실적을 올렸다. 그러던 것이 2000년 이후에는 상황이 완전히 바뀌었다. 2000년 이후 전 세계에 총 85기의 원전이 건설되었는데 중국이 33개, 러시아가 15개의 원전을 세우면서 세계시장의 강자로 떠올랐다. 인도가 11기, 한국이 9기로 뒤를 이었고, 일본은 5기에 머물렀다. 특히 일본은 국내시장의 동결이 뼈아팠다.

2011년 당시 54개의 원전을 가동하며 전체 전기량 생산의 30퍼센트를 원자력에 의존하던 일본이었지만, 후쿠시마 원전 폭발로 위험성이 크게 대두되면서 기존 원전에서도 엄격한 안전기준을 요구받게 된다. 2018년 말 기준으로 54기 중 재가동된 원전은 9기에 불과하고 23기는 폐로(閉爐, 못 쓰게 된 원자로를 영구히 정지함)가 결정됐다. 상태가 이렇다 보니 신규 원전 건설은 생각도 못 하는 상황이다.

기존의 경수로형(경수(輕水)를 감속재와 냉각재로 사용하는 원자로의 유형) 원전 사업이 막히면서 일본 정부는 2040년까지 기존 원전 출력의 3분의 1 정도 되는 소형 원자로를 실용화해 시장 확대를 꾀하고 있다. 원전에 대한 국내의 반대 여론이 높지만 재생에너지를 보완하는 수단으로라도 원전은 꼭 필요하다며 밀어붙이는 상황이다. 원전과 전력 업계의 압력도 있으리라 여겨진다. 하지만 그보다는 원전 포기가 곧 '핵 포기'로 이어지는 만큼 어떻게든 핵기술과 연계될 수 있도록 원전 사업을 유지해가려는 목적이 강해 보인다. 위험성이 높아 결국 고속증식로 '몬주'를 폐기했음에도, 또 다른 고속증식로를 실용화하겠다는 계획을 세우는 것만 봐도 그렇다.

핵무기는 없지만 플루토늄 강국?

"핵무기 보유국 현황으로 본 세계 5대 핵 강국은?"이라는 질문에 대한 답으로는 미국, 러시아, 중국, 프랑스, 영국 등을 들 수 있다. 그럼 질문을 바꿔, '플루토늄 보유량으로 본 핵 강국'은? 이 질문에 대한 답은 영국, 프랑스, 러시아, 미국, 일본이다. 정확히는 영국(110톤), 프랑스(65톤), 러시아(57톤), 미국(49톤) 순이다. 그리고 일본이 당당히 47톤의 플루토늄을 보유해 5위에 이름을 올리고 있다. 핵무기 6천 발을 만들 수 있는 양이라고 하니 일본이 어느 정도 핵 강국인지 알 수 있다. 일본의 뒤를 이어 6위인 독일의 보유량이 2~3톤 수준이니 5대 플루토늄 보유국의 지위는 절대적이라 할 수 있다.

플루토늄 보유 대국을 보면 대개 핵무기를 보유한 국가들이다. 일본처럼 핵무기 비(非)보유국이 다량의 플루토늄을 보유한 예는 없는데, 사실 이런 상황은 미국이 길을 열어준 데서 비롯되었다. 미국은 원자력 기술을 타국에 제공할 때 핵 불확산 정책에 따라 관련 기기나 핵물질을 규제하고, 이를 반영해 원자력 협정을 맺는다. 하지만 1988년 맺은 미·일 협정은 일본의 핵연료 리사이클 사업 전체에 대해 '포괄적으로 동의'하는 내용을 담으면서 플루토늄 추출의 길이 열렸다. 핵무기 보유국이 아님에도 미국이 일본에 '특권적' 지위를 부여해, 다량의 플루토늄을 보유할 수 있도록 한 것이다.

일본의 원자력 정책은 '핵연료 리사이클'에 초점이 맞춰져 있다. 자연 우라늄으로 핵발전을 한 후 나온 부산물에서 플루토늄을 회수해 우라늄과 섞은 '혼합산화물(Mixed Oxide, MOX)'을 만들어 이를 연료로 다시 활용하겠다는 정책이다. 이는 원자력발전을 위해 플루토늄을 추출한다는 것이고 그래서 일본은 현재 가지고 있는 플루토늄이 순수 민간용이라고 주장하고 있다.

하지만 세계 5위의 보유량이라면 이야기는 달라진다. 공식적으로는 "이용 목적이 없는 플루토늄을 보유하지 않는다는 원칙을 견지하고, 이용을 추진하겠다"고 일본은 말하고 있지만 지난 2011년 동일본대지진 이후 원자력발전소 가동이 지지부진한데다(플루토늄을 연료로 사용할 수 있는 원자력발전소 4기), 플루토늄을 소비할 수 있는 고속증식로인 몬주도 잦은 사고와 위험성 때문에 폐기하기로 해 47톤이나 되는 막대한 플루토늄을 줄이기가 만만치 않다. 여기다 현재 아오모리(青森)에 건설 중인 재처리공장이 예정대로 2021년 가동에 들어가면 연간 8톤 규모의 플루토늄을 새롭게 추출할 수 있게 된다. 말로만 '플루토늄 감축'을 이야기하는 일본의 태도가 의심스러운 이유이기도 하다. 특히 플루토늄을 보유하는 길을 열어준 미국마저 최근 들어 의심의 눈초리를 보내는 실정이다.

미국 민주당 에드워드 마키(Edward Markey) 상원의원은 2018년 2월 열린 상원 공청회에서 "일본에서 일어나고 있는 일(대량의 플루토늄 보유)이 지역의 핵확산 위험을 높이고 있습니다"라고 지적하기도 했다. 또 오바마 정부에서 국제 안보·핵 비확산 담당 차관보를 지냈던 토머스 컨트리맨(Thomas Countryman)은 《도쿄신문》과의 인터뷰에서 "일본은 플루토늄 보유량을 줄이고 지금의 '핵연료 순환 정책'을 폐기해야 합니다. 국제 안보상 걱정거리가 되고 있습니다"라고 강하게 비판했다.

자연의 힘에 맞서는
300킬로미터 해안 장벽

그것은 만리장성을 연상시켰다. 만약 트럼프의 국경 장벽이 들어선다면 저런 모습일까? 외부의 그 어떤 것의 침입도 허락치 않겠다는 강한 의지를 담아낸 듯, 장벽은 해안가를 따라 바다를 바라보며 위용을 뽐내고 있었다.

아름다운 바닷가에 세워진 거대한 성

일본 동북부 이와테(岩手)현 오후나토(大船渡)시 가도노(門之)해안에 들어선 장벽을 밑에서 올려다봤다. 건물 5층 높이는 족히 돼 보이는 장벽이 해안의 저쪽 끝에서 이쪽 끝까지 완벽하게 막아서고 있었다. 장벽 뒤에 바로 마을이 있지만, 해변에서는 마을이 어떻게 생겼는지조차 알 수 없다. 차량 한 대가 지나갈 정도의 문이 장벽 안의 세상과 장벽 밖의 세상, 그리고 장벽 밖에서 밀려올 위협을 막아서는 그 엄중함 속에

이와테현 오후나토시 해안에 들어선 해안 장벽. 마을과 바다를 완전히 분리해버렸다.

조그만 틈을 내줄 뿐이었다. 진격해오는 거인, 바다에서 덮쳐와 마을을 쑥대밭을 만들었던 '쓰나미'를 막아서기 위한 거대한 구조물이 일본 동북지역 해안에 자리 잡고 있다.

2011년 3월 11일 일본 동북 지역을 뒤흔든 강력한 지진. 규모 9가 넘는 강력한 지진이 해저에서 발생했고, 거기서 발생한 지진해일은 불과 30여 분 뒤 일본 동북부 이와테, 미야기, 후쿠시마 등을 덮쳐 모든 것을 궤멸시키는 피해를 냈다. 원자력발전소를 기능 정지에 빠트려 원전 폭발이라는 초유의 사태가 일어나 아직도 그 피해가 수습되지 않았고, 2563명의 행방불명자를 포함해 모두 2만 2249명이 희생됐다. 지진으로 인한 희생자보다는 밀려드는 바닷물에 숨진 사람이 대부분이었다.

2019년 봄 취재를 위해 찾은 리쿠젠다카다(陸前高田)시. 앞서 오후나토시에서 본 장벽보다 족히 몇 배는 되어 보이는 거리의 해안에 장벽을 올리는 공사가 한창 진행되고 있었다. 해송 7만 그루가 감싸 안은 아름다운 바닷가, 여유롭게 해수욕과 서핑을 즐기던 사람들. 태평양에서 불어오는 바람과 함께 아름다운 풍광을 자랑하던 리쿠젠다카다시였다.

하지만 그 풍광이 사라지는 데는 불과 몇 시간이 채 걸리지 않았다. 애초 3미터 정도라던 쓰나미는 그 몇 배의 높이로 해안가를 덮쳐왔다. 곳에 따라서는 해발고도 17~18미터까지 물이 차올랐고, 강을 따라 해안에서 9킬로미터 지점까지 바닷물이 밀고 올라왔다. 높이 5.5미터의 방조제가 있어 처음 예보된 3미터 규모의 지진해일은 충분히 막아주리라고 안심했던 마을에서는 많은 희생자가 나올 수밖에 없었다.

소방청에 따르면 행방불명자를 포함해 모두 1813명이 지진해일로 숨졌다. 리쿠젠다카다시 인구의 10퍼센트 이상, 10명 중 1명이 순식간에 희생됐다. 동북 해안 지역에서 인구 대비 가장 많은 희생자를 낸 곳이 리쿠젠다카다시다.

"바닷가 쪽에 집이 있었죠. 집이 완전히 떠내려가버려 그 자리에 아무것도 남은 게 없었어요. 가족 중에는 죽은 사람이 없어서 다행이지만 뭐랄까, 제 인생에서 지나온 발자취가 완전히 사라진 느낌이에요. 지금도 자다가 자주 깹니다. 깊은 잠을 이루지 못해요." 현지 주민의 말이다.

큰 피해를 냈기에 대응책 마련은 더욱 극적일 수밖에 없었다. 그해 가을 바로 거대 방조제 건설이 결정됐다. 높이는 12.5미터로 정해졌다. 기초 부분을 포함하면 15미터에 다다른다고 공사 관계자는 설명했다.

이와테현 리쿠젠다카타시에 건물 5~6층 높이인 15미터 규모로 들어서고 있는 해안 장벽

해안선 6킬로미터에 들어서는 바다를 향한 '성(城)'은 2021년까지 완공될 예정이다.

지진해일에 휩쓸려 수만 그루의 소나무가 사라진 자리엔 그렇게 해안 장벽이 세워졌다.

"사실 12.5미터 높이의 방조제는 지난번에 몰려온 쓰나미의 높이보다 낮습니다. 하지만 100년에 한 번 오는 규모는 막을 수 있을 거라고 상정하고 있습니다. 1000년에 한 번 오는 쓰나미는 어떨지 모르겠고요. 그래서 하드웨어적인 부분뿐만 아니라 주민 피난 계획 등 소프트웨어적인 부분에도 힘을 기울이고 있습니다. 우선은 높은 곳으로 신속하게 피하는 것이 가장 안전하니까요." 리쿠젠다카타시 방재안전과장은 이렇게 말했다. 소프트웨어적 대책의 일환일까? 우리가 찾은 시의 방재안전과는 해안가가 내려다보이는 가장 높은 곳에 소방본부와 함께 자리 잡아 유기적인 체계를 갖추고 있었다.

해안 장벽을 바라보는 복잡한 시선들

후쿠시마, 미야기, 이와테 등의 현에 세워진 해안 장벽, 방조제의 길이
는 총연장 295킬로미터에 달한다. 250킬로미터인 우리 휴전선보다 더
긴 지역에 장벽이 세워진 것이다. 가장 높은 장벽은 최고 15.5미터 규
모다. 공사 비용은 모두 1조 3,500억 엔, 우리 돈으로 약 13조 5,000억
원이 소요됐다. 안전을 위한 일이라지만 지역에서 해안 장벽을 바라보
는 시선에는 복잡함이 얽혀 있었다.

"쓰나미로부터 지켜주잖아요. 이제 안심이에요."(현지 주민)

"바다에서 양식하는데, 역시 바다가 직접 보이지 않는 건 불안해요.
하지만 어쩔 수 없죠."(현지 어민)

곤노는 거대한 규모의 방조제 건설에 반대하는 쪽이다.

"저희가 쓰나미에 모든 것을 잃고 가설주택에 살며 상실감에 빠져
있을 때 시에서 일방적으로 방조제 높이를 정하고 건설을 강행한 겁니
다. 결정 과정에서 어떤 정보 공개도, 방조제 건설이 앞으로 주변에 어
떤 영향을 끼칠지에 대한 충분한 논의도 없었어요."

쓰나미에 다시 피해를 볼 수 있는 거주지역의 상당 부분은 산을 깎
아 조성된 높은 지역의 주택단지로 이미 옮겨갔다. 지진해일이 쓸고
간 연안 지역도 방조제 뒤쪽엔 쓰나미 피해 공원을 만들고, 시가지였
던 곳은 주변 산을 깎아 흙을 옮겨와 원래보다 3미터나 지대를 높이고
다시 조성하고 있다. 하지만 그나마 해당 용지의 70퍼센트는 아직 어

떻게 사용될지 정해지지 않은 상태다.

"바다 쪽을 완전히 막는 괴물을 만드느니 그 돈으로 더 높은 곳에 사람들을 살게 하면 되지 않을까요? 이 지역의 삶과 풍경, 역사는 모두 무시한 채 방조제 건설이 일방적으로 결정되고 진행되고 있어요."

방조제가 건설되는 한쪽 끝에는 '기적의 소나무'라고 불리는 높이 20미터의 소나무가 한 그루 서 있다. 소나무 숲이 철저히 파괴됐지만, 지진해일 후에도 살아남아 '기적의 소나무'라는 이름을 얻은 나무다. 하지만 이 나무도 염분과의 사투를 벌이다 그해 여름 명을 다했다. 지금 거기에 서 있는 나무는 속을 긁어내 보충재를 채우고 가공의 잎을 붙인, 사실상 '인공 조형물'이다. 기적의 소나무가 죽어간 것처럼 지금의 리쿠젠다카다시에선 과거로부터 이어져온 모든 것이 단절되고 그 자리에 새로운 것들이 채워지고 있다.

누구도 예상치 못한, 그리고 알고도 막을 수 없었던 거대한 자연의 힘에 굴복한 인간이 그 힘에 맞서기 위해 장벽을 세우고 있다. 100년 혹은 500년 뒤 일본의 선택은 어떻게 평가될지, 장벽은 그렇게 바다를 내려다보고 있었다.

한국인이라면
범인일지도 몰라

2017년 4월, 일본에서는 전대미문의 현금 강탈 사건이 발생했다. 금괴 거래를 위해 3억 8천만 엔, 우리 돈으로 40억 원에 가까운 돈을 찾아 나오던 29세 회사원에게 2명의 남자가 다가가 안면에 스프레이를 뿌리고 현금이 가득 찬 여행용 돈 가방을 들고 달아났다. 현장엔 흰색 승합차가 대기하고 있었고, 범행에 걸린 시간은 불과 수십 초. 사건 당일인 21일 저녁, 인터넷 속보를 통해 현금 강탈 사건과 관련해 한국인이 체포됐다는 소식이 알려졌다. 내용은 이렇다.

"그리고 사건 몇 시간 뒤 후쿠오카공항에서 거액의 현금 다발을 가지고 출국하려던 한국 남성들이 경찰에 적발됐다고 NHK가 보도했습니다. NHK는 이 남성들이 자금 반출을 위한 신고를 하지 않은 상태였으며, 현금 강탈 사건과의 관련성을 경찰이 조사하고 있다고 전했습니다. 한국 국적이라는 것 외에 붙잡힌 남성들의 정확한 신원은 알려지지 않았습니다."(2017년 4월 22일 방영된 KBS 아침 뉴스 중 일부)

'40억 원 가까운 돈이 강탈당했는데, 그 후 거액을 밀반출하려던 사람들이 붙잡혔다. 그런데 한국인이었다'가 주 내용이다. 사건 용의자로 연관지을 수 있을 법해 솔깃한 내용이지만, 아직은 정확한 관련성을 단정 짓기엔 부족한 수준이다.

그런데 《산케이신문》은 사건 다음 날 조간 1면에서 〈한국인인가? 3억 8,400만 엔 강탈〉이라고 자극적인 톱기사 제목을 뽑고는 소식을 전했다. 부제는 〈공항에서 현금 소지자 확보〉였다. 이 정도면 범인이 거의 한국인이라고 단정 지은 수준이다. 이 정도로 강한 임팩트를 가진 제목으로 시작하면 기사 내용이 어떻더라도 사람들의 인식 속엔 '범인

현금 강탈 사건의 범인이 한국인인 걸로 보인다는 제목으로 보도한 일본 신문들

은 한국인'이라고 남기 마련이다. 《요미우리신문》은 사회면 톱기사 제목을 〈은행 앞 3억 8,000만 엔 강탈〉이라고 뽑고, 〈한국인 남자들 청취(聽取, '조사'라는 의미)〉라는 부제를 붙였다.

재미있는 건 《산케이신문》과 《요미우리신문》 모두 보수 성향의 신문들로 한일 관계에서 한국 공격에 앞장섰던 신문들이라는 점이다. 중도 우파 정도로 볼 수 있는 《니혼게이자이신문》은 한국인이 관련됐다는 점을 부제로 뽑으면서도 사실관계를 "다액 현금 소지 한국인 등 조사, 관여 부정"으로 전했다. 같은 사건이라도 중도나 진보 계열 신문들은 사건의 범인을 함부로 단정 짓는 잘못은 범하지 않았다.

대표적 진보 성향의 신문인 《도쿄신문》은 "후쿠오카에서 3억 8,000만 엔 강탈", "공항에서 다액 소지 남성들 조사"(2017년 4월 21일 자 조간)라며 소식을 전했고, 중도 진보 성향인 《아사히신문》은 "후쿠오카 도로에서 3억 8000만 엔 강탈", "4억 엔 넘게 소지한 다수의 용의자 확보"(2017년 4월 21일 자 조간)라는 제목을 달았다. 중도 성향이라고 볼 수 있는 《마이니치신문》도 "다액 현금 소지 남성들 조사" 정도로 소식을 전했다.

사실 사건 당일인 20일 저녁부터 후쿠오카공항에서 붙잡힌 남성들이 범행 관련성을 부정하고 있음이 이미 전해지고 있었다. 이후엔 이들이 용의자들과 인상착의가 다르고, 가지고 있던 돈의 액수가 강탈당한 돈보다 오히려 많다는 보도도 나왔다. 그만큼 공항에서 붙잡힌 한국인들을 현금 강탈 사건과 바로 연관 짓기엔 무리가 있는 정황으로 흘러가고 있었다.

그런데《요미우리신문》은 이런 상황에서도 21일 오후 발행된 석간 신문에 사회면의 톱기사 제목을 〈7억 엔 소지 한국인 체포〉, 부제를 〈후쿠오카 강도와의 관련성 조사〉로 뽑았다. 강탈 사건과의 관련성이 없더라도 일단 한국인이 체포됐다는 사실이 중요하다는 듯 제목에서 '한국인'을 강조했다. 보수 쪽으로 볼 수 있는《니혼게이자이신문》도 〈한국인 남성 4명 체포〉라는 제목을 달았다(《산케이신문》은 석간을 발행하지 않는다). 중도 성향인《마이니치신문》은 〈한국인 등(작은 글씨) 7억 엔 소지 관여 부정(큰 글씨)〉을 부제로 삼아 강탈 사건과 무관한 한국인이 가능하면 부각되지 않도록 했고, 진보쪽에 가까운《아사히신문》과《도쿄신문》은 석간 보도에서도 '한국인'이 들어간 제목은 뽑지 않았다.

그럼 현금 강탈 사건과 공항에서 붙잡힌 한국 남성들 사이에 관련성이 없다는 사실이 드러난 다음엔 어땠을까. 가장 강하게 한국인이 연루되었다고 주장한《산케이신문》은 이후 공항에서 붙잡힌 한국인 관련 이야기는 아예 제목으로 뽑지 않고, 기사 말미에 "관련성이 낮은 것으로 나타났다"고 덧붙이는 데 그쳤다.《요미우리신문》의 경우 "7억 엔 '차 구입 위해'", "관세법 위반 용의자로 체포된 한국인"으로 한국인이 사건과 무관함을 밝혔지만, '체포 한국인'이라는 제목 부분만 크게 부각시켜 여전히 한국인이 큰 범죄에 연관돼 있음을 암시해 인상의 전환을 꾀했다(공항에서 붙잡힌 한국인들은 한국에서 차량 구입을 위해 돈을 가지고 나가려던 길이었다고 진술).

어떤 사건과 관련해서는 용의자의 국적을 중요한 팩트로 이야기할 수 있는 경우가 있다. 하지만 그런 경우는 용의자가 사건의 진범으로 거의 확정되었음이 전제돼야 한다. 아직 진범으로 특정되지 않은 상황에서 마치 한국인이 범인인 듯한 분위기를 풍기는 보도 태도는 일부 일본 언론의 한국에 대한 인식과 이미지를 그대로 보여준다.

일본이여,
소국으로 회귀하라

"'소국(小國)' 일본으로의 회귀".

2018년 9월 일본《마이니치신문》에 실린 82세의 노교수, 미타니 다이치로(三谷太一郎) 도쿄대 명예교수의 쓴소리다. 일본 정치외교사를 전공한 원로 학자인 미타니 교수가 한 이 말은 근현대사를 관통하는 일본의 궤적과 앞으로의 지향점을 말해준다.

근대 일본이 성립되는 과정에서 빼놓을 수 없는 사람이 후쿠자와 유키치(福沢諭吉)다. 일본 1만 엔권의 주인공이기도 한 그는 '탈아입구(脫亞入歐)'를 내세워 아시아를 넘어 서구 열강과 어깨를 같이하는 일본을 주창한 인물이다.

메이지유신 이후 청일전쟁의 승리를 기폭제로 아시아의 주변국에서 중국을 넘어 아시아의 맹주가 되겠다는 제국주의적 야욕을 드러낸 이른바 대(大)일본의 궤적은 여기서부터 시작된다. 아시아를 넘어서겠

도쿄 게이오대학에 있는
후쿠자와 유키치의 흉상

다는 의미엔 단지 서양을 동경하고 그렇게 되고 싶다는 데서 그치지 않고 아시아 국가를 '나쁜 친구'라고 부르는 등 멸시와 부정적 이미지를 가득 담고 있다. 이후 일본의 행보는 모두가 아는 것처럼 침탈에 거침이 없었다.

러일전쟁과 조선 침략, 만주사변, 그리고 태평양전쟁까지 일본은 이른바 '대국(大國)'이라는 자기 최면에 걸려 역사적 오점을 남기는 행보를 거듭했다. 일왕을 중심으로 한 군부의 전면적인 선동정치, 그리고 일부의 작은 승리에 도취된 일본의 선택이었다. 그 뒤 태평양전쟁에서의 패배 이후 급격히 찾아온 국가관이 '소국(小國) 일본'이었다. 미 군정 체제에서 만들어진 '평화헌법'을 기반으로 전쟁을 하지도, 전력을 갖추지도 않는 나라라는 골격을 만들고 사실상 안보는 미국에 맡긴 채 경제에만 전념하는 일본의 모습이 그것이다.

2차 세계대전 후 대외정책의 거의 모든 면에서 미국의 그늘 아래 있는, 사실상 미국의 속국 같은 모습이었지만 일본의 자존심을 살려준 분야는 경제였다. 1968년부터 시작된 GDP 기준 경제 규모 세계 2위라는 명예는 일본인들에게 현 체제에 그다지 큰 불만을 품지 않게 하는 요인이기도 했다. 그런 일본에 큰 충격을 준 사건은 중국의 무서운 성장이었다. 단순히 인구가 많은 후진국으로 치부했던 중국이 2010년부터 GDP가 일본을 추월하면서 일본 내에서는 중국 견제론이 급격히 부상했다. 당시 이 사건은 밖에서 보기보다 훨씬 더 큰 충격을 일본 사회에 안겼다. 사회 각 분야에서 중국을 경계하고 분석하는 논의가 붐을 이루고, 심지어 한국도 그 대상으로 삼아 "한국은 중국 편인가? 일본 편인가?"라는 물음을 던지게 된다. 여기다 일본 사회에 큰 위기감을 안겨준 2011년 3.11 대지진과 2012년 우익 성향인 아베 정권의 성립 등은 '평화 일본 체제'에 급속한 변화를 불러온다.

일본 내 '대국주의론'의 확장을 가장 실감할 수 있는 부분이 집권당인 자민당이 추진하고 있는 '헌법 개정'이다. 태평양전쟁 전 일본이 유지하던 '메이지 헌법 체제'가 일왕 중심의 제국주의적 '대국 일본'을 규정했다면, 이후 만들어진 '평화 헌법 체제'는 '소국 일본'을 대변한다고 할 수 있다. 그리고 이제 아베 총리는 헌법 개정을 들고 나와 대국주의로의 복귀를 꾀하고 있는 상황이다. 매년 방위 예산을 확대하면서 사상 최대의 방위 예산을 편성하고 있는 일본 정부는 이미 '대국주의'를 실천하고 있다고 봐도 무방하다.

이런 시점에서 일본의 '소국주의'는 어떤 의미를 가질 수 있을까?

"중국 등지에서 현재 '소국 일본'은 일종의 멸시처럼 쓰이고 있습니다만, 나는 앞으로 일본의 인구 감소나 자원 규모 등에 걸맞게 식민지 제국 시대 이전의 일본의 입장에 입각해 생각해보는 태도가 일본에 필요하다고 봅니다… 이야말로 일본이 대외 평화를 구축해나가겠다는 의지를 고수하려면 필요한 자세가 아닌가 하고요."

역사는 돌고 돌기 마련이지만 어떤 지역이나 문명의 역사를 봤을 때 100년은 그리 길지 않은 시간일 수 있다. 그리고 일본은 그 사이 자신들의 정체성에 많은 변화를 겪고 있는 나라이기도 하다. 자멸의 길을 걷지 않고 진정한 평화의 동반자가 되려면 누구를 위한 '대국 일본'인지, 진정한 '소국 일본'의 의미는 무엇인지, 일본 내에서도 진지한 성찰이 필요한 시기이다.

10장 　　　　**일본의 현재**　　　　**그리고 우리의 미래**

함께 밥상을 차려줍시다, 어린이식당

변화가 느리고 쇠락의 기미가 뚜렷한 일본이지만 내부에서는 무너지는 속도를 늦추고 방향을 틀기 위해 여러 가지 방법을 모색하고 있다. 줄어드는 인구 속에서 한 명의 아이, 한 사람의 노동력이라도 확보하려 주의를 기울일 뿐만 아니라 정치, 경제, 지역사회 등 각 방면에서 활력을 잃지 않기 위해 다양한 돌파구 마련에 힘쓰고 있다.

일본 정부가 '1억 총활약 사회', '전(全) 세대형 사회보장' 등을 외치며 각종 대책을 쏟아내고 있지만 이러한 정치 슬로건식 분위기 잡기보다는 각 사회 단위에서 행해지는 작은 실천들에 더 눈길이 가는 건, 결국 일본이 활력을 되찾을 수 있는 실마리는 현장에서 뛰는 이들의 움직임 속에 있기 때문이다. 붕괴에 대처하기 위한 현장의 노력, 현재 일본의 모습이지만 곧 우리의 고민이 될 수도 있는 사안들에 대해 일본 사회는 어떻게 움직이고 있는지 살펴본다.

아이들의 식당이자 놀이터, 곤도의 '어린이식당'

일본의 어린이 빈곤율은 얼마나 될까? 2014년 OECD 조사 결과 15.7퍼센트에 달한다. 총 34개의 OECD 회원국 중 25위 수준으로 선진국을 자부하는 일본으로서는 뼈아픈 수치다. 한국은 9.4퍼센트다. 그래서 아이들이 식사를 어떻게 해결하느냐가 아직도 문제되고 있는 나라가 일본이기도 하다.

'고도모식당(こども食堂)'이라는 곳이 있다. 우리말로 하면 글자 그대로 '어린이식당'이다. 어린이 메뉴를 파는 식당? 어린이 전용 식당? 어린이가 운영하는 식당? 과연 어떤 곳일까? 이 짧은 신조어에 일본 사회의 현실이 듬뿍 녹아 있다.

"바나나 하나로 끼니를 때우는 애가 있다는 거예요. 충격이었죠. 21세기 일본에 결식아동이라니… "

2010년 일본 최초의 어린이식당을 연 곤도 히로코(近藤博子)에게 식당을 시작한 이유를 물었을 때 나온 첫 마디였다.

채소 가게를 운영하던 곤도. 주변 학교의 선생님에게서 들은 말은 '내가 뭔가 할 수 있지 않을까' 하는 마음으로 이어졌다.

"그래, 밥 한 끼는 해 먹일 수 있지 않을까?"

"채소 가게에서 남은 부식을 이용해 내가 할 수 있는 한 밥을 해 먹여보자."

고도모식당이 문을 여는 날은 1주일 중 목요일 하루다. 음식을 만들어 중고생까지 100엔, 우리 돈으로 1,000원 남짓이면 밥을 사 먹을 수 있게 했다. 공짜보다는 대가를 당당하게 지불하게 하는 게 낫다고 생

일본에서 최초로 어린이식당을
운영하기 시작한 곤도 히로코

각했다. 어른에게는 500엔을 받는다. 메뉴는 곤도가 들여온 야채와 식
재료 기부 등을 통해 어떤 재료가 확보되느냐에 따라 달라진다. 모두
같이 둘러앉아 따뜻하고 맛있는 밥을 즐길 수 있도록 하는 게 목표다.

여기서 떠오르는 자연스러운 생각. '보통의 결식아동 대책이라면 1
주일에 한 번은 부족하지 않을까?' 하지만 조그만 채소 가게 사장이 개
인의 힘으로 할 수 있는 최대치는 그 정도였다. 그리고 '내가 할 수 있
는 범위'라는 마음가짐은 이후 어린이식당의 중요한 운영 기조가 된다.

목요일, 곤도의 어린이식당은 오후 5시 반에 문을 열지만 이미 식당
은 한참 전부터 어린이들, 또 아이를 데리고 같이 밥을 먹으러 온 엄마
들로 북적거렸다. "재밌어요", "친구랑 같이 밥을 먹을 수 있으니까 좋아
요". 가게 뒤쪽 골방은 이미 초등학생들로 가득 찼다. 카드놀이를 하더
니 시간이 되자 식판도 서로 챙겨주며 떠들썩하게 밥을 먹기 시작한다.

우리나라에서 시행되고 있는 여러 결식아동 대책의 가장 큰 맹점은
혜택을 받는 누군가를 특징짓게 한다는 것. 쿠폰을 발행해도 이를 들

고 식당에 가 밥을 사 먹기에 눈치가 보이고, 결식아동인 것을 주변에 알리는 듯한 마음에 주눅이 들 수 밖에 없다. 하지만 어린이식당에서는 달랐다. 누가 결식아동인지, 누가 밥을 잘 못 먹고 다니는지 구별은 없었다. 그냥 우르르 몰려와 떠들며 즐겁게 밥을 먹는다. 아빠가 네팔 사람이라는 어린이 2명도 당당히 한 자리를 차지하고 밥을 먹으며, 본인들 사진도 찍어달라고 웃으며 말했다.

"편모 가정이 많아요. 엄마가 아픈 경우도 있고… 또 엄마 아빠가 늦게 귀가해서 식사를 해결하기 어려운 애들도 있고…"

곤도는 이곳에 오는 아이들이 각기 다른 환경에서 자라는 아이들이라고 설명해줬다. 하지만 공통점은 있었다. 어린이식당에서 밥을 먹는 걸 부끄러워하는 아이도, 주눅이 든 아이도 없다는 점. 당당히 돈을 내고 친구들과 밥을 먹는 장소다. 누구든 말이다.

매일 저녁상 차리기 버거운 주부가 가벼운 마음으로 아이를 데리고 와 함께 식사해도 마음 편한 곳이 어린이식당이다. 그렇게 밥을 먹고는 또 다른 끼니를 못 챙기거나, 혹은 집에서 식사를 못 하고 있는 가족을 위해 도시락을 사간다.

작지만 세상을 바꾸는 '착한 메아리'

2018년 기준으로 일본 전국에 있는 어린이식당은 모두 2300여 곳으로, 모두 곤도처럼 순수 민간 차원에서 운영되고 있다. 일본의 경우 우리와 같은 대규모 시민단체 운동이 거의 없고, 특히 기부 등 민간 차원에서 복지 지원을 하는 문화가 그다지 정착돼 있지 않음을 감안할 때 상당한 숫자임을 알 수 있다.

시민단체 '어린이식당 네트워크' 측은 어린이식당의 성공 이유를 앞서 밝힌 '내가 할 수 있는 것'이라는 말에서 찾았다. 일본 전국의 어린이식당은 대개 1주일에 1~2번, 2주일에 1번 정도 문을 연다. 그리고 운영은 모두 기부와 자원봉사로 이루어진다.

"처음엔 자녀를 다 키운 50~60대 어머니들이 '일본에 굶는 아이가 있다고?'라는 놀라움에 시작하셨죠." 그래서 어디까지나 '자원봉사'로, 약간의 노력으로도 할 수 있는 일부터 찾았다는 것이다. 와서 식사를 만들어줄 수 있으면 손을 빌려주고, 부식을 줄 수 있으면 음식 재료를, 자신의 회사 사무실을 내주는 장소 기부자도 생겼다. 부담스럽지 않게, 1주일에 한 번이라도 꾸준하게, 어린이식당은 그렇게 스스로 참여할 수 있는 자발적 기부자들의 힘으로 영역을 넓히며 일본 사회 곳곳으로 퍼져 나갔다.

어린이식당에서 만난 마나베는 고3이었다. 초등학생 시절 이곳에 들러 밥을 먹곤 했는데, 이제는 일을 도울 만큼의 나이가 되어 문이 열리는 날이면 식당에서 자원봉사를 하고 있다.

"은혜를 갚는다는 생각도 있었고, 지금은 사회복지사가 꿈이거든요. 그래서 빈곤 문제라든지 하는 것들에 관심이 있으니까…" 담담하면서도 씩씩하게 말하는 마나베는 어린이식당이 지역사회에 가져온 긍정적 변화를 느끼게 해준다.

어린이식당 네트워크에서 이 작은 공간을 통해 찾는 의미는 2가지다. 하나는 '어린이 빈곤 대책', 그리고 또 하나는 '지역 교류의 거점'이다. 아이들을 위해 밥상을 차려주다 보니, 어린이식당은 단순히 배고픔만을 해결하는 장소를 뛰어넘고 있다는 설명이다. 지역의 어른과 어린이 들이 모이다 보니 자연스럽게 우리 동네 아이들이 누군지 알고, 서로 관심을 두는 장소가 돼가고 있다는 것.

곳에 따라서는 식당이 열리지 않는 날엔 공부방 등 또 다른 형태로 운영되면서 어린이들에게 개방되는 곳도 있다는 설명이다. 그야말로 '우리 아이들을 우리가 키우는' 형태로 발전해가고 있는 것이다. 전국적으로 어린이식당이 들어서면서 이어지기 시작한 지자체 등의 후원도 이를 뒷받침하고 있다.

아주 작은 울림 하나가 일본 전체로 퍼져나가, 주변의 아이들에게 관심을 갖게 하는 '착한 메아리'를 만들어가고 있는 어린이식당. 새로운 차원의 민간 복지 운동으로 자리 잡아가고 있다.

결혼이 아니라 미팅에서 찾는
인구 해법

일본에는 '혼활(婚活)'이라는 말이 있다. '결혼'의 '혼(婚)'과 '활동'의 '활(活)'을 합친 단어로서 한마디로 말하면 결혼을 하려고 선을 보고, 미팅도 하는 일련의 행위를 일컫는다고 생각하면 된다. 결혼하기 위한 활동을 왜 단어로까지 만들었을까? 그건 일본 사회에서 결혼연령이 점점 늦어지고 혼인율이 떨어지면서, 만혼(晚婚)이 노동력과 인구 감소의 원인으로 지목됐기 때문이다.

국회엔 '혼활추진 의원연맹'이 생기고, 정부에서는 매년 예산을 책정해 결혼 장려에 나서고 있는 형국이다. 한마디로 말하면 정부 지원 '미팅책'을 만드는 식이다. 우리나라가 '출생률 높이기'를 중심으로 정책을 편다면, 일본은 그 이전 단계인 '결혼'에도 상당히 신경을 쓴다고 보면 될 듯하다. 그래서 그런지 일본에서는 구청에서 주선해 수백 명이 단체 미팅을 한다는 이야기가 이제 큰 뉴스가 되지 않는 수준이다.

그런데 결혼에 맞춘 이 정책이 중대한 고비(?)를 맞고 있다. 결혼하게 하려고 분위기를 조성하고 있지만, 일본 청춘들이 아예 연애 경험이 없어 자리를 만들어도 도통 소용이 없다는 거다. 이는 통계로도 나타난다. 메이지(明治)대학 '야스다(安田) 생활연구소' 조사에 따르면, 2016년 20대 남성의 53퍼센트, 여성의 34퍼센트가 한 번도 연애 경험이 없다고 답했다. 30대에선 남성 38퍼센트, 여성 25퍼센트가 이에 해당했다.

문제는 이런 경향이 점점 강해지고 있다는 것. 2013년 조사에서는 연애 경험이 없다고 답한 20대 남성이 30.2퍼센트에 불과했는데, 20퍼센트포인트 넘게 비율이 급증했다. 20대 여성의 경우도 3년 만에 연애 무경험 비율이 27.9퍼센트에서 34퍼센트로 늘어났다. 30대도 연애 무경험 비율이 늘어나긴 마찬가지다. "여자가 무슨 생각을 하는지 그걸 가장 알 수 없어요"라고 말한다면, 아무리 선을 봐도 결혼까지 골인은 바라기 어렵다. '결혼이 문제가 아니라 연애가 문제'라는 지적이 나올 만하다. 하지만 이런 상황 속에서도 어려움을 훌륭히 극복하고 결혼율에서 괄목할 만한 성과를 내는 지역이 있다.

어느 지방 도시의 특별한 인구 해법

후쿠이현. 일본 중부, 우리나라 동해 쪽 연안에 있는 지역이다. 도쿄에서 가기도 번거롭다. 신칸센 노선이 없어 가나자와나 나고야 쪽으로 먼저 가서 특급열차, 우리나라로 치면 새마을호를 갈아타고 가야 하는 곳이다. 공항으로 가자면 이웃한 현인 이시카와의 고마츠(小松)공항을 이용해야 들어갈 수 있는 곳이니, 접근성은 꽤 떨어진다. 이 지역을 찾아 취재하는 동안 후쿠이 사람들로부터 "이런 시골까지…"라는 이야기를 자주 듣곤 했다. 하지만 이 시골의 지자체가 최근 일본에서 여러 가지로 주목받고 있다.

행복도 1위, 초중생 학력평가 1위 등등…. 그 가운데서 가장 주목할 만한 부분은 여성이 평생 동안 결혼하지 않는 비율을 가리키는 '여성 생애 미혼율'이 일본 최저라는 점이었다. 생애 미혼율이 최저라는 건, 거꾸로 말하면 여성 기혼율이 1위라는 말이다. 일본 전체의 여성 생애 미혼율이 14.06퍼센트인데 비해 후쿠이의 미혼율은 8.66퍼센트에 불과하다. 결혼을 안 하는 비율이 전국 대비 절반 가까이 낮은 수준임을 보여준다.

후쿠이시를 찾은 건 2018년 2월 무렵이었다. 후쿠이역 앞 번화가에서 만난 히구치 부부는 29살 동갑내기로 그전 해에 결혼했다고 했다.

"29살이면 결혼이 빠르네요?"

"아니요. 저희는 작년에 결혼했는데, 결혼이 늦은 편이에요."

"그럼 주변에서는 몇 살 정도면 결혼을 생각하나요?"

"25~26살이면 결혼을 하죠."

"네?"

젊은 부부에게서 나온 말은 신선한 충격이었다. 20대 중반이면 결혼을 생각하고 실제로 결혼을 한다니, 우리나라를 생각하면 몇 십 년 전의 일인 것 같은 기분이 든다. 그럼 이 부부만 그렇게 생각할까?

후쿠이현 오바마(小浜)시의 한 보육원에서 만난 이케가미는 지역 신용금고에서 일하는 워킹맘이다. 아침 출근길에 아이를 보육원에 맡기는 걸 취재하고는 인터뷰를 했다. 한눈에 보기에도 어려 보이는 얼굴인데 혹시?

"올해 나이가 어느 정도 되는지 물어도 될까요?", "24살인데요…"

이케가미만 그랬느냐고? 아니다. 같은 보육원에 아이를 맡기고 나오는 또 다른 워킹맘에게도 용감하게 나이를 묻는 실례를 범했다. "저요? 27살입니다." 이 정도면 앞서 언급한 히구치 부부가 이야기해준 "25~26살쯤이면 결혼을 한다"는 말이 진실인 듯하다.

앞서 인터뷰한 히구치 부부에게 물었다. "왜 이곳에서는 사람들이 일찍 결혼하죠?" 답은 쉽게 나오지 않는다. 온갖 사회학적 요인이 복합돼 있을 테니 당연하다.

"부모님들이 애를 돌봐주시니까…?"

서로 쳐다보며 웃는 가운데 나온 첫 번째 답이었다. '애를 키워줄 사람이 있으니 결혼을 빨리한다'는, 농담처럼 들리기도 하고 당연한 이야기이기도 해서 정답 같지 않은 이 말. 하지만 후쿠이의 높은 행복도가 이 간단한 답에서부터 시작되고 있음은 많은 수치에서 드러나고 있었다. 통계치부터 살펴보면, 히구치 부부의 말처럼 후쿠이는 조부모, 부모, 자녀가 함께 사는 3세대 동거율이 15퍼센트로 전국 2위다(전국 평균 5.7퍼센트). 여기다 맞벌이 부부의 거주지에서 30분 이내의 거리에 부모가 사는 근거리 동거율까지 감안하면 단연 전국 1위라는 게 후쿠이현 측의 설명이었다.

높은 3세대 동거율은 또 다른 부문에서 효과를 나타내고 있었다. '여성의 노동 참여율'이다. 맞벌이 부부인 세대 비율이 58.6퍼센트로 전국

1위를 자랑하는 곳이 후쿠이다. 부모님과 같이 사는 비율이 높으니 결혼해도 육아 걱정을 안 해도 되고, 그러다 보니 결혼이 빨라지고 결혼 후에도 직장을 다니며 경제활동을 계속해나가는 순환구조가 성립한다. 여성 정규직 고용 비율이 53.9퍼센트로 전국 2위인 것도 여성들의 활동이 활발한 후쿠이의 한 단면을 보여준다.

그리고 한 가지 더 중요한 사실은 육아하는 여성을 배려해야 한다는 사회적 분위기가 상당히 성숙해 있다는 점이었다. 앞서 신용금고에서 만났던 워킹맘 이케가미도 "아이에게 열이 있다거나 하는 전화를 받으면 하던 일을 정리하고, 아이를 돌보러 간다"고 스스럼없이 말했다. 직장마다 차이는 있을 수 있겠지만, 10여 년 전부터 육아로 곤란한 여성을 먼저 배려해주자는 사회적 분위기 조성에 힘쓰고 있다는 게 이케가미가 근무하는 신용금고 전무의 말이었다.

"상대방이 육아로 곤란할 때 도움을 주고, 또 내가 곤란할 때 도움을 받는 것이죠. 10년 넘게 그런 문화를 만들려고 노력하고 있습니다."

죄지은 것도 아닌데 눈치를 보며 육아와 직장 생활을 병행해야 하는 워킹맘 스트레스는 최소한 후쿠이에서는 다른 나라 이야기다. 그래서일까, 후쿠이에서 만난 20대 여성들의 결혼에 대한 생각은 상당히 긍정적인 편이었다. 가능하면 20대에 결혼하고, 가정을 꾸리는 게 당연한 것처럼 여기는 분위기랄까?

결혼까지 책임진다, '엔무스비 정책'

하지만 그런 후쿠이도 인구가 줄어든다는 고민에선 자유로울 수 없었다. 2000년 정점을 찍은 후쿠이의 인구는 2018년 방문 당시 78만 명 수준이었지만 인구 감소세가 이어진다면 오는 2040년엔 63만 명까지 줄어들 것으로 예상하는 실정이다. 아무래도 빠른 고령화에 대도시로 가는 젊은이들이 많은 탓이다.

그래서 후쿠이에서 들고 나온 것이 '결혼 응원 정책'. 이 지역에서 결혼시켜 정착하게 하자는 움직임이다. 젊은 층의 대도시 유출을 막아보자는 뜻이 담긴 정책이다. 가장 눈길을 끌었던 것은 역시 '엔무스비(縁結び) 정책'이었다. '인연 맺어주기 정책'이라고 풀이할 수 있는데, 간단히 말하면 현에서 공인한 공식 중매인을 통해 지역에서 짝을 찾아주는 제도다. 2010년 무렵부터 시작해 230여 명이 무보수 자원봉사로 남녀를 이어주는 활동을 해오고 있다.

중매인이라고는 하지만 제도 운영은 상당히 시스템적이다. 먼저 주변에 대상이 될 만한 사람이 있으면, 권유를 통해 현의 정보망에 가입시킨다. 이 정보망에는 개인의 얼굴과 기본 정보, 원하는 배우자상, 연수입 등은 등록돼 있지만 이름이나 주소, 전화번호 등은 개인 정보 보호를 위해 공개되지 않는다.

명단을 공유하는 '공식 중매인'들은 정보를 교환하며 그 가운데서 서로 어울릴 만한 사람을 이어주는데, 사람을 잘 파악하기 위해 당사자 면접을 보는 것은 기본이고 데이트 초보자를 위해서 사람 만나는 법, 대화법, 식사 예절 등도 가르쳐준다. 상대를 만나본 뒤 망설이는 사람과는 고민 상담도 하며 용기를 북돋워준다. 현에서도 정기적으로 공식 중매인들에게 관련 교육을 진행하며, 효과적으로 사람을 소개하고 상담할 수 있도록 뒷받침해준다.

지역사회에 뿌린 내린 200여 명이 넘는 공식 중매인 외에 각 회사들도 '인연 맺어주는 사람'을 따로 두고 있다. 200곳이 넘는 건실한 중견 회사들이 회사 직원 중 '인연 맺어주는 사람'을 지정하고는 회사별로 정보를 교환하며 젊은 남녀들의 미팅을 주선한다. 지방인 까닭에 사람을 소개받는 데 아무래도 한계가 있는 만큼, 젊은 직장인들에게 남녀가 만나는 기회를 넓혀줬다는 차원에서 큰 호응을 얻고 있다.

이밖에도 현에 등록된 2백여 개 음식점, 카페를 중심으로 연인이 오면 할인해주는 서비스를 시행하고, 정기적으로 누구나 참여 가능한 미팅 파티(독신 남녀 신청자들이 단체로 만나는 장을 만드는 것으로 일본에서는 배우자를 찾는 방법으로 꽤 활성화돼 있다)를 주최하는 것도 현에서 결혼을 장려하기 위해 하는 일이다.

사실 후쿠이현의 정책들을 보면 단순히 결혼을 시키는 데 목적을 두었다기보다, 지역에서 젊은이들끼리 만날 기회를 늘리고 결혼에 대해 긍정적인 생각을 가질 수 있도록 도와주려는 측면이 강해 보인다. 고등학교나 대학교에서 결혼 관련 교육이나 세미나를 하고, TV 광고를 통해 결혼에 대한 좋은 이미지를 만들어가는 건 대표적인 '긍정적인 결혼관' 만들기의 일환이었다.

후쿠이현 측은 "행복을 응원하는 마음인 거죠. 남녀의 결혼으로 모두가 기쁠 수 있는, 그러면 좋은… 그것이 현이 노력하고 있는 방향이라고 할 수 있습니다"라고 밝혔다. 단순한 결혼 장려, 인구 증가 유도를 넘어 이 정책은 모두가 행복해지는 길을 찾는 새로운 실험이었다.

노인과 외국인도
함께 일하는 회사

하루의 일을 함께 시작하는 아침 체조 시간. 모든 종업원이 함께 모여 음악에 맞춰 몸을 푼다. 그런데 이 회사는 언뜻 보기에도 나이 든 사람들이 참 많아 보인다. 같은 색 옷에 모자까지 갖춰 썼지만, 연륜이 느껴지는 얼굴을 감출 수는 없다.

체조가 끝나고 작업장에 들어서자, 곳곳에서 일하는 노인들을 쉽게 만날 수 있다. 니가타현의 후지(富士)코퍼레이션. 이 공장에서 만드는 주력상품은 제설기다. 한 대를 온전히 조립하기 위해 통을 끼우고, 너트를 조이고, 확인하고… 심각한 얼굴로 때로는 옆에 서 있는 젊은 직원의 질문에 답해가며 작업에 열중한다.

"건강하고 체력이 되니까요." (66세 직원)

"사장은 88세까지 일해달라고 하는데요." (70세 직원)

이 회사 직원의 25퍼센트는 이미 60세를 훌쩍 넘긴 이들이다. 60세

정년을 훌쩍 넘긴 직원이 제설기 제작을 주도하고 있다.

가 정년이지만 회사와 이야기해가며 정년을 계속 연장할 수 있다. 지역에서는 이름도 높고, 외국에 수출도 많이 하는 튼튼한 회사지만 갈수록 신입 사원 모집이 여의치 않자, 자연스럽게 퇴직자들에게 눈을 돌렸다. 그들이 가진 기술이 회사의 자산이고, 경쟁력이라는 의식도 한몫 했다.

총무 부서에서 일하는 하야카와(71세)는 50년 가까이 회사에서 근무 중이다.

"이건 비밀인데, 지금 사장을 중학교 때부터 봤어요"라며 유쾌하게 웃는다. 회사에 대한 애정이 인터뷰 내내 뚝뚝 흘러넘쳤다.

"80세 넘은 분도 있는데 저야 뭐… 회사에서 일하는 시간을 조정해 줘요. 예전처럼 매일 정해진 시간이 아니라 오전엔 집에서 밭일을 하다가 나오기도 하고, 오후엔 조금 일찍 들어가기도 하고… 회사에서 '이제 필요 없어요'라고 한 게 아니라 '계속 와주세요'라고 해줬어요."

이날은 9시에 나왔으니 4시에 퇴근하는데, 할머니가 맡은 업무도 단순 업무가 아닌 직원들의 근무 시간과 급료 등과 관련된 회계의 핵심 업무다.

고령 직원이 늘면서 이 회사가 무엇보다 신경 쓴 부분은 무리해서 일하지 않는 환경을 만드는 일이었다. 근무시간을 본인이 조정하고 이에 맞게 급료를 책정하는 계약을 맺었다. 내가 언제 잘리느냐를 걱정하기보다는 내가 원할 때까지 일할 수 있다는 마음과 믿음이 있기 때문에 가능한 일이기도 했다. 그리고 공장 내부의 모든 턱을 없애고 움직이기 쉽게 작업대를 만들었으며, 공구를 천장에 줄로 매달아 당겨 쓰게 만들어 아예 허리를 굽힐 일이 없도록 하는 등 고령자들이 부담스럽지 않도록 최대한 작업 구조를 개선했다. 2000년대에 들어서면서부터 차근차근 준비해온 일들이다.

최근 들어 이 회사가 고용하는 직원들 중에 큰 몫을 차지하기 시작한 사람들이 외국인 근로자들이다. 공장에 들어서면 수 개국의 말로 쓰인 작업 지시판이 걸려 있는 게 보인다. 그만큼 다양한 국적을 가진 사람들이 근무한다는 말이다. 2017년엔 한국인 직원도 1명 채용해, 해외 판매 파트에서 일하고 있다. 지역에서 안정적인 삶을 유지하기에 부족하지 않은 급여에다 사실상 정년도 직원 스스로 정하는 회사의 정책 덕에 한번 입사하면 떠날 생각을 하지 않는, 그야말로 용광로 같은 회사다.

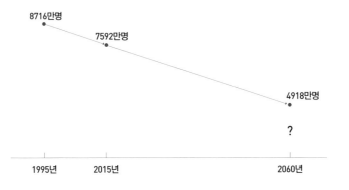

생산 연령 인구(15~64세) 감소 추이

8716만명

7592만명

4918만명

?

1995년   2015년   2060년

자료: 일본 내각부

일본의 경우 15~64세에 해당하는 생산가능인구를 보면 1995년 8716만 명을 정점으로 계속 줄어들어 2015년 7592만 명까지 1100만 명 넘게 감소했고, 2060년엔 현재의 거의 절반 수준인 4418만 명에 이를 것으로 일본 정부는 추산하고 있다. 극심한 인력 부족에 기업의 약 80퍼센트가 은퇴자를 재고용하고 있는 실정으로 자위대에서도 정년 연장 이야기가 나오는 걸 보면, 일본이 얼마나 심각한 사람 부족 문제에 직면하고 있는지 알 수 있다. 일본 정부가 나서서 정년 연장을 의무화하는 방안을 마련하고 있는 이유도 이 때문이다. 지금은 청년실업에 가려져 있지만, 급속한 고령화와 이에 따른 경제활동인구의 감소는 우리도 차근차근 생각하지 않을 수 없는 문제다.

줄어드는 인구,
민주주의를 위협하다

일본 중부 고치(高知)현의 오카와(大川)무라('村(촌)'이라고 쓰고 '무라(むら)' 라고 읽는 행정단위). 농어촌 지역에 존재하는 읍면 단위로 보면 된다. 인구가 400여 명으로 무라(村) 단위의 지자체 중 일본 전국에서 가장 인구가 적은 행정구역이다. 하지만 엄연한 지자체로 촌장(村長)을 선출하고 행정 시스템을 감시하는 의회도 존재한다(일본의 '무라(村)'는 '마치(町)' 에 이어 가장 작은 단위의 지자체지만 선거로 장(長)을 뽑고 예산 등을 심사하는 의회를 따로 둔다). 이 작은 마을이 지난 2017년 일본 언론의 지대한 관심을 받은 적이 있다. 더는 의회를 유지할 수 없어 마을 총회를 통해 직접민주주의로 전환하는 것을 검토하기로 했기 때문이다.

오카와는 1960년까지 인구가 4100명에 이르는, 꽤 많은 주민이 살던 지역이었다. 몇 곳에 산재한 마을을 중심으로 주민들이 생활을 영위했는데, 1970년대 댐 건설로 중심이 되던 마을이 수몰되면서 흔들리기 시작했다. 여기에 주민들의 주요 일자리였던 동(銅) 광산이 문을 닫아 인구가 급격하게 줄어들었고 결국 인구 400여 명 남짓의 아주 작은 마을이 됐다.

오카와엔 엄연히 지방자치단체가 있는 만큼 행정행위를 견제하기 위해 의회를 두고 있다. 정원은 6명. 하지만 줄어드는 인구 속에 이 숫자조차 억지로 유지하고 있는 것이 이 마을의 현실이다. 지난 2003년 선거에서 8명 정원에, 입후보한 사람은 7명뿐. 정원을 줄인 2015년 선거에서는 의회 정원 6명과 같은 수가 출마해 모두 무투표로 당선됐다.

현직 의원들의 평균 연령은 70세. 의원 여러 명이 불출마 의사를 밝혔지만 뒤를 이을 마땅한 사람이 나타나지 않자, 결국 마을 총회 형식

2019년 통일지방선거 관련 입후보자 게시판. 대도시에선 후보자간 경쟁이 이루어지지만 지방에선 단독 후보로 나서는 경우도 상당수다.

의 직접민주주의를 검토하기에 이르렀다. 일본의 2019년 통일지방선거에서는 전국적으로 375개 마을(마치무라(町村), 기초자치단체) 의회의 의원 선거가 고시됐는데, 총 4233명 가운데 23.3퍼센트에 해당하는 988명이 단독 입후보해 투표 전 당선이 결정됐다. 이러한 비율은 총무성 자료가 남아있는 1951년 이후 가장 높다. 기초 의회뿐만이 아니다. 선거가 실시된 전국 86개 시(市)의 시장(市長) 가운데 31.4퍼센트에 해당하는 27개 시에서 한 명만 출사표를 던져 무투표 당선이 결정됐다.

일본은 우리나라보다 먼저 지방 인구의 고령화와 이에 따른 인구 감소 문제에 맞닥뜨리고 있다. 오카와의 경우도 인구 400여 명 가운데 입후보 자격이 없는 공무원 등을 제외하고 나면 입후보할 수 있는 사람 자체가 100여 명밖에 되지 않는 현실이다. 여기에 미니 지자체의 빠듯한 살림살이 때문에 1달에 150만 원 정도인 급료로는 입후보자를 찾기가 만만치 않다. 인구 감소세 속에 오카와가 직면한 문제가 곧 일본 전체의 문제가 되는 상황이다.

일본의 미래를 타진하다, 합숙 정치

트럼프 대통령이 당선됐을 당시, 군대에 다녀오지 않고 한 번도 공직을 수행해본 적 없는 최초의 미국 대통령이라는 말들이 나왔다. 대통령으로서 공무원 사회, 공직이라는 시스템에 대해 알지 못하는 트럼프 당선인을 바라보는 우려의 시각이었을 것이다.

정치인들이 정계에 뛰어드는 계기는 다양하다. 공직에 있다 국회의원 선거에 나서기도 하고, 법률가로서 행정부에서 자신의 자리를 찾기도 한다. 또 교수나 언론인으로서 전문성을 인정받아 정계에 입문하기도 한다. 그런데 트럼프는 정계에서 쌓은 경력 없이 바로 대통령에 당선되면서 그의 경험치에 물음표가 따라붙었다.

사실 우리나라도 마찬가지다. 총선철이 되면 많이 이들이 정당 주변을 기웃거리지만 '자신이 왜 정치를 해야 하는지', '정치를 하는 목표와 신념은 무엇인지' 제대로 준비된 상태에서 그 길을 걸으려 하는 사람이 얼마나 되는지는 의문이다.

'塾(숙)'이라는 한자가 있다. '글방 숙'자로 일본에서는 '주쿠(じゅく)'라고 읽고 주로 '학원(學院)'이라는 뜻으로 쓰인다. 그런데 정치와 '학원' 사이엔 무슨 관계가 있을까?

새로운 정치 입문 방식, '주쿠'의 등장

2016년 혜성처럼 등장해 일본 정치계에 새 바람을 일으킨 고이케 도쿄도지사는 2016년 자신의 '고이케 주쿠'를 세우면서 또 한번 언론의 주목을 받는다. 도쿄도지사 고이케가 만든 학원, 바로 '정치 학교'를 말한다. '희망의 주쿠'라는 이름으로 문을 열었는데, 4827명이 지원해 2902명에게 강의를 들을 수 있는 기회가 돌아갔다. 1인당 3만~5만 엔을 내고 약 4개월 동안 6번의 강의를 듣는 방식이었다. 참가 인사들의 면모는 그야말로 다양했다. 캐나다에서 고등학교를 졸업한 18세 학생부터, 두 아이를 데리고 나온 35살의 주부(아이들은 주쿠 옆 탁아소에 맡겨졌다), 전 도의회 의원과 탤런트까지…

주쿠를 시작하면서 고이케 도쿄도지사는 "정치를 배우는 장(場)을 마련한다"는 목적을 내걸었다. 정치에 관심이 있어도 어떤 식으로 시작해야 할지 모르는 사람들을 위해 체계적으로 정치를 교육한다고 할까. 이처럼 다양한 인사가 모여 함께 배우며 네트워크가 만들어지고, 앞으로 정책을 발굴할 수 있는 조언자로 활동한다면 더할 나위 없이 긍정적일 것이다.

하지만 이러한 정치 학원의 배경에는 정치세력화라는 엄연한 현실적 이유도 존재한다. '고이케 주쿠'를 두고도 그 다음 해에 치러진 도쿄 도의회 선거에 출마할 후보자를 양성하고 '고이케 당'을 만들기 위한 포석이 아닌가 하는 분석들이 나왔었다. "한 사람 한 사람이 비평가에 그치지 않고 플레이어로서 참가하는 것을 목표로 하고 싶습니다"라는 고이케 지사의 주쿠 입학식 인사말은 그 뜻을 읽게 했다.

일본에서는 정치 학원이 정치 신인을 발굴하는 중요 채널로 자리 잡는 양상이다. 고이케뿐만 아니라 우익 성향으로 유명한 하시모토 도루(橋下徹) 전 오사카 시장이 2012년 문을 연 '유신 정치 주쿠'에도 2천여 명이 몰렸다. 당시 주쿠는 차기 중의원 후보자들을 양성하기 위한 수단으로 여겨졌다. 이밖에 나가노(長野) 시장, 사가현 지사 등도 각각 주쿠를 열었다.

합숙하는 정치 학교도 있다. 35살의 기구치는 초등학교 6학년 아들을 둔 싱글맘. 혼자 아이를 키우면서 직장도 3곳을 다니고 있다. 매일매일 빡빡한 생활이지만 기구치는 3일간 집을 비우고 여성 정치 지망생을 대상으로 하는 '합숙'에 참여한 적이 있다. 평소 관심이 많은 교육 격차 문제를 해결할 수 있는 건 정치뿐이라고 생각해오던 참이었다. 기구치가 참여한 곳은 여성 정치 참여 운동을 벌이고 있는 단체가 연 합숙 강좌로 정치와 정치가에게 관심이 있는 17세에서 48세까지의 여성 28명이 참여했다.

교육을 통해 여성의 정치 참여도를 높인다

2017년 일본 중의원 선거에서 각 당이 내세운 여성 후보자 비율을 보면 집권 자민당은 불과 8퍼센트에 불과했다. 연립 여당을 이루고 있는 공명당도 9퍼센트에 그쳤다. 야당 쪽은 그나마 사정이 나아 입헌민주당 24퍼센트, 희망의 당 20퍼센트, 공산당 24퍼센트 수준이다. 보수 성향인 집권 여당 쪽이 특히 여성 후보 비율이 낮음을 알 수 있다. 전체 여성 의원의 비율을 봐도 일본은 10.1퍼센트로 세계 193개 나라 중 158위라고 NHK는 전했다.

우리나라도 20대 국회 국회의원 300명 중 여성 의원은 51명으로 17퍼센트 수준인데, 그것도 각 당이 여성 후보를 배려하는 비례대표를 제외한 지역구 의원만 따지면 253명 중 26명에 불과해 일본과 비슷한 10.3퍼센트로 떨어진다. 여성 정치인이 적다는 현실에 대한 반성은 일본에서 '후보자 남녀평등법'이라는 형태로 나타나기도 했다. 국회의원과 지방의회 선거에서 될 수 있으면 후보자를 남녀 평등하게 배분하도록 각 정당이 노력할 의무를 지우는 법이다. 법 제정엔 의미가 있었지만, 글자 그대로 선언적인 내용만 있을 뿐, 강제 규정이 아닌 만큼 결국엔 도로 제자리라는 이야기가 나온다. 그런 와중에 여성들이 스스로 정치의 길을 찾는다는 의미에서 마련된 합숙의 장은, 유명 정치인이 만든 정치 학원과는 또 다른 면에서 시사하는 바가 컸다.

정치의 기초 지식부터 선거운동 방법까지, 3일간 집중학습이 이루어졌다. 강사로는 힐러리 클린턴(Hillary Clinton) 등 많은 여성 정치가의 선거 전략 수립에 참여했던 컨설턴트가 나섰다. 사흘간의 합숙만으로 곧바로 여성의 정치 참여를 촉발한다고는 볼 수 없지만 일본의 여성들이 적극적인 길을 택했다는 점을 눈여겨볼 만하다.

환경과 수익을 모두 잡다,
차 없는 국립공원

2500미터 고도. 5월 도쿄의 기온이 25도까지 올라가고 있었지만, 그곳엔 코발트빛 하늘 아래 아직도 15미터나 되는 설벽이 햇살 아래 우뚝우뚝 이어지고 있었다. 연간 100만 명 가까이 찾아오는 유명 관광지, 하지만 누구도 자신의 차를 가지고 오지 않는 그곳엔 어떤 비밀이 숨어 있을까?

'다테야마 구로베 알펜루트'. 일본 중북부, 이른바 '기타(北) 알프스' 지역에 자리 잡고 있는 '다테야마(立山)'를 중심으로 한 산악 국립공원 지역을 말한다. 서쪽은 도야마(富山)현, 동쪽은 나가노현에 접해 있는 다테야마는 해발고도 3000미터를 자랑하는 일본의 3대 봉우리 중 하나다. 산이 험한 만큼 이곳까지 가는 길은 쉽지 않다. 도야마현과 나가노현 양쪽에서 올라갈 수 있는데, 어느 쪽에서 가든 5번 정도는 교통수단을 바꿔야 한다. 예를 들어 도야마 쪽에서 올라갈 경우, 도쿄에서 도

5월임에도 15미터 높이의 설벽을 자랑하는 다테야마 구로베 알펜루트

야마역까지 신칸센을 타고, 지방 철도를 이용해 산기슭에 있는 다테야마역까지 간 뒤, 산악 궤도 열차를 타고 올라가 다시 버스로 이동해야한다.

　나가노 쪽에서 올라간다면 신칸센 → 노선버스 → 전기버스 → 산악 궤도 열차 → 케이블카 → 트롤리버스 순으로 바꿔 타야 설벽이 있는 '무로도(室堂, 해발고도 2450미터)'까지 갈 수 있다. 어느 쪽으로 올라가도 만만치 않은 여정이다. 어느 정도 위치까지 차로 이동해 쓱 둘러보고 돌아오는 여행 패턴에 익숙한 상황에서 체력적 부담과 귀찮음을 동시에 극복해야 하는 이중고. 하지만 그렇게 도착한 그곳에는 나이 지긋한 노인들을 중심으로 외국인 관광객까지, 5~6월에 펼쳐지는 설경을 기어코 보겠다며 모여든 사람들로 활기찬 분위기가 가득했다.

설벽과 2500미터 고산의 설원 지역을 볼 수 있는 무로도까지 갈 때 사실 자동차로 곧바로 올라갈 수 있는 도로가 없는 것은 아니다. 특히 도야마 쪽은 차량으로도 갈 수 있도록 길이 잘 정비돼 있다. 하지만 '다테야마 무로도 알펜루트'에서는 정중히 '당신의 차'를 거절한다. 개인이 승용차로 갈 수 없는 것은 물론이거니와 단체 관람객이라 할지라도 해당 구간에서는 정해진 교통수단만을 이용해야 한다.

알펜루트는 태평양전쟁 후 1950년대 일본의 경제 발전과 더불어 전력 공급을 확대하기 위해 다테야마 인근의 해발 1500미터 협곡에 일본 최고 높이의 구로베(黑部)댐을 짓기 위한 공사를 시작하면서 비롯됐다. 현장에 자재 등을 실어 나르는 교통기관이 필요했고 험한 지형을 극복하기 위해 산악 궤도 열차가 놓이고 터널도 뚫렸는데, 이후 이를 전체적으로 연결해 관광에까지 이어진 것이 현재의 알펜루트다.

댐이 완공된 뒤 한 구간 한 구간 교통수단을 추가해가며 전체 노선을 이어갈 때 가장 우선 고려된 것은 환경이다. 건설 과정과 건설 후 활용하는 측면에서 환경적인 요소가 모두 최우선으로 고려됐다. 구로베다이라(黑部平)부터 다이칸보(大觀峰)까지 7분간 올라가는 케이블카는 환경 파괴를 줄이기 위해 연결 구간 중간 중간에 기둥을 세우지 않고 출발점과 도착점만 로프로 연결하는 식이고, 다테야마와 아카자와다케(赤澤岳) 밑을 지나는 터널 안은 전부 전기버스로 운행한다. 심지어 전기버스가 운행할 수 없는 구간은 '하이브리드 버스'를 투입해 공해를 최소화했다. '중부 산악국립공원' 지역에 속한 귀중한 자연환경을 보호할 생각에 개인의 차량 이용은 애초부터 염두에 두지 않았다.

매년 100만 명 가까운 관람객이 찾는 알펜루트는 일본 내에서도 손 꼽히는, 전 세계적으로도 40여개 국가에서 20~30만 명이 찾는 관광지로 거듭났다. 특히 지역 내 이동 수단이 대중교통으로 한정되면서 관광객이 찾아오는 수혜를 실감할 수 있는 것도 큰 특징이다. 교통수단을 제공하는 곳은 '다테야마-구로베 관광 주식회사'로 현이 투자한 반(半) 공영 회사. 백만 명이 넘는 방문객이 지불하는 만만치 않은 교통비(반대편까지 이동하는 데 편도로 10만 원 이상 교통비가 든다)는 모두 고스란히 지역의 몫이 됐다. 다테야마 구로베 관광 주식회사의 오타니 이사는 "대중교통수단을 이용하게 하면서 관광객 수도 저절로 조절돼, 사실 이 구간에서는 쓰레기 하나 찾아볼 수 없습니다"라고 설명했다.

여기다 교통수단을 갈아타는 이른바 '정거장'마다 지역 특산물을 파는 상점들이 배치돼 관광객의 발걸음을 멈추게 한다. 사람은 오지만 돈은 돌지 않는다는 요즘 유명 관광지의 고민은 적어도 '알펜루트'에서는 통하지 않는 말이다. 대중교통을 많이 이용한다는 건 관광객들이 그 지역을 조금이라도 더 접할 수 있는 접촉 기회를 넓힌다는 차원에서 지역에도 많은 이득이 된다.

"운영이 어려울 수밖에 없는 지역 철도 회사지만 관광객들이 알펜루트에 가기 위해 지방 철도를 이용하면서 많은 도움이 되고 있습니다."(덴데츠도야마(電鉄富山)역 사카모토 역장)

일본에서는 국립공원 지역 내에 개인이 차를 가지고 갈 수 없게 하고 정해진 대중교통수단만을 이용하도록 하는 곳이 꽤 있다. 해발

4개 현에 걸쳐 있는 광대한 고산 습지인 오제. 총면적이 37200헥타르에 이른다.

1500미터 고지에 있는 분지형 협곡에 펼쳐진 하천 생태계를 즐길 수 있는 가미코지(上高地)의 경우도 산 아래에 있는 접근 도로 입구에 분산된 주차장에 차를 세운 뒤 정해진 노선버스를 타고 올라가야 한다.

군마, 후쿠시마, 니가타, 도치기의 4개 현에 걸친 고원에 남북으로 2킬로미터, 동서로 6킬로미터의 광대한 습원이 펼쳐진 오제(尾瀬)도 각 방면에서 올라오는 길이 여럿이지만 어느 정도 거리에서부터는 정해진 노선버스를 타고 적어도 30분 이상은 이동해야 갈 수 있다.

물론 이들 지역에서 이용해야 하는 노선버스가 모두 지역의 버스 회사임은 말할 것도 없다. 귀중한 자연을 보호하면서 지역에도 도움이 되는 다차원적인 정책이고, 게다가 이런 곳을 찾는 사람들도 조금의 불편을 감수하며 대승적으로 호응한다.

"내 차 몰고는 못 간다." 그게 상식이 되니 좋은 일이 많이 일어났다.

본토의 식민지에서
세계자연유산으로

나무를 마구 베어내고 쇠를 녹여 총을 만드는 사람들. 속절없이 파괴되어가는 숲. 인간의 무분별한 행동에 분노한 숲의 정령들과 신, 그리고 그들의 편에 선 숲의 공주. 1997년 개봉돼 많은 인기를 끌었던 미야자키 하야오(宮崎駿) 감독의 애니메이션 〈원령공주(もののけ姫)〉 이야기다. 자연을 파괴하는 인간의 행동이 얼마나 무분별한 것인지 보여주는 깊은 서사를 담고 있지만, 이 이야기가 근대 일본의 어느 한 섬에서 이루어진 어떤 이들의 치열한 싸움을 모티프로 했다는 사실을 아는 사람은 그리 많지 않다. 숲을 지켜내기 위해 원령공주가 됐던 사람들, 천 년 고목을 지켜낸 이들의 이야기다.

원령공주의 숲이 숨 쉬는 섬

타박타박 한 걸음 한 걸음 내디딜수록 주변의 초록은 더욱 깊어간다.

바윗돌 하나에 깔린 이끼까지 온통 숲은 채도를 달리하는 녹음의 파노라마다. 산길을 오르며 내뱉는 호흡마저도 잎새의 빛깔에 물들까 싶을 정도로 숲은 참 깊게 숨을 쉬고 있었다. 규슈의 최남단 가고시마에서 비행기로 또 30분 정도 가면 영화 〈쥬라기 공원(Jurassic Park)〉의 무대처럼 바다 위에 우뚝 솟은 섬 하나가 나타난다. 세계자연유산 '야쿠시마(屋久島)'다.

아침 5시. 숲을 얼마나 걸어 올랐을까. 나무줄기로 스며드는 햇살이 찬란하게 초록으로 산란하는 한 숲에 다다른다. '고케무스(苔むす) 숲', 일명 '원령공주의 숲'이다. 미야자키 하야오가 드나들며 〈원령공주〉의 모티프를 얻었다는 숲, '극상의 원시림(極上林)'. 그 속엔 거대한 삼나무들이 자리 잡고 있다. 야쿠시마의 삼나무, '야쿠스기(屋久杉)'라 불리는 고목들이다. 나무 둘레가 십수 미터를 쉽게 넘기는 거목으로, 나무 둥치 밑으로 뚫린 터널을 통해 사람이 지나갈 정도로 커다란 나무들이다. 천 년 고목이라는 이름이 붙은 나무들. 그 가운데 가장 오래된 나무는 수령이 4천 년을 훌쩍 넘긴 걸로 추정되고 있으니 고구려, 백제, 신라의 왕들과 같은 시대를 살고, 고려와 조선의 흥망을 멀리서 지켜봤을 법 하다.

"야쿠시마는 화강암으로 이루어진 곳으로 영양분이 정말 적습니다. 그런 곳에서 나무가 자라기 때문에 나이테가 아주 촘촘하고 천천히 자랍니다. 나무에 유분도 많이 함유돼 있어 오랫동안 살아남을 수 있습니다."

척박한 땅인 까닭에 천천히 자랄 수밖에 없었고, 조직이 더 단단하

야쿠시마의 숲을 지키고 있는 거대한 삼나무들

고 촘촘해지면서 오랜 세월 살아남는 나무가 됐다는 '야쿠스기 자연
관'의 해설사의 설명이다. 역경이 더 단단한 나무를 만들어낸 자연의
역설이기도 하다. 실제 자연관에서 만난 아이들은 나이테를 1652개까
지 헤아렸다며 신이 났다.

야쿠시마는 작은 섬이지만 해발고도가 높은 산이 있는 까닭에 해안
가는 아열대, 산 정상 부근은 아한대의 식생을 보인다. 현지인들의 설
명에 따르면 오키나와에서 홋카이도까지 일본 열도의 숲을 한 섬에서
볼 수 있는 다양한 식생을 가졌다. 여기에 천 년 넘게 숲을 지키고 있는
야쿠스기의 가치가 인정받으면서 '유네스코(UNESCO) 세계자연유산'
으로에 선정될 수 있었다.

무분별한 벌채로 죽어간 야쿠시마

야쿠시마의 숲길을 걷다 보면 잘려나가 밑동만 덩그러니 남아 있는 나무 둥치를 곳곳에서 쉽게 목격할 수 있다. 모두 이 숲에서 과거에 이루어진 벌채의 흔적이다. 임진왜란을 일으킨 도요토미 히데요시가 야쿠시마의 삼나무를 잘라 절에 진상했다는 기록이 남아 있을 정도로 야쿠시마에서 행해지는 벌채는 오랜 역사를 가지고 있다. 태평양전쟁이 끝난 후 공습 등으로 파괴된 도시를 다시 재건할 건축 자재용 목재가 대량으로 필요해지자 야쿠시마의 질 좋은 삼나무들은 곧바로 표적이 됐다. 해안가를 제외하고 섬의 대부분이 국유림인 야쿠시마는 곧 국가 차원에서 추진된 정책 목표 아래 목재 생산기지로 전락했다. 전체 섬의 80퍼센트에 이르는 숲이 벌채의 대상이 된 시절, 곳곳이 민둥산이 될 정도로 야쿠시마의 숲은 짧은 기간 동안 철저히 파괴됐다.

그럼 지금 살아남은 나무들은 어떻게 톱질을 피해갈 수 있었을까? 나무를 잘라내기 전 벌채꾼들은 목재로서의 상품성을 확인하기 위해 지상에서부터 2~3미터 위에 깊은 구멍을 뚫어 속이 꽉 차 있는지 확인한다. 검사 과정에서 속이 비었거나 썩은 부분이 있는 나무는 그대로 뒀는데, 그렇게 벌채 대상에서 제외된 삼나무들만이 살아남았다고 한다. "곧고 훌륭한 나무는 전부 베이고 못난이만 살아남아 숲을 지켜온 거죠"라는 설명이 따라왔다. 험한 산등성이에 자리 잡고 있어 접근하기 힘들고, 잘라내도 너무 거대해서 운반할 방법이 없는 개체들도 생명을 유지할 수 있었다.

벌채의 폐해는 섬 곳곳에서 나타났다. 산은 파헤쳐져 적은 비에도

잘려나간 거대한 삼나무의 밑동

흘러내린 토사에 산사태가 일어났고, 그렇게 바다로 흘러든 흙은 일본 최고의 날치 어장이었던 주변의 바다를 망쳤다. 숲이 파괴되면서 섬 경관이 변해간 건 말할 것도 없었다.

우리의 숲은 우리가 지킨다

효도 마사하루(兵頭昌明)와 나가이 사부로(長井三郎)는 야쿠시마 출신으로 고등학교를 졸업한 뒤 도쿄로 가서 명문 와세다대학을 다녔고 안정된 직장 생활을 하고 있었지만, 고향 섬이 이루 말할 수 없이 파괴돼가는 모습은 견디기 어려운 고통이었다. "이발 기계로 머리를 밀어버린 것 같았어요. 야쿠시마는 본토에 물자를 대기 위해 수탈당하는 일본 내의 식민지 같은 곳이었죠." 효도가 당시의 상황을 담담히 설명해나갔다.

그리고 1972년, 두 사람은 도쿄에서의 삶을 모두 포기하고 야쿠시마로 다시 돌아와 '야쿠시마를 지키는 모임'을 결성해 숲 지키기 운동을 시작했다. 벌채로 생계를 이어가던 주민들이 대다수였던 시절, 왜 섬을 지켜야 하는지 사람들을 설득하고 정치인들과 언론을 찾아다니며 작은 섬의 안타까운 이야기를 알렸다. 숲을 파괴하는 사람들에게 맞서 싸우는 원령공주의 모습은 이들의 전설 같은 이야기에서 비롯됐다. 작은 한 걸음에서 시작된 싸움, 국가라는 거대한 권력과의 힘겨루기는 10년간 지속됐고, 1982년 마침내 섬의 벌채가 완전히 중단됐다. 그리고 야쿠시마는 그렇게 벌채가 끝난 지 10여 년 만인 1993년, 유네스코 세계자연유산으로 선정됐다. 해당 지역은 섬 전체에서 지형이 험해

벌채를 피해갔던 20퍼센트에 한정됐다.

"사람과 자연간의 다양한 공존 관계를 지키자는 것이, 저희 운동의 목적이었어요. 하지만 저희 운동이 성공했다고 생각하지 않아요. 벌채라는 마이너스가 계속되는 것을 멈춘 것뿐이죠. 그런 운동이 있었다는 것 자체가 자연에게는 실패가 아닐까." (나가이)

"천 년이라는 세월은 인간이 개입할 수 있는 시간이 아니에요. 우리는 그 시간을 후대에 남겨야 할 의무가 있죠. 이 숲이 가진 자원의 원형을 전해줘야 한다고 생각했습니다." (효도)

당시의 운동이 파괴를 멈추는 것이었다면 이제는 이 정신을 어떻게 계승할지를 고민하며 섬 주민들의 노력은 이어지고 있다. '야쿠시마 미래회의'는 좋은 섬을 만들기 위해 주민들이 자발적으로 만든 자치 운동 기구다. 야쿠시마를 더 잘 알기 위해 학계와 지역 연구가들을 연계해 '야쿠시마 학회'를 조직하고, 섬의 특성을 살려 나무로 만든 버스 정류장을 기획한다든지, 섬에 설치된 전신주를 모두 없앨 방법을 찾는 등 곳곳에서 이루어지는 작은 실천을 연계하고 실현할 방법을 모색한다. 산림 학교를 만들어 섬 어린이들에게 깊은 숲 이야기를 들려주고 숲이 살아있음을 느끼게 하거나, 3천 년 된 삼나무에서 씨앗을 받아 직접 싹을 틔워 키워내는 등 많은 흐름이 계속 이어지고 있다.

원령공주의 숲을 걸으며 숲을 지키는 대지의 신과 정령 들을 머릿속에 그려냈을 미야자키 하야오. 그리고 그의 스토리를 현실에서 이뤄낸 사람들. 야쿠시마의 천 년 고목들은 앞으로 새로운 천 년을 또 살아가며 우리들의 모습을 지켜볼 것이다.

신생 벤처에
우주여행을 베팅하다

2016년 12월 1일 일본 NHK의 메인 뉴스라 할 수 있는 9시 뉴스의 첫 머리는 우주여행 소식이 장식했다. 일본 2위 항공사인 전일본공수와 굴지의 여행사인 HIS가 우주여행을 상품으로 공동 개발하겠다며 기자회견을 가졌다. 상품을 공개하는 시점은 불과 몇 년 뒤인 2023년이다.

비행기 형태의 우주선을 만들어 고도 100킬로미터까지 올라갔다가 내려오는 방식으로, 쓰고 버리는 발사체가 아닌 과거의 우주왕복선 형태의 비행체를 개발해 지구로 돌아오는 상품이다. 우주에 머무는 시간은 90분 정도. 이 시간 동안 승객들은 무중력상태를 체험하고, 우주에서 빛나는 지구를 보게 된다. 여행 비용은 한 사람당 1,400만 엔, 우리 돈으로 1억 4,000만 원 정도다.

이 기자회견에 항공사와 여행사의 대표 외에 공군 조종사 같은 옷을 입은 또 한 사람이 함께 참석했다. 이 프로젝트의 핵심인, 우주여행을 가능하게 할 항공기를 개발하고 있는 'PD에어로스페이스(PDA)'의 오가와 슈지(緒川修治) 대표다.

그런데 NHK가 찾은 나고야의 PD에어로스페이스사는 최첨단 건물에, 깔끔한 연구원복을 입은 사람들이 왔다 갔다 하는 큰 회사일까? 아니다. 직원 수는 불과 4명. 허름하고 좁은 창고에서 엔진 개발에 전념하고 있는 글자 그대로 신생 '벤처회사'다. 통념으로 본다면 〈뭘 믿고 투자?〉, 〈우주여행 사기〉라는 제목부터 생각날 정도로 환경은 열악했다. PD에어로스페이스가 가진 겉모습으로만 판단한다면 일본 굴지의 두 회사가 손잡고 우주여행을 기획한다고는 믿을 수 없을 정도였다. 하지만 기자회견에 참석한 ANA홀딩스의 가타노자카 신야(片野坂眞哉) 사장은 "그 모습에 감동했다"는 말로 조그만 벤처회사에 무한한 신뢰를 보냈다.

ANA와 HIS 두 회사가 이 볼품없는 벤처에 출자한 돈은 5천만 엔, 우리 돈으로 5억 원 남짓으로 사실 크다고 할 수 없는 돈이다. 하지만 두 회사는 겉모습보다는 내용을, 또 구성원의 정열을 보고 투자를 결정했고, 무엇보다 공식 기자회견까지 열어 '우주여행'의 꿈을 함께 이루겠다는 계획을 세상에 알렸다. 어찌 보면 두 회사의 이름을 걸었다는 표현이 맞을 듯하다. PD에어로스페이스의 오가와 대표는 "조그만 공장들의 기술이 쌓이고 쌓여, 로켓이 되는 겁니다. 저희도 충분히 할 수 있는 것이 있습니다. 정말 실현됩니다. 갈 수 있습니다. 안심하세요"라고 기자회견에서 말했다.

오가와 대표가 말하는 당시의 공정 진척도는 2퍼센트. 하지만 진척이 얼마나 됐는지, 얼마나 성공 가능성이 있는지 따지기 전에 거대 회사와 공장 벤처가 손을 맞잡은 모습이 많은 이에게 공표되고, 이를 주요 언론사가 알리면서 음지에서 도전하는 이들에 대한 평가가 사회적으로 재고되는 분위기가 만들어졌다. 이 과정 자체가 경제에 선순환을 만들고 좋은 영향을 끼치리라는 건 굳이 설명할 필요가 없어 보인다.

벤처이기에 가능한 도전이고, 또 이를 믿고 투자한 이들의 믿음이 있기에 성공 가능성은 더욱 높아진다는 생각이다. 굳이 빌 게이츠(Bill Gates)의 마이크로소프트(Microsoft), 스티브 잡스(Steve Jobs)의 애플(Apple)이 창고에서 시작됐다는 사실을 떠올리지 않더라도 말이다.

나쁜 나라가 아니라
아픈 나라였다

초판 1쇄 발행   2020년 3월 30일
초판 2쇄 발행   2020년 4월 25일

지은이   이승철

펴낸곳   (주)행성비
펴낸이   임태주

책임편집   고여림
디자인   샘솟다

출판등록번호   제313-2010-208호
주소   경기도 파주시 문발로 119 모퉁이돌 303호
대표전화   031-8071-5913
팩스   031-8071-5917
이메일   hangseongb@naver.com
홈페이지   www.planetb.co.kr

ISBN 979-11-6471-095-9 03330

행성B는 독자 여러분의 참신한 기획 아이디어와 독창적인 원고를 기다리고 있습니다.
hangseongb@naver.com으로 보내 주시면 소중하게 검토하겠습니다.